A PRIMAZIA
DO CORPO PRÓPRIO

FUNDAÇÃO EDITORA DA UNESP

Presidente do Conselho Curador
Herman Jacobus Cornelis Voorwald

Diretor-Presidente
José Castilho Marques Neto

Editor Executivo
Jézio Hernani Bomfim Gutierre

Conselho Editorial Acadêmico
Alberto Tsuyoshi Ikeda
Áureo Busetto
Célia Aparecida Ferreira Tolentino
Eda Maria Góes
Elisabete Maniglia
Elisabeth Criscuolo Urbinati
Ildeberto Muniz de Almeida
Maria de Lourdes Ortiz Gandini Baldan
Nilson Ghirardello
Vicente Pleitez

Editores Assistentes
Anderson Nobara
Fabiana Mioto
Jorge Pereira Filho

DANILO SARETTA VERISSIMO

A PRIMAZIA DO CORPO PRÓPRIO

Posição e crítica da função simbólica nos primeiros trabalhos de Merleau-Ponty

© 2012 Editora UNESP

Direitos de publicação reservados à:
Fundação Editora da UNESP (FEU)
Praça da Sé, 108
01001-900 – São Paulo – SP
Tel.: (0xx11) 3242-7171
Fax: (0xx11) 3242-7172
www.editoraunesp.com.br
feu@editora.unesp.br

CIP – Brasil. Catalogação na fonte
Sindicato Nacional dos Editores de Livros, RJ

D189p

Verissimo, Danilo Saretta
    A primazia do corpo próprio: posição e crítica da função simbólica nos primeiros trabalhos de Merleau-Ponty / Danilo Saretta Verissimo. São Paulo: Editora Unesp, 2012.

Inclui bibliografia
ISBN 978-85-393-0380-9

1. Merleau-Ponty, Maurice, 1908-1961 – Crítica e interpretação. 2. Filosofia francesa. 3. Psicologia – Filosofia. 4. Fenomenologia. I. Título.

12-9343   CDD: 194
                                                                   CDU: 1(44)

Este livro é publicado pelo projeto Edição de Textos de Docentes e Pós-Graduados da UNESP – Pró-Reitoria de Pós-Graduação da UNESP (PROPG) / Fundação Editora da UNESP (FEU)

Editora afiliada:

Agradecimentos

Este livro resulta de minhas pesquisas de doutorado, defendido sob regime de cotutela entre a Universidade de São Paulo (USP) e a Université Jean Moulin – Lyon 3.

Agradeço àqueles que participaram dessa experiência de pensamento e às instituições que a tornaram possível. Ao meu orientador, professor Reinaldo Furlan, em sinal de minha admiração e respeito. Ao professor Etienne Bimbenet, cuja participação fora essencial para a delimitação do meu tema de pesquisa, pela disponibilidade manifesta desde o início e pelo exemplo de dedicação à filosofia. Ao meu co-orientador, professor Jean-Jacques Wunenburger, que me acolhera e me abrira caminhos na Université Jean Moulin – Lyon 3. À professora Maria de Lourdes Dias Fontes, meu "anjo da guarda" em Ribeirão Preto, e a Anne-Marie Velay, meu "anjo da guarda" em Lyon. Aos professores Débora Cristina Morato Pinto, José de Carvalho Sombra e Marina Massimi, pela leitura criteriosa do meu trabalho.

À família Bouchard, pela amizade, com menção a Etienne, que, paciente e cuidadosamente, corrigiu a versão em francês da tese que deu origem a este livro.

À Faculdade de Filosofia, Ciências e Letras de Ribeirão Preto da USP, à Câmara de Normas e Recursos da Pró-Reitoria de

Pós-Graduação da USP, à Université Jean Moulin – Lyon 3 e à Coordenação de Aperfeiçoamento de Pessoal de Nível Superior (Capes), que com seus subsídios, viabilizou minha dedicação exclusiva a este trabalho.

Gostaria de dedicar este livro à minha esposa, Mariana, que, amorosamente, me encorajou em todas as etapas da sua feitura. Dedico-o, do mesmo modo, ao meu filho Luca, aos meus pais, Francisco e Martha, e aos meus irmãos, Rodrigo e Juliana.

Procuro dizer o que sinto
Sem pensar em que o sinto.
Procuro encostar as palavras à ideia
E não precisar dum corredor
Do pensamento para as palavras. [...]

Procuro despir-me do que aprendi,
Procuro esquecer-me do modo de lembrar
/que me ensinaram,
E raspar a tinta com que me pintaram
/os sentidos,
Desencaixotar as minhas emoções
/verdadeiras,
Desembrulhar-me e ser eu, não Alberto
/Caeiro,
Mas um animal humano que a Natureza
/produziu.

Fernando Pessoa (Alberto Caeiro)

SUMÁRIO

Prefácio   **11**
Introdução   **17**

Parte I – Prolegômenos
1 Os primeiros trabalhos de Merleau-Ponty   **25**
2 Influências, confluências e diferenças   **43**

Parte II – A função simbólica em
   A estrutura do comportamento
3 A "atitude categorial"   **65**
4 A função simbólica na consideração
   do comportamento animal   **103**
5 A ordem humana e o comportamento simbólico   **127**

Parte III – A função simbólica na
   Fenomenologia da percepção
6 O corpo habitual   **161**
7 A função simbólica diante do primado do corpo   **187**
8 A crítica à função simbólica na consideração
   da linguagem   **229**

Considerações finais 253
Referências bibliográficas 259

Prefácio

Como filosofar? Como fazer filosofia mais do que história da filosofia? Como escapar à atitude eternamente secundária do comentador, para enfim conseguir pensar por si mesmo e não apenas por intermédio do outro? Uma primeira via, radical, consistiria em "fechar todos os livros", escolher o mais livremente possível seu objeto de estudo e confrontá-lo ao desejo de elucidação, de reflexão e de autodeterminação que animam solitariamente cada um de nós. Conforme uma outra via, menos extrema e sem dúvida mais produtiva, responder-se-ia ao chamado de um conceito que, identificado em certo autor, exigiria ser esclarecido em si próprio tanto quanto na função que ocupa no interior da obra em questão. À reflexão caberia, pois, discernir a soma de fios textuais que, das discussões oficialmente argumentadas às fidelidades mais ou menos conhecidas, dos debates da época às sensibilidades nativas, constituem toda a espessura e a vida das ideias. Mas ela teria igualmente de determinar a dimensão do conceito "por ele mesmo", quer dizer, sua fecundidade própria, e a potência argumentativa que pode pertencer a ele hoje. Uma tal empresa seria falsamente reverenciosa: apegar-se-ia não a "autores", fiadores de seu próprio pensamento, mas antes a "pensadores", quer dizer, a seres dando a pensar ou *oferecendo seu pensamento* aos outros para que o debatam e o façam frutificar, como um bem comum. Por

12 DANILO SARETTA VERISSIMO

intermédio dos filósofos, ela amaria a filosofia, cultivada no diálogo e no bom entendimento do outro.

Foi essa segunda via que escolheu Danilo Saretta Verissimo na obra que se segue. Ele não quis "ler" Merleau-Ponty, apresentar-nos a "filosofia da ambiguidade", desdobrar o percurso obrigatório do filósofo francês, desde a fenomenologia da percepção elaborada nos primeiros textos à ontologia da carne iniciada nos últimos. Não preferiu, tampouco, o alpinismo de uma excursão solitária e inspirada. A meio caminho do comentário fiel e da impaciência do conceito, escolheu apegar-se à "função simbólica" nos primeiros trabalhos de Merleau--Ponty. Isso demanda ao menos algumas explicações.

Por que a estranha e exótica "função simbólica" em vez da percepção, da carne ou da expressão? É certo que a noção ganha evidência na primeira obra de Merleau-Ponty, *A estrutura do comportamento*: herdada diretamente da neurobiologia de Gelb e Goldstein, ela porta nem mais nem menos que a delimitação de uma "ordem humana" funcionalmente observável (como conjunto de comportamento que se pode descrever) e, ao mesmo tempo, estruturalmente unificada (como "estrutura de comportamento", ou comportamento típico). A função simbólica, ou ainda a "atitude categorial", é aquilo que cabe propriamente ao vivente humano desde que se optou por caracterizá--lo como um conjunto de condutas concretas, e que não se impeça de identificar uma mesma forma global que poderia ser encontrada em diferentes setores (conhecimento, percepção, vontade, desejo, sentimento...) da nossa vida. Mas a noção é logo criticada na segunda obra, a *Fenomenologia da percepção*: com efeito, a sistematização que na mesma época Cassirer lhe dedica parece fazer o jogo de um intelectualismo ao qual Merleau-Ponty, doravante, dá as costas resolutamente; conservando a autonomia e a originalidade da "ideação simbólica", corre-se o risco de retornar a um dualismo que opõe a consciência significante ao dado sensorial bruto, ou o espírito ao corpo. De fato, não haverá depois maior discussão em torno dela, senão nos mesmos termos (críticos), que tinham sido os da *Fenomenologia da percepção*. Compreende-se, pois, que a noção não tenha encontrado vulto entre os comentadores. Ela foi raramente tematizada, considerada, no máximo,

A PRIMAZIA DO CORPO PRÓPRIO 13

como uma das referências principais, mas inteiramente negativa, de um percurso que leva Merleau-Ponty, de uma filosofia no início ainda "transcendental", a uma ontologia do sensível enfim desembaraçada de sua tutela intelectual.

Mas é justamente porque Danilo Saretta Verissimo não quis simplesmente "comentar" Merleau-Ponty que ele soube ver aquilo que os comentadores haviam raramente percebido: que a função simbólica é rica de consideráveis implicações filosóficas, tanto para o pensamento do próprio Merleau-Ponty quanto para nós, que refletimos hoje sobre a percepção ou acerca do humano. Para quem se dedica a encará-la de frente, e não apenas por alto, ela dá muito a pensar. E isso por ao menos três razões.

1. Na *obra de Merleau-Ponty*, ela, antes de tudo, está longe de ser uma coisa do passado. Sua elaboração conceitual n'*A estrutura do comportamento* e também a crítica desintelectualizante que é realizada na *Fenomenologia da percepção* inscrevem-na no coração dos grandes filosofemas merleau-pontianos, e participam secretamente de sua definição. Como tantas figuras maiores do pensamento de Merleau-Ponty, pensávamos conhecer bem o primado da percepção, a produtividade da expressão, a carne (do mundo), a reversibilidade etc. E, no entanto, descobrimos aqui tudo que elas devem aos debates travados com Goldstein, Gelb, Grünbaum ou Cassirer, acerca da consciência simbólica. Essa "dívida simbólica", na realidade, é imensa. A carne, por exemplo, é o que é, vagabunda, proliferante, tecendo por todo lado sua rede cerrada de ecos e analogias, justamente por ter integrado nela a dinâmica comunicacional da função simbólica. Ela é, como dirá Merleau-Ponty, um "simbolismo primordial", e não um corpo simplesmente animal. Ela é nossa luz natural, ou nosso pensamento bárbaro, mas justamente: ela é racional tanto quanto natural, pensante tanto quanto bárbara, tramando o acordo dos espíritos no circuito das introjeções e das projeções, inventando o universal no calor das primeiras identificações. De modo geral (e Danilo Saretta Verissimo compreendeu bem, ele que trabalha entre filosofia e psicologia), é todo o "segundo" Merleau-Ponty, aquele da ontologia

iniciada em *O visível e o invisível*, que é preciso habituar-se a reler a partir das primeiras obras, quer dizer, a partir do intenso debate então empreendido junto à psicologia experimental de sua época. Por detrás dos jogos especulares da carne há o "estádio do espelho" de Wallon ou Lacan, e, ainda mais secretamente, a consciência simbólica ou categorial de Head ou Goldstein.

2. A função simbólica desempenha, por outro lado, um papel considerável no processo da percepção. A crítica sistemática do intelectualismo na *Fenomenologia da percepção* decerto teria podido nos fazer crer o inverso. Poderíamos acreditar que Merleau-Ponty defendia o princípio de uma intencionalidade corporal autônoma, original, enfim liberada destas *"upper stories"* (H. Dreyfus) que a filosofia sempre quis impor a ela. Mas se é verdade que a linguagem e a potência de idealização e de universalização que lhe pertencem não cumprem nenhum papel na percepção, não se compreende então como o mundo sensível poderia ser definido como um "Logos" que, por mais "selvagem" que seja ele, permanece justamente um Logos. Como diz Merleau-Ponty, "existe racionalidade, quer dizer: as perspectivas se confrontam, as percepções se confirmam, um sentido aparece". A menos que se acredite nessa "conexão das experiências" como num prodígio misterioso, a menos que se faça descer de um céu de ideias a harmonia dos espíritos, é preciso explicar porque a percepção nos faz presumir um mundo comum. É precisamente a tarefa desempenhada pela função simbólica. A crítica que Merleau-Ponty lhe dirige não visa de modo algum seu *ato* (de idealização ou de universalização), mas antes seu *status*: não é a comunicação de consciências que está em causa, mas principalmente a tentação, constante na história da filosofia, e mais uma vez presente no neokantismo de Cassirer, de situar essa comunicação à parte, sob a forma de um princípio separado ou de uma consciência soberana. Em vez de uma negação simples, essa crítica vale como um passo à frente: ela quer acabar com o mito de um espírito separado, mas, decerto, não com a própria razão. A percepção em Merleau-Ponty é secretamente tributária de uma potência de universalização que não decorre de uma consciência

A PRIMAZIA DO CORPO PRÓPRIO 15

transcendental, mas que é a própria vida do sensível. A linguagem ou a razão circulam em nós na condição de natureza, ou de segunda natureza: é no próprio sentir, no próprio contato mudo com o mundo, que se prova a possibilidade do universal. Para todos aqueles que hoje (e eles são numerosos) debatem acerca do caráter conceitual ou não da percepção (frequentemente no cruzamento da filosofia analítica e da fenomenologia), essa crítica merleau-pontiana do simbólico representa, pois, uma proposição filosófica forte, original e repleta de porvir.

3. A função simbólica carrega consigo, enfim, um valor *antropológico* essencial. Ela é tudo salvo técnica e local. Na definição que Goldstein e Cassirer lhe emprestam nos anos 1920, e que herdaram em grande medida dos debates da época relativos às afasias (H. Jackson, H. Head, P. Marie...), ela excede largamente seu núcleo propriamente linguageiro. Além da capacidade de visar predicativamente um estado de coisas objetivo, ela se revela, na realidade, coextensiva ao conjunto de comportamentos humanos, desde a sexualidade e a afetividade até as funções intelectuais mais elaboradas, passando, evidentemente, pela linguagem e pela percepção. Quando ela sofre uma inflexão, como no caso de Schneider, o famoso paciente de Gelb e Goldstein, o quadro clínico é então quase infinito, na medida em que ele afeta a totalidade de nossas condutas linguísticas, cognitivas, sensitivas, motoras ou afetivas. A função simbólica é o homem inteiro e não simplesmente o homem falante. Alguns anos antes do estruturalismo, e sobre bases filosóficas bem diferentes, Merleau-Ponty deste modo confiava à linguagem a tarefa de unificar e de recapitular, na mais ampla diversidade das suas manifestações, o fenômeno humano. Mas esta totalização ainda não significava a "morte do homem" (Foucault) ou sua "dissolução" (Lévi-Strauss). A meio caminho de um humanismo "de direito divino" e da destituição da consciência no jogo da análise estrutural, a reflexão de Merleau-Ponty sobre a função simbólica representa, assim, uma posição filosófica particularmente fecunda: pode-se crer na especificidade humana, enredada em torno do simbólico, sem incorrer em uma mística humanista.

A obra de Danilo Saretta Verissimo abre, portanto, três pistas decisivas para reflexão. Nela se vê Merleau-Ponty inventar alguns grandes conceitos, não sem uma base, mas por um trabalho quase experimental de reflexão sobre casos concretos de afasia, de agnosia ou de apraxia. Descobre-se de imediato uma definição original da percepção, nem puramente empirista nem puramente conceitualista, e à qual se referem cada vez mais aqueles que hoje refletem acerca da percepção. Vemos, enfim, ser escrita em grandes caracteres a possibilidade de uma antropologia filosófica consistente, coerente e que responde antecipadamente ao desafio estruturalista. É a prova de que temos tudo a ganhar pensando *com* um autor, em vez de *sobre* ele. O olhar se desvia ligeiramente do homem, preferindo a ele temas ou objetos sobre os quais incidem livremente nossos gostos; e essa investigação mais aventurosa nos dá então aquilo que uma simples leitura da obra teria nos dado, e muito mais.

Etienne Bimbenet
Université Jean Moulin – Lyon III

INTRODUÇÃO

Este livro deve conduzir o leitor aos primeiros trabalhos de Merleau-Ponty através de uma senda particular. Abordamos, aqui, a posição do problema da função simbólica em *A estrutura do comportamento*, obra publicada em 1942, e sua retomada crítica na *Fenomenologia da percepção*, publicada em 1945.[1] Esse tema, pouco explicitado pelo filósofo francês (cf. Masuda, 1993), é também objeto de raros debates entre seus comentadores. Além disso, trata-se de um tema que nos encaminha ao pensamento de Merleau-Ponty a partir de uma perspectiva rica em aproximações entre a psicologia, as neurociências e a filosofia.

A noção de função simbólica, tal como empregada por Merleau-Ponty, remete-nos ao conceito de símbolo que foi, pouco a pouco, emergindo em meio ao desenvolvimento das teorias sobre a afasia. Ela remete-nos, principalmente, a Gelb e Goldstein e aos seus estudos com pessoas vítimas de lesões cerebrais – mais precisamente, lesões

---

1 A cada citação direta ou indireta de *A estrutura do comportamento* e da *Fenomenologia da percepção*, utilizaremos as seguintes abreviações, que nos remetem a seus respectivos títulos em francês: SC, para a primeira obra, e PhP, para a segunda. Além disso, grande parte das *citações diretas* de ambas as obras será realizada segundo as versões brasileiras, ambas publicadas pela Editora Martins Fontes. Assim, nesses casos, a indicação da paginação das versões francesas será seguida pela menção à paginação das versões brasileiras.

corticais – e que apresentavam quadros sintomáticos usualmente classificados entre as agnosias, as afasias e as apraxias. Seus pacientes eram capazes de ações concretas, que visavam a objetos "tangíveis", mas falhavam na realização de tarefas que exigissem a "abstração dos dados concretos" e que fizessem apelo à imaginação. É assim que um paciente, capaz de reagir imediatamente à picada de um inseto levando sua mão à parte do seu corpo atingida, podia mostrar-se, na situação de exame, incapaz de indicar corretamente a região do seu corpo tocada pelo seu médico. Isso porque, diferentemente das ações habituais ou vitais, o movimento abstrato pressupõe uma "potência de objetivação", profundamente alterada no caso dos doentes em questão. O problema é análogo nas afasias. Os pacientes podem ser capazes ou não de certas ações verbais segundo se situem num contexto concreto ou num contexto de gratuidade. Nessas circunstâncias, Goldstein (1983) sintetiza a deficiência mencionando um apego ao real em detrimento do possível e do pensado. Desde que o paciente esteja em contato direto com os objetos e desde que ele participe diretamente de uma situação qualquer por meio do contato com as coisas, ele será capaz de agir, de reconhecer, de calcular, de se rememorar com sucesso. Entretanto, nos casos em que a vivência concreta da situação é impossível, o paciente falhará no exercício dessas diversas operações, apresentando importantes alterações da percepção, da motricidade, da volição, enfim, perturbações significativas do seu comércio espontâneo com o mundo.

Os estudos de Goldstein deixam claro que os comportamentos patológicos observados não possuem relação com a destruição de conteúdos cinestésicos, conteúdos de pensamento, conteúdos perceptivos ou volitivos, conteúdos linguísticos etc. Em graus variáveis, a perturbação pode ser encontrada sempre que se exija do paciente a mesma atitude de gratuidade, sempre que a exigência imposta pela situação se dirija a essa mesma dimensão do comportamento que busca o essencial de um processo fenomênico qualquer. Em outras palavras, trata-se de uma "incapacidade de circunscrever nitidamente um conjunto percebido, concebido, ou apresentado, a título de *figura*, em um *fundo* tratado como indiferente", diz Merleau-Ponty (SC, p.69; p.98 – grifos do autor), ao retomar as conclusões do neuropsiquiatra.

A PRIMAZIA DO CORPO PRÓPRIO **19**

Essa é a "perturbação essencial" que se destaca do conjunto de sintomas e que põe a nu o que Gelb e Goldstein chamaram de "atitude ou comportamento categorial".

Em *A estrutura do comportamento*, Merleau-Ponty faz uso das expressões "atitude categorial" e "comportamento simbólico" para referir-se ao tema que ora nos ocupa. Na *Fenomenologia da percepção*, Merleau-Ponty falará, também, em "função simbólica", atribuindo o uso pioneiro da expressão a Henry Head, neuropsiquiatra inglês. Em textos mais tardios (Merleau-Ponty, 1968, 2001, 2003), encontramos tanto a denominação "atitude categorial" quanto a denominação "função simbólica", mas é ao primeiro termo que Merleau-Ponty faz referência quando deseja remeter-se aos estudos de Gelb e de Goldstein. Veremos que, ao longo do desenvolvimento das teorias da afasia, a circunscrição das manifestações dessa patologia foi realizada de modo convergente por alguns autores, que denominaram de formas diversas as operações afetadas: expressão simbólica, consciência simbólica, função de representação etc. A escolha da expressão "função simbólica" na intitulação do presente livro deve-se ao fato de considerarmo-la uma denominação mais geral que faz referência a teorias filosóficas e científicas que operam, de uma forma ou de outra, o trato com o simbólico na percepção humana.

Karsenti (1997) sublinha o fato de que o desenvolvimento dos estudos acerca do simbolismo na antropologia e na psicologia francesas é uma herança comum dos estudos em neuropsicologia do início do século XX. A referência a Head é frequente nos trabalhos de Marcel Mauss, Henri Delacroix e Henri Wallon. Piaget (1994) menciona os estudos sobre a afasia quando se trata de mostrar a amplitude da função simbólica, que, mais do que assegurar o exercício da linguagem, assegura a ação para além dos limites dos dados sensório-motores atuais. Segundo o autor, a função simbólica passa a ser exercida pela criança a partir da superação da atividade sensório-motora. Essa superação marca o início da atividade representativa que desembocará nas operações racionais, marca o aparecimento das primeiras tramas de significações em que elementos presentes evocam elementos ausentes.

20 DANILO SARETTA VERISSIMO

Karsenti (idem) destaca, também, a tematização do simbolismo na filosofia, particularmente as contribuições de Ernst Cassirer e da filosofia da linguagem e da lógica na Inglaterra dos anos 1920. Tais contribuições possuem um caráter ao mesmo tempo geral e concreto, na medida em que se apoiavam nas descobertas da psicologia, da neuropsicologia, da etnologia e da linguística do seu tempo.

Cassirer é um dos interlocutores de Merleau-Ponty na *Fenomenologia da percepção* no que concerne ao problema da função simbólica. O autor coloca no centro da sua filosofia uma noção de consciência calcada em representações simbólicas. Para ele, todo vivido, como conteúdo de consciência, apresenta-se como representação capaz de acolher variadas nuanças de significação. Além disso, a representação simbólica, ao mesmo tempo que permite a fluidez de sentidos, ancora os fenômenos em formas coerentes e estáveis. A plenitude concreta de um objeto presente aqui e agora mostra-se dependente de uma "pregnância simbólica" que garante seu caráter de generalidade, de objeto reconhecível e pertencente a uma determinada categoria de fenômenos (Cassirer, 1972).

Ainda no campo da filosofia, gostaríamos de comentar a contribuição de Ruyer (1964), que destaca uma dimensão do problema da função simbólica que foi, como veremos, minuciosamente abordada por Merleau-Ponty em *A estrutura do comportamento*. Trata-se de localizar a originalidade do comportamento humano em relação ao comportamento dos outros seres vivos no manejo de "signos-símbolos". Ruyer (1964, p.94 – grifos do autor) comenta:

> *O passo decisivo em direção à humanidade é transposto quando o sinal-estímulo torna-se signo-símbolo*, ou seja, quando ele é apreendido não mais como a anunciar ou a indicar um objeto ou uma situação vizinha ou próxima, mas como podendo ser utilizado em si mesmo, *para conceber o objeto mesmo na ausência deste objeto*.

Esse manejo pressupõe a natureza "inatual" do pensamento e da ação humanos.

Merleau-Ponty se insere nessas discussões com contribuições originais, é o que esperamos mostrar no presente trabalho. O texto que ora apresentamos é composto de três partes. Na primeira delas, apresentamos dois capítulos de caráter introdutório. O capítulo inicial oferece uma visão geral acerca dos dois primeiros trabalhos de Merleau-Ponty, focalizando a cumplicidade existente entre eles e o "cenário cartesiano" no qual se instalam. No segundo capítulo, nosso problema específico, a função simbólica, aparece como plano de fundo para a apresentação de uma trama de filiações e distanciamentos teóricos entre Merleau-Ponty e outros autores, e cuja abordagem, cremos, configura um subsídio importante para a adequada apropriação das discussões que têm lugar a partir da segunda parte deste trabalho. Esta é organizada em três capítulos que tratam do problema da função simbólica em *A estrutura do comportamento*. No primeiro, a função simbólica é apresentada em meio à apropriação merleau-pontiana dos estudos sobre neurofisiologia e neuropatologia. No capítulo seguinte, discutimos os estudos de Merleau-Ponty sobre a função simbólica nas fronteiras da animalidade e da humanidade. O último capítulo abrange o debate sobre a função simbólica no interior da "ordem humana". A terceira parte do nosso trabalho é dedicada ao problema da função simbólica na *Fenomenologia da percepção* e também é composta de três capítulos. No primeiro deles, realizamos uma primeira aproximação ao primado do corpo como sujeito da percepção a partir das discussões de Merleau-Ponty acerca de dois fenômenos patológicos: o membro fantasma e a anosognose. No capítulo seguinte, vemos o filósofo, no estudo da espacialidade do corpo próprio e da motricidade, prescindir da noção de função simbólica. Finalmente, no último capítulo, acompanhamos Merleau-Ponty em suas reflexões sobre a linguagem, nas quais suas críticas à função simbólica são reafirmadas e apuradas.

PARTE I
PROLEGÔMENOS

1
Os primeiros trabalhos de Merleau-Ponty

Entendemos que a discussão do problema da função simbólica nos primeiros trabalhos de Merleau-Ponty exige um exame da cumplicidade estratégica, do ponto de vista filosófico, entre *A estrutura do comportamento* e a *Fenomenologia da percepção*. Exige, ainda, que estejamos atentos para aquilo que consideramos um dos pilares do desenvolvimento teórico operado pelo autor nessas duas obras, a saber, a exploração e a articulação original dos avanços que vinham sendo apresentados na filosofia da percepção, na fisiologia e na patologia da percepção, bem como na psicologia da percepção alemãs, que se encontravam em um momento de efervescência no início do século XX. O estudo da filosofia e da descrição científica da percepção "modernas" visava à ultrapassagem das "alternativas clássicas", a ultrapassagem do idealismo filosófico sem a adesão ao realismo científico ingênuo (Merleau-Ponty, 1997, p.66,), a negação de toda manifestação de pensamento objetivo – tanto aquele que por meio de atos de significação estabelece um mundo sem fissuras quanto aquele que pressupõe um mundo cuja constituição pode ser retomada pela análise do sistema de relações objetivas que o sustenta, incluindo-se, nesse mundo, o organismo humano, o que, supostamente, nos levaria à possibilidade de uma "ciência objetiva da subjetividade". Na perspectiva merleau-pontiana, a crítica dessas

26 DANILO SARETTA VERISSIMO

alternativas clássicas nos encaminha, diretamente, ao debate com o cartesianismo expresso na filosofia e nas ciências.

O "cenário cartesiano" dos primeiros trabalhos de Merleau-Ponty

Para Merleau-Ponty, o "gesto cartesiano" fundador é a assunção das contradições geradas pela dificuldade de articular a união do espírito e do corpo tal como ela aparece, com evidência, no que Descartes chama de nossa "inclinação natural", com o privilégio da substância pensante, do espírito, na concepção de toda forma de consciência. Tal dificuldade é a espinha dorsal do pensamento ocidental[1] e se resume à tarefa de dar conta da existência paradoxal do corpo humano.[2] A intenção filosófica de Merleau-Ponty sustenta-se, pois, na interrogação da herança cartesiana e no debate de toda sorte de dualismos antropológicos que se desenvolveram a partir dela (cf. Saint Aubert, 2005; Bimbenet, 2004; Furlan, 2001a). Isso fica claro no trecho de uma entrevista cedida pelo filósofo em 1959:

– Georges Charbonier: Qual é o sentido de suas pesquisas em filosofia pura?

– Merleau-Ponty: No fundo, o ponto de partida dessas pesquisas foi bastante tradicional. Recordo-me bem de que, desde o fim dos meus estudos, encontrava-me vinculado às relações da alma e do corpo como problema que me interessava especialmente [...]. Continuei nesse sentido durante uma quinzena de anos, e é o resultado desse esforço que surgiu sob a forma de dois livros [...] que são, ambos, consagrados, mais ou menos, ao problema das relações da alma e do corpo. No fundo, veja, o que sempre me chocou, durante meus estudos, é o fato de que nossos mestres,

---

1 Merleau-Ponty em documento inédito intitulado *La nature ou le monde du silence* (cf. Saint Aubert, 2005).

2 "A questão da união da alma e do corpo em Descartes não é uma simples dificuldade especulativa, como se supõe amiúde. O problema é, para ele, de dar conta de um fato paradoxal: a existência do corpo humano" (Merleau-Ponty, 2002a, p.13).

A PRIMAZIA DO CORPO PRÓPRIO   27

no conjunto, eram cartesianos – um homem como Léon Brunschvicg era cartesiano, ele admitia, pois, entre o espírito e o corpo uma distinção categórica, que era a distinção daquilo que é consciência, e daquilo que é coisa, a existência como coisa e a existência como consciência sendo opostas uma à outra [...]. Quando o espírito reflete sobre sua verdadeira natureza, ele se apercebe apenas como pura consciência, pensada no sentido cartesiano, e é ele mesmo que é, novamente, o espectador da relação entre o espírito e o corpo. Ele a vê, ele a pensa, ele a constitui, isso faz parte do universo do pensamento, mas não se trata de uma ligação do pensamento com outra coisa que ele mesmo. E é essa imanência filosófica do pensamento a ele mesmo que sempre me chocou, que sempre me pareceu insuficiente, de modo que, desde o tempo de estudante, eu me propunha a trabalhar sobre esse problema, das relações do espírito com aquilo que não é ele: como torná-las compreensíveis, como torná-las pensáveis. (Merleau-Ponty apud Saint Aubert, 2005, p.17-8)

Voltemo-nos para Descartes. Em vários textos, o filósofo seiscentista insiste sobre a distinção entre a alma e o corpo. Em *Meditações*, no exercício da dúvida hiperbólica, após refletir sobre os atributos do corpo, nenhum deles indubitável, e os da alma, vários deles ligados às demandas corporais, somente o pensamento aparece a Descartes (1953a) como característica diferencial do espírito, como aquilo que não pode ser destacado do Eu. Como qualquer objeto que encontramos ao nosso redor, o corpo é divisível, ao passo que o espírito configura uma substância pensante e una, e à qual não se aplica o princípio da divisibilidade. Podemos perder partes do nosso corpo sem que isso incorra em perda da substância pensante. Ademais, a substância extensa não admite a sobreposição de extensões. Um corpo não pode ocupar o mesmo espaço ocupado por um outro corpo, propriedade essa que não pertence à substância pensante (1953b, p.1160). Descartes afirma, ainda, que as impressões que recebemos do nosso corpo nós não as recebemos dele todo, mas do cérebro, órgão responsável pela mediação entre nossa substância material e nossa substância pensante. É o espírito que sente por meio das impressões que recebe do corpo, é a alma que vê, e não o olho (Descartes, 1953c, p.224). Nesse contexto, se, por um lado, Descartes (1953a, p.328; 1996, p.330) admite que há

28 DANILO SARETTA VERISSIMO

certas coisas que a "luz natural" não é capaz de nos ensinar sem a ajuda do corpo, aquilo que nos causa prazer e aquilo que nos causa dor, por exemplo, o filósofo, por outro, afirma: "Pois é, ao que me parece, somente ao espírito, e não ao composto de espírito e corpo, que compete conhecer a verdade das coisas".

A tradição cartesiana implica, portanto, o afastamento do sujeito em relação ao objeto. Segundo Merleau-Ponty, opera-se a purificação da substância extensa, doravante compreendida como soma de partes exteriores umas às outras, aí se incluindo o corpo, e a purificação da substância pensante, da alma, "ser inteiramente presente a si mesmo, sem distância".[3] A clareza é encontrada, de um lado, em nós e, de outro, fora de nós. Assim, ou se existe como coisa, e a análise de suas partes revela tudo o que ela pode ser, ou se existe como consciência, como poder puro de entendimento de si mesmo e dos objetos exteriores (PhP, p.231-2).

Entretanto, aos olhos de Merleau-Ponty, as reflexões mais "célebres" de Descartes, e que se encontram em algumas poucas passagens de seus textos e cartas, são aquelas em que o filósofo seiscentista investiga a união da alma e do corpo, vislumbra uma zona abissal do Ser, entra em contradição e, então, decide fechá-la ao pensamento filosófico. Voltemo-nos a um trecho de *Meditações* indicado por Saint Aubert (2005) como adágio da "aventura intelectual do cartesianismo".

A natureza me ensina, também, por esses sentimentos de dor, fome, sede etc., que não somente estou alojado em meu corpo, como um piloto em seu navio, mas, que, além disso, lhe estou conjugado muito estritamente e de tal modo confundido e misturado, que componho com ele um único todo. Pois, se assim não fosse, quando meu corpo é ferido não sentiria

---

3 Com Descartes, vamos das coisas ao pensamento das coisas, o que representa "reconhecer, aquém dos acontecimentos, um campo e um sistema de pensamentos que não esteja sujeito nem ao tempo nem a alguma limitação, um modo de existência que não deva nada ao acontecimento e que seja a existência como consciência, um ato espiritual que apreenda à distância e contraia em si mesmo tudo aquilo que visa, um 'eu penso' que seja por si mesmo e sem nenhuma adjunção um 'eu sou'" (PhP, p.426; p.497).

A PRIMAZIA DO CORPO PRÓPRIO 29

por isso dor alguma, eu que não sou senão uma coisa pensante, e apenas perceberia este ferimento pelo entendimento, como o piloto percebe pela vista se algo se rompe em seu navio; e quando meu corpo tem necessidade de beber ou de comer, simplesmente perceberia isto mesmo, sem disto ser advertido por sentimentos confusos de fome e de sede. Pois, com efeito, todos esses sentimentos de fome, de sede, de dor etc., nada são exceto maneiras confusas de pensar que provêm e dependem da união e como que da mistura entre o espírito e o corpo. (Descartes, 1953a, p.326; 1996, p.328-9)

Segundo Saint Aubert (2005, p.25), essa passagem contém, na perspectiva da filosofia de Merleau-Ponty, o melhor e o pior do cartesianismo:

O melhor, porque, nela, Descartes cruza, no espaço de uma meditação, a dimensão autêntica da carne e da sua fenomenalidade de interferência [empiétement]. O pior, porque, tendo encontrado justamente a posição do mais precioso dos tesouros, ele não encontra os meios de reerguê-lo e enterra-o definitivamente.

Numa carta à princesa Élisabeth de Boêmia (1618-1680), datada em 28 de junho de 1643, Descartes (1953b) comenta que a atribuição de matéria e extensão à alma é mais fácil que concebê-la capaz de mover o corpo sem possuir matéria e que essa atribuição de matéria à alma nada mais é do que concebê-la unida ao corpo. Já numa carta a Morus[4] (1614-1687), de 15 de abril de 1649, o filósofo retoma o tema da atribuição de materialidade à alma, concebendo-a como uma "extensão de potência". A alma não seria corporal no mesmo sentido da substância extensa. Mas qual é a coerência dessa noção, pergunta Merleau-Ponty?

A alma, vista do corpo, aparece como se aplicando a esse corpo e dotada de uma extensão por contágio. Mas não se trata senão da alma dos outros, e não da alma como alma. De fora, encontra-se nela a superfície de extensão; de dentro, não se pode alcançá-la a não ser por reflexão. (Merleau-Ponty, 2002a, p.15)

---

4 Filósofo e teólogo inglês.

30 DANILO SARETTA VERISSIMO

O fato é que a alma não é concebida por Descartes senão por meio do entendimento puro, e os corpos – a extensão, a figura e o movimento – concebidos a partir do entendimento e da imaginação, tal qual exercida nos estudos matemáticos, enquanto aquilo que se refere à união da alma e do corpo encontra-se proscrito do terreno do pensamento. Recorremos, novamente, às palavras de Descartes (1953b, p.1158):

> [...] as coisas que pertencem à união da alma e do corpo não são conhecidas senão obscuramente pelo entendimento isolado, nem mesmo pelo entendimento auxiliado pela imaginação; mas elas são conhecidas claramente pelos sentidos. De onde o fato que aqueles que não filosofam jamais, e que não se servem que dos seus sentidos, não duvidam que a alma mova o corpo, e que o corpo aja sobre a alma, mas consideram um e outro como uma única coisa, ou seja, eles concebem a sua união, pois conceber a união que há entre duas coisas, é concebê-las como uma só. [...] é apenas utilizando-se da vida e das conversações ordinárias, e se abstendo de meditar e de estudar sobre as coisas as quais se exerce a imaginação, que se aprende a conceber a união da alma e do corpo.

Descartes prescreve, portanto, uma interdição à reflexão filosófica no tocante à nossa experiência. A reflexão, se exercida no domínio da união entre a alma e o corpo, domínio claramente acessado em nossa vida comum sem o auxílio da filosofia,[5] não encontrará senão confusão, não encontrará senão pensamentos obscuros e sem validade no campo do conhecimento que se pretenda verdadeiro e científico. O exercício do entendimento puro impede a plena dedicação à imaginação e aos sentidos, e o pensamento que se vale dos sentidos não é capaz de alcançar um entendimento puro e verdadeiro; o pensamento que se exerce em região obscura do ser alcança apenas conclusões duvidosas e confusas. Para Descartes, a união da alma e do corpo não pode ser concebida pelo espírito humano. Trata-se de um setor que não podemos pensar.

O preceito cartesiano foi seguido à risca. É o que nos mostra Merleau-Ponty (1996a, p.165) ao falar de uma crise da filosofia pura

---

5 "a noção da união que cada um prova continuamente em si mesmo sem filosofar [...]" (Descartes, 1953b, p.1159).

A PRIMAZIA DO CORPO PRÓPRIO 31

na França: "Ela vive, sobretudo, no passado, como história da filosofia". Se havia uma filosofia, ela estava "no ar", expressa nas pesquisas sobre arte, e, sobretudo, em pesquisas sobre o "homem subterrâneo", da forma que encontramos em Schopenhauer, Dostoïevsky, Nietzsche e Freud (ibidem, p.166). Esse é o resultado último da atitude que manifestara Descartes; "filosofia e não filosofia sem interferência [empiétement], nem conflito, a filosofia nos dando razões de não fazer mais filosofia", afirma Merleau-Ponty (1996a, p.225).

A pedra de toque do pensamento merleau-pontiano, construído à luz do preceito fenomenológico de suspensão do conhecimento filosófico e científico estabelecido, é a afirmação de que o irrefletido não deve ser afastado como termo inacessível à reflexão, que ele é, antes, a "situação inicial, constante e final" (PhP, p.IX, p.11) de uma "reflexão radical".[6] Um pensamento que não rejeita a confusão, mas que aceita ser reflexão sobre um irrefletido, pode ser capaz de exprimi-lo e de, assim, aproximar-se de uma "nova ideia de razão" (Merleau-Ponty, 1996b, p.7), uma ideia de razão imiscuída em desrazão. A virada filosófica, que abriga em si o gesto fenomenológico propriamente merleau-pontiano, faz do *cogito* o centro de uma reflexão "que ao mesmo tempo domina e mantém a opacidade da percepção" (PhP, p.53; p.74). O campo de exercício da reflexão filosófica doravante deve preservar aquilo que, para Descartes, implicava confusão, mistura e dúvida, e que deveria ser dissipado à luz de um fundamento claro e distinto para as ciências. Mais do que isso, trata-se de recolocar a "atitude crítica e reflexiva" no magma da "experiência irrefletida do mundo", que devemos reencontrar, para então ver surgir a reflexão da forma como ela, de fato, se apresenta, como um "dom de natureza", ou seja,

---

6 Sabemos que Merleau-Ponty faz parte de um contexto histórico marcado pelo esforço de ultrapassagem das antinomias clássicas. O autor comenta: "Nosso século aboliu a linha divisória do 'corpo' e do 'espírito' e vê a vida humana como espiritual e corporal de parte à parte, sempre apoiada no corpo, sempre interessada, até nos seus modos mais carnais, às relações das pessoas. Para muitos pensadores, no fim do século XIX, o corpo era um pedaço de matéria, um feixe de mecanismos. O século XX restaurou e aprofundou a noção de carne, ou seja, do corpo animado" (Merleau-Ponty, 2003, p.369-70).

32 DANILO SARETTA VERISSIMO

como reflexão inerente a uma situação espacial e temporal, inerente ao nosso corpo, a um "Eu natural", que coincide com a consciência sensível que conhece a si mesma e o *seu* mundo anonimamente, antes de qualquer decisão de nossa parte. "Minha percepção", diz Merleau-Ponty, "mesmo vista do interior, exprime uma situação dada [...]" (PhP, p.249; p.290), um "passado original", diz ele, a referir-se ao fato de que não temos mais consciência de sermos o "verdadeiro sujeito" da sensação do que consciência do nosso próprio nascimento. É a partir desse fundo de "experiência não tética", que é a nossa "percepção originária", que se delimitam o objeto de ciência, o sujeito psicofísico, morada das sensações, e a consciência pura e constituinte, que "põe um e outro". A "reflexão radical" de que fala Merleau-Ponty precisa antecipar-se à formulação da ideia do sujeito e do objeto e apanhar a si mesma no instante em que brota da mesma fonte daquelas ideias (cf. PhP, p.53, 249-50, 253, 278-9).

Se Merleau-Ponty compara o corpo à obra de arte é porque em ambos o fenômeno expressivo se antecipa ao pensamento e força caminho para aquém do "privilégio da razão". Um quadro, assim como uma música ou um poema, não emite uma ideia que se descola da obra e passa a significá-la, a ideia matriz do trabalho artístico tal como quisera transmitir o seu autor. A obra é antes, diz Merleau-Ponty, um "indivíduo", um "ser" do qual não é possível "distinguir a expressão do expresso" (PhP, p.177; p.209). Se quisermos conhecê-la, isso não será possível senão através de um contato direto por meio do qual acessaremos uma significação situada no tempo e no espaço. A obra de arte, assim como o corpo, possui uma fisionomia, ou seja, um sentido que surge do seu conjunto. Uma profunda dimensão desse sentido é perdida na descrição que se possa fazer de um quadro, na notação que se possa fazer da música em uma partitura, da mesma forma que a transcrição de uma entrevista achata a expressão do entrevistado, desprovendo-a dos seus gestos, do seu tom, dos seus acentos, enfim, da tensão na qual ele se movera e das "significações vivas" que ele experimentara e expressara. Para Merleau-Ponty (1964, p.42), é significativo que Descartes não aborde a pintura senão com alguns poucos comentários: "a pintura não é para ele uma operação central que

A PRIMAZIA DO CORPO PRÓPRIO 33

contribui para definir nosso acesso ao ser; é um modo ou uma variante do pensamento canonicamente definido pela posse intelectual e pela evidência". E se Descartes fala em "quadros", é de fato ao desenho que ele se apega como forma que nos fornece os índices suficientes para a representação do objeto desenhado. Falar das cores, que escapam à correspondência geométrica entre as coisas e suas projeções, e que, no entanto, nos apresentam as coisas, seria ver-se diante do problema "de uma abertura às coisas sem conceito" (ibidem, p.43).[7]

Diante do que apresentamos até aqui, pode ficar ao leitor a impressão de que, se Merleau-Ponty não pretende realizar uma abordagem histórica da filosofia de Descartes, a ele interessa apenas criticar um pensamento defasado. De fato, Merleau-Ponty não se ocupava de uma restituição lógica e arquitetônica das obras de Descartes. Para nosso filósofo, não se tratava de fazer história da filosofia, e seu trabalho de pesquisa sobre o autor seiscentista não precisava ser exaustivo.[8] Não lhe interessavam o sistema cartesiano e sua ordem interna, o que implica, para Merleau-Ponty (2003, p.259), a exposição ao risco de reduzir o filósofo às suas próprias questões e às suas próprias respostas. Interessava, sim, a Merleau-Ponty fazer filosofia hoje à luz de Descartes, pensar mesmo os primórdios de uma nova ontologia, o que não seria possível senão a partir da focalização das intuições cartesianas, ou seja, a partir daquilo que Descartes nos diz sob a base das interrogações que lhe podemos endereçar hoje e que mantém viva a filosofia produzida por ele no século XVII. Trata-se de ultrapassar os limites da ordem e do conteúdo do que disse Descartes em resposta aos seus problemas. Trata-se de "sonhar", "meditar", "refletir livremente" sobre os temas cartesianos, de fazer aflorar intuições acerca das verdades que ele tentou exprimir (Merleau-Ponty, 2002a, p.11), mesmo que contraditórias, sem romper, contudo, a dimensão de diálogo com

---

7 Sobre a pintura na obra de Merleau-Ponty, ver Furlan; Rozestraten (2005).

8 "Reserva sobre a palavra 'cartesiano': não passamos em Descartes mais do que algumas horas por ano. Nós não reconstituímos interiormente, a partir de todos os textos, o sistema. [...] Nada a dizer contra a leitura completa – mas direito e necessidade de uma outra leitura" (Merleau-Ponty, ca. 1957 apud Saint Aubert, 2005, p.20).

34 DANILO SARETTA VERISSIMO

o filósofo de outrora.[9] Para Merleau-Ponty, essa é a única maneira de encontrar o "princípio de coesão" do Ser em Descartes. É nessa leitura e não na perspectiva plana e homogênea de um exame sistemático que o filósofo deseja avançar em suas próprias interrogações. Merleau-Ponty prefere instalar-se no "horizonte do pensamento cartesiano" (PhP, p.54; p.69), sem, no entanto, perder de vista os temas e as soluções vislumbrados por Descartes. A impossibilidade de pensar a união da alma e do corpo, deixada ao alcance apenas do conhecimento vital, significa, para Merleau-Ponty (PhP, p.52-3; p.73), que "o ato de compreender se mostra como reflexão sobre um irrefletido que ele não reabsorve nem de fato nem de direito". O pensamento absoluto de Descartes não aparece como dimensão primeira, mas inserido num fluxo temporal e espacial do qual ele não se ausenta jamais. "É sempre à percepção que incumbirá conhecer a percepção", afirma Merleau-Ponty (PhP, p.53; p.73). É nesse sentido que o filósofo lê a análise de Descartes acerca do pedaço de cera, ou acerca dos homens presumidos que ele vê de sua janela (cf. Descartes, 1953a, p.279-83). Se, sem saber se o que vemos são homens verdadeiros ou tão somente bonecos sob as vestes e os chapéus, julgamos tratar-se de homens, o julgamento ao qual se refere Descartes não é anterior à própria percepção. O sentido do percebido não está posto de antemão em alguma dimensão somente acessível a um pensamento sem ancoragem, mas parece brotar do próprio percebido, no instante da sua descoberta. A estrutura inteligível do pedaço de cera não é constituída pelo pensamento absoluto, mas, sim, reconstituída, diz Merleau-Ponty (PhP, p.53). É por isso que o autor afirma que a "significação última do cartesianismo" assenta-se na identificação entre a razão e a condição humana. O homem sensual que encontramos na

---

9 Ao refletir sobre sua própria leitura da obra de Husserl, Merleau-Ponty (2003, p.260) comenta: "Entre uma história da filosofia 'objetiva', que mutilaria os grandes filósofos naquilo que eles deram a pensar aos outros, e uma meditação dissimulada em diálogo, em que faríamos as questões e as respostas, deve haver um meio, em que o filósofo do qual se fala e aquele que fala estejam presentes juntos, se bem que seja, mesmo de direito, impossível separar a cada instante aquilo que é de cada um".

A PRIMAZIA DO CORPO PRÓPRIO **35**

sexta meditação rejeita a purificação que Descartes operara nas duas primeiras meditações (Merleau-Ponty, 1996a, p.225).

> Se a filosofia de Descartes é isso, estabelecimento de uma luz inteligível contra o homem sensual e o mundo visível, em seguida, justificação relativa por meio dela do sentimento, ela deve conter (se ela não é, no seu segundo momento, simples renegação do primeiro) uma relação ambígua de luz e sentimento, do invisível e do visível, do positivo e negativo. É esta relação ou este cruzamento que seria necessário procurar. (Merleau--Ponty, 1996a, p.222)

Entretanto, se Merleau-Ponty pode afirmar que a existência, a individualidade e a facticidade encontram-se no "horizonte do pensamento cartesiano", é apenas admitindo, também, que Descartes não as tematizou. Caso contrário, a filosofia cartesiana seria outra, e a análise reflexiva teria se aproximado mais de uma "subjetividade autêntica".

A cumplicidade entre *A estrutura do comportamento* e a *Fenomenologia da percepção*

As duas obras iniciais de Merleau-Ponty fazem parte de um único projeto de trabalho. Elas se inserem na discussão das antinomias cartesianas na filosofia e nas ciências e partem da delimitação de um mesmo problema, o da percepção, como ponto de integração das duas ordens fundamentais do pensamento de Descartes: a alma e o corpo.

> Nossos primeiros trabalhos publicados, comenta Merleau-Ponty, apegam-se a um problema que é constante na tradição filosófica, mas que é posto de modo mais agudo desde o desenvolvimento das ciências do homem, a ponto de conduzir a uma crise do nosso saber ao mesmo tempo que da nossa filosofia. Trata-se da discordância entre a visão que o homem pode ter de si mesmo, por reflexão ou por consciência, e aquela que ele obtém religando suas condutas a condições exteriores das quais elas dependem manifestamente. (Merleau-Ponty, 2000, p.11)

36 DANILO SARETTA VERISSIMO

Do ponto de vista interior, a verdade do *cogito* parece irrecusável para a filosofia. Mesmo que o saber positivo sobre o homem chegasse ao extremo de concebê-lo no interior de um entrelaçamento de causalidades orgânicas, psíquicas ou sociais, o reconhecimento da validade dessa concepção permaneceria atrelado à possibilidade de se apreciá-la. Caso contrário, os próprios resultados científicos deveriam ser colocados em dúvida, como simples efeitos de uma determinação exterior inapreensível (Merleau-Ponty, 2000, p.50). O fato é que a evidência da consciência é inchada a partir de Descartes em direção a uma liberdade absoluta. A consciência passa a ser uma consciência constituinte e, assim, a compreender todos os fenômenos como inerentes à sua atividade e o pensamento como evidente para si mesmo (cf. PhP, p.432). Por sua vez, as ciências, do ponto de vista do "espectador estrangeiro",[10] são capazes de pôr em relevo uma série de dependências do homem em relação a fatores físicos, orgânicos, psicológicos e sócio-históricos. Merleau-Ponty (2000, p.12) resume esse impasse com as seguintes palavras:

> É preciso, pois, compreender como o homem é simultaneamente sujeito e objeto, primeira pessoa e terceira pessoa, absoluto em iniciativa e dependente, ou, mais ainda, é preciso revisar as categorias que, se mantidas, fariam renascer o conflito perpétuo do saber positivo e da filosofia [...].

As ciências humanas, se acompanhadas em seu "desenvolvimento espontâneo" (cf. Verissimo; Furlan, 2006), revelam, de fato, um homem-coisa, o homem como um objeto entre outros? E a atitude reflexiva, que olha o homem a partir de si mesmo, ela nos conduz, inevitavelmente, a uma subjetividade "intemporal e incondicionada"? Essas interrogações sumarizam a dupla proposta de Merleau-Ponty, ao

---

10 Merleau-Ponty utiliza essa expressão para referir-se aos estudos do comportamento animal e humano que se eximem de pressupor ou de considerar, seja na auto-observação, seja na observação de outrem, qualquer tipo de experiência interna de tipo psíquico ou consciente. O behaviorismo é o exemplo mais claro dessas ciências voltadas aos fatos "exteriores" do comportamento.

A PRIMAZIA DO CORPO PRÓPRIO **37**

conceber um estudo sobre a percepção[11] que, partindo de dois pontos de vista diferentes, convergisse para um ponto aquém do sujeito e do objeto puros.

A estrutura do comportamento

Em *A estrutura do comportamento*, Merleau-Ponty considera a percepção a partir do exterior, ou, conforme expressão utilizada pelo próprio autor, do ponto de vista do "espectador estrangeiro". As palavras com que o autor inicia o livro já anunciam o impasse a que fizemos referência:

> Nosso objetivo é compreender as relações entre a consciência e a natureza – orgânica, psicológica ou mesmo social. Entendemos aqui por natureza uma multiplicidade de acontecimentos exteriores uns aos outros e ligados por relações de causalidade. (SC, p.1; p.1)

Logo após, Merleau-Ponty anuncia a estratégia que utilizará para instalar-se no seu problema: partir "de baixo", da noção de comportamento, considerada pelo autor como noção neutra em relação às oposições clássicas entre o psíquico e o fisiológico. Novamente, é na leitura do horizonte de um pensamento estabelecido, desta vez da teoria behaviorista, que o filósofo adquire a confiança necessária para pôr em marcha sua intenção intelectual. Há uma intuição profunda na noção

---

11 Em 1933, em seu "Projeto de trabalho sobre a natureza da percepção", texto que sustentava uma solicitação de subvenção para pesquisa, Merleau-Ponty (1998), então com 25 anos de idade, estabelecera o estado da arte referente ao problema da percepção naquele tempo. Segundo ele, a percepção vinha sendo tratada segundo inspirações criticistas. Era considerada uma operação indireta, mediada por operações intelectuais que seriam responsáveis pela conjugação dos dados sensoriais de modo a "constituir um universo objetivo". Depois de um ano de estudos, no texto que sustentava o pedido de renovação daquela subvenção, o autor mostrava-se convencido de que as novas investigações que vinham sendo produzidas nos campos da fisiologia, da patologia, da psicologia e da filosofia da percepção, notadamente na Alemanha, trabalhos que não vinham sendo ainda amplamente difundidos na França, poderiam sustentar uma nova síntese da percepção, sobretudo da percepção como atividade natural do corpo próprio.

de comportamento, diz ele, que fora perturbada por uma "desordem ideológica" no seio da psicologia norte-americana. No ardor da contraposição à psicologia introspeccionista, o behaviorismo lançou-se em explicações fisiológicas e mesmo físicas do comportamento. Deixou-se, então, de lado o comportamento que não se localiza no sistema nervoso central, mas no "debate" do homem com o ambiente físico e social. "Em nossa opinião [...] Watson visava, quando falava de comportamento, ao que outros chamaram de *existência*, e a nova noção só poderia receber seu estatuto filosófico se o pensamento causal ou mecânico fosse abandonado em prol do pensamento dialético" (SC, p.3; p.4). Com efeito, Merleau-Ponty impõe-se a tarefa, realizada de modo paciente e meticuloso, de deixar de lado a visão que se adquire do homem a partir da reflexão e de denunciar o "abuso do pensamento causal" nas "representações científicas do comportamento". É, sobretudo, às teorias do comportamento fundadas sobre a noção de reflexo que o autor dirige suas críticas, mas também à psicanálise. E, como veremos, não lhe escapam nem a psicologia da *Gestalt* e o organicismo de Goldstein, correntes que oferecem a Merleau-Ponty os elementos sobre os quais será, pouco a pouco, constituída a ideia de estrutura que funda tanto a noção de comportamento para o filósofo quanto a possibilidade de abordagem da "consciência perceptiva", cujo caráter transcendental se coaduna ao seu caráter natural-estruturalista (Bernet, 2008). A noção de estrutura é o subsídio por meio do qual Merleau-Ponty nos mostra, em meio ao organismo como *locus* de acontecimentos físicos e fisiológicos, o aparecimento do comportamento orientado para um mundo específico de cada espécie animal e para o mundo cultural, no caso do homem. É importante destacar que essa "atividade prospectiva" que Merleau-Ponty encontra nos organismos não se confundirá com concepções vitalistas e idealistas da vida natural. Se o organismo não pode ser compreendido como funcionamento de "mecanismos cegos", tampouco poderá ser compreendido fora dos limites da corporeidade, como deixam claro os trabalhos de psicopatologia humana e animal. Os dispositivos empíricos utilizados por Merleau-Ponty (2000, p.16) – psicologia e psicopatologia da percepção modernas – são para ele uma solicitação ao "reexame da antinomia" entre matéria e ideia.

A PRIMAZIA DO CORPO PRÓPRIO **39**

E é esse o sentido da noção de estrutura que emerge deles. O filósofo inicia seu livro questionando-se: "não haveria nenhum fundamento no naturalismo da ciência, nada que, 'entendido' e transposto, devesse encontrar um lugar numa filosofia transcendental?" (SC, p.2; p.3). E no último parágrafo do livro, escreve: "A 'estrutura' é a verdade filosófica do naturalismo e do realismo" (SC, p.241; p.345). A noção de estrutura tornou possível, para Merleau-Ponty, o desvelamento do que ele denominou "consciência naturada". Restava, então, investigá--la, tentar pensá-la sem "suprimir sua originalidade", sem reduzi-la a uma consciência intelectual e, portanto, buscar uma redefinição da filosofia transcendental.

Fenomenologia da percepção

A *Fenomenologia da percepção* corresponde à "análise da percepção em nós" (Merleau-Ponty, 2000, p.17). Mas essa análise também não deveria instalar-se de imediato na consciência transcendental. O percurso adotado por Merleau-Ponty em seu segundo livro é bem representado numa análise que o autor profere no ano letivo entre 1947 e 1948:

> [...] é preciso que haja mediação entre o para si puro e aquilo que a consciência põe em si diante dela, é preciso que haja conivência entre o para si e o em si. "É a alma que vê, e não olho", dizia Descartes [...]. "O olho ou a alma": para ele, não há senão um ou outro. O julgamento natural queria ser essa mediação, mas não passa de uma oscilação entre o em si e o para si. Para ultrapassar a alternativa, seria necessário não considerar logo de início a consciência pura, mas retornar à própria percepção; obter a consciência já em obra, já situada, não se contentar com uma noção esquemática da consciência. Se faço uma ideia pura da consciência, jamais poderei reencontrar a percepção. (Merleau-Ponty, 2002a, p.30)

É por isso que o estudo da "percepção em nós" também parte de dispositivos antropológicos. Novamente a psicologia, representada pela escola de Berlim, e a psicopatologia, representada, sobretudo,

40 DANILO SARETTA VERISSIMO

pelos trabalhos de Gelb e Goldstein, encontram destaque sob a pluma de Merleau-Ponty. A reflexão filosófica sobre a percepção nos apresenta um prejuízo que ameaça a empreitada intelectual. Conforme os dizeres de Merleau-Ponty (2000), ela afasta o filósofo do corpo que ele habita, bem como das coisas que ele frequenta por meio do seu corpo. A coisa percebida, assim como o corpo, é envolta, então, por uma atmosfera de indiferença. Ambas passam a ser objetos cuja lei constitutiva deve ser explorada, ou mesmo constituída, pelo sujeito transcendental. Mesmo a fenomenologia transcendental, tal como concebida por Husserl, pode ser interpretada dessa forma (cf. PhP, p.73). Ora, a psicologia – Merleau-Ponty refere-se à psicologia da *Gestalt*, que ele frequentemente denomina "psicologia moderna" – reconhece a originalidade dos fenômenos em detrimento do mundo objetivo. Por meio da refutação da noção de sensação,[12] que implica uma nova concepção de consciência, não mais como região natural composta por conteúdos psíquicos, mas como *Gestalt*, a psicologia também possibilita o desvelamento de algumas dificuldades de princípio no tocante à concepção da percepção como ato cognitivo e da consciência como "razão preexistente". E é por isso que o filósofo considera que, afastados os prejuízos da atitude natural, a descrição psicológica adquire o valor de método filosófico (cf. PhP, p.77). O estudo das ilusões ópticas e da percepção das distâncias mostra que o fenômeno perceptivo nasce em meio às tensões do campo visual e não como resultado de uma norma que, imposta à percepção, faria desta um fenômeno da ordem do juízo. É justamente o contrário que ocorre: o aparecimento da estrutura visual, da *Gestalt*, é o "nascimento de uma norma", afirma Merleau-Ponty.

A investigação filosófica da percepção, a partir do campo fenomenal, estabelece, entre o homem perceptivo, o seu corpo e o mundo percebido, novas relações em comparação à perspectiva habitual das

---

12 Nos capítulos introdutórios da *Fenomenologia da percepção*, Merleau-Ponty fundamenta a redescoberta do "mundo fenomenal" sobre a crítica da noção de sensação, ou crítica à "hipótese de constância". Voltaremos a essa questão em outro momento deste livro.

A PRIMAZIA DO CORPO PRÓPRIO **41**

filosofias transcendentais. A consistência e a unidade da coisa e do mundo não se devem nem a uma suposta constância dos estímulos que chegam até nós nem a atos intelectuais, mas a uma "pulsação de existência", afirma Merleau-Ponty (PhP, p.95). O comportamento humano, que na perspectiva adotada pelo filósofo em *A estrutura do comportamento*, será definido como comportamento simbólico, e que invoca uma consciência de proveniência natural (cf. Bimbenet, 2004), inscreve-se, a partir da perspectiva do sujeito perceptivo, na noção de ser no mundo. Essa noção une, inextricavelmente, corpo fenomenal e mundo. Trata-se, então, de abordar, num movimento descendente ou arqueológico, conforme o comentário de Bimbenet (2004, p.251), a "conaturalidade" entre o nosso corpo e o mundo.

Toda vez que experimento uma sensação, sinto que ela diz respeito não ao meu ser próprio, aquele do qual sou responsável e do qual decido, mas a um outro eu que já tomou partido pelo mundo, que já se abriu a alguns de seus aspectos e sincronizou-se a eles. Entre minha sensação e mim há sempre a espessura de um *saber originário* que impede minha experiência de ser clara para si mesma. Experimento a sensação como modalidade de uma existência geral, já consagrada a um mundo físico, e que crepita através de mim sem que eu seja seu autor. (PhP, p.250; p.291)

O filósofo evoca uma "espessura histórica", ou "tradição perceptiva", para fazer referência ao corpo que somos e que "sabe mais que nós sobre o mundo" (PhP, p.276; p.320). O corpo do qual trata Merleau-Ponty não é um instrumento à disposição de nossas escolhas pessoais, e sim um "sistema de funções anônimas" a partir do qual se dá "uma comunicação com o mundo mais velha que o pensamento" (PhP, p.294; p.342). O pacto entre o corpo e mundo é anterior à nossa história pessoal; ele provém da nossa "pré-história", ou seja, de uma ligação natural, encarnada, com as coisas. E as coisas às quais nos dirigimos não são objetos determinados e cuja soma é correlativa ao mundo. Este é, antes, um "horizonte latente de nossa experiência", já presente antes de qualquer ato intelectual de determinação. Há um "eu natural", um "tempo natural", um "mundo natural". E, aqui,

42 DANILO SARETTA VERISSIMO

àquilo que Merleau-Ponty acrescenta a palavra "natural", devemos entender aquilo que em mim "funciona por si só e que minha vida pessoal utiliza sem mascará-lo inteiramente" (PhP, p.399; p.465). Nesse sentido, natural significa pré-objetivo. Retomando o cenário cartesiano no qual Merleau-Ponty decide movimentar-se em seus primeiros trabalhos, vemos, então, que a ideia de *cogito* adquire um sentido inédito:

> O mundo que eu distinguia de mim enquanto soma de coisas ou de processos ligados por relações de causalidade, eu o redescubro "em mim" enquanto horizonte permanente de todas as minhas *cogitationes* e como uma dimensão em relação à qual eu não deixo de me situar. O verdadeiro *Cogito* não define a existência do sujeito pelo pensamento de existir que ele tem, não converte a certeza do mundo em certeza do pensamento do mundo e, enfim, não substitui o próprio mundo pela significação mundo. Ele reconhece, ao contrário, meu próprio pensamento como um fato inalienável, e elimina qualquer espécie de idealismo revelando-me como "ser no mundo". (PhP, p.VII-VIII; p.9)

*

Concluímos aqui a demarcação dos objetivos dos dois primeiros trabalhos de Merleau-Ponty. Se, por um lado, ela se expõe aos prejuízos próprios a toda sinopse, esperamos, por outro, ter mostrado que o estudo de Merleau-Ponty sobre a percepção possuía uma intenção bem definida – o debate das antinomias cartesianas expressas nas investigações científicas e filosóficas da existência humana – e que se concretizara na forma de duas obras convergentes mediante a utilização de perspectivas metodológicas distintas. O problema a que nos propomos discutir no presente trabalho, o da função simbólica nas primeiras obras de Merleau-Ponty, encontra-se atrelado a essa "diplopia" metodológica, às transformações conceituais que se operam a partir da passagem do ponto de vista do "espectador estrangeiro" ao ponto de vista do sujeito perceptivo e ao desenvolvimento natural que o pensamento do filósofo sofrera ao longo da elaboração dos seus textos.

2
INFLUÊNCIAS, CONFLUÊNCIAS E DIFERENÇAS

Neste capítulo, também de caráter introdutório, ainda tratamos de cumplicidades, mas agora entre autores, escolas e ideias. Começamos por confrontar Merleau-Ponty a Aron Gurwitsch. O debate que colocamos em causa entre eles é especulativo e nos leva a aproximações com Husserl, com a psicologia da *Gestalt* e com o organicismo estruturalista de Kurt Goldstein. Por fim, entra em cena Georges Politzer. Essa trama de cumplicidades teóricas possui um fio: é em torno da noção de forma que ela é esboçada, espelhando o papel de relevo que essa noção possui nas obras de Merleau-Ponty que nos interessam diretamente aqui. Ainda é apenas como horizonte que o leitor encontrará nosso tema principal, o problema da função simbólica. Cremos, no entanto, que, nas páginas que seguem, fornecemos subsídios teóricos indispensáveis ao seu tratamento subsequente.

Merleau-Ponty, Aron Gurwitsch e o problema da função simbólica

A despeito das raras citações que recebera da parte de Merleau-Ponty, Aron Gurwitsch teve, provavelmente, grande influência na gênese do pensamento do filósofo francês, sobretudo no período que

44 DANILO SARETTA VERISSIMO

antecede a elaboração de *A estrutura do comportamento*. Há indicações de que Gurwitsch, ao lado de Sartre e Eugen Fink, já em 1933, transmitira ideias sobre a fenomenologia husserliana a Merleau-Ponty, além de ensinamentos sobre a psicologia da *Gestalt*, sobretudo acerca da evolução que esta representava em relação às escolas de psicologia do século XIX. Alguns fatos biográficos de interesse para nós: letão de origem judia, Gurwitsch refugiou-se na França a partir da ascensão do nazismo na Alemanha, tendo lecionado em Paris entre 1933 e 1937. Merleau-Ponty frequentara seus cursos, na Sorbonne, sobre a psicologia da *Gestalt* e sobre fenomenologia da percepção. Nesse período, Gurwitsch e Merleau-Ponty travaram amizade. Foi nesse contexto que Merleau-Ponty teve a oportunidade de ler em primeira mão o artigo de Gurwitsch (2002) intitulado "Quelques aspects et quelques développements de la psychologie de la forme". Gurwitsch escrevera o artigo em francês e contara com a ajuda de Merleau-Ponty na revisão do texto no tocante às adequações à língua francesa (Pintos, 2005).[1]

Damos grande importância a esse texto. Nele, Gurwitsch (2002) nos apresenta uma clara exposição sobre noções que antecedem as da escola de Berlim, inclusive associando Husserl aos fundamentos da noção de *Gestalt*. Apresenta-nos, também, uma exposição acerca da própria noção de forma, com ênfase à crítica da hipótese de constância levada a cabo pelos representantes da psicologia da *Gestalt*, questão abordada em detalhes por Merleau-Ponty na introdução de *Fenomenologia da percepção*. Por fim, e é aqui que

---

1 Wandenfels (1976 apud Pintos, 2005, p.155), na introdução à tradução alemã de *A estrutura do comportamento*, faz o seguinte comentário sobre Aron Gurwistch: trata-se do "primeiro a pesquisar, expressamente, uma simbiose entre a fenomenologia e a teoria da *Gestalt*, e daquele com quem Merleau-Ponty manteve uma comunicação mais intensa do que a raridade de indicações oficiais poderia deixar pensar". No que concerne à participação de Merleau-Ponty na preparação do texto de Gurwitsch, Geraets (1971) deixa-nos a impressão de que Gurwitsch tivera a sorte de contar com a ajuda do então jovem filósofo francês, familiarizado com estudos na área da psicologia. Pintos (2005), ao contrário, afirma que o acaso esteve, sobretudo, ao lado de Merleau-Ponty, que tivera a oportunidade de ter um acesso direto às pesquisas e aos ensinamentos de Gurwitsch.

A PRIMAZIA DO CORPO PRÓPRIO 45

nos centraremos mais atentamente, Gurwitsch aponta como limite da noção de forma a impossibilidade de elaborações acerca da intuição categorial. O texto referido pode constituir um importante elemento para que possamos compreender o papel que a atitude categorial desempenha no estudo da percepção em *A estrutura do comportamento*, estudo devidamente completado por um pensamento estrutural de tipo biológico.

Gurwitsch parte de noções apresentadas nos primeiros trabalhos de Husserl. Em *Philosophie de l'arithmétique*, Husserl (1992) ocupa--se com a questão da ideia de multiplicidade. Como somos capazes, pergunta-se o filósofo, de, ao entrarmos num salão repleto de pessoas, com um simples "golpe de olho", falar de uma "multiplicidade de gente"? A hipótese de que esse julgamento dependa de uma multiplicidade equivalente de atos psíquicos capazes de apreender cada membro singular dessa multiplicidade não parece razoável; em certos casos, deveríamos contar com uma "capacidade psíquica operatória" inimaginável. Daí a conclusão de que a "representação concreta de quantidade" é uma "representação imprópria". Com essa expressão, Husserl pretendia dizer que a ideia de multiplicidade, "a subsunção sob o conceito geral de quantidade", produz-se por via indireta, através de um signo que o caracteriza, ou seja, por via simbólica. Pergunta Husserl: «Mas sobre o que se apoia o processo de simbolização?». Poder-se-ia dizer que apreendemos apenas alguns elementos que servirão de signo para o todo. Mas resta a pergunta: "De onde sabemos que uma 'coleção total' deve ser procurada?" (Husserl, 1992, p.242). Para tanto, é preciso que o conceito de multiplicidade já tenha sido subsumido. Voltando-se para o exame da disposição dos objetos no campo visual, Husserl (1992, p.250) introduz, então, a ideia de "momentos figurais", "unidades nas quais as particularidades dos conteúdos ou de suas relações primárias fundem-se umas com as outras". Husserl acrescenta que, ao utilizar o termo "fusão", deseja falar de momentos unitários que constituem algo distinto da simples soma das partes que os compõem. O filósofo constata que, em se tratando de qualquer apresentação de objetos em nosso campo visual, a apreensão da configuração possui um caráter imediato

46 DANILO SARETTA VERISSIMO

tomado por ele como qualidade.[2] Qualquer análise concernente às "relações singulares que condicionam a figura" somente encontra lugar em um momento posterior. O ato categorial também não se encontra presente aqui, ou ao menos não é uma dimensão essencial do "momento figural" abordado por Husserl.

Apoiando-se ainda em Husserl, Gurwitsch distingue, então, o dado sensorial dotado de qualidade fenomenal, e o ato categorial, de natureza formal e universal, indiferente à matéria à qual se aplica. Husserl (1963) fala em excedentes de significação inerentes a todo ato perceptivo e que, portanto, devem advir de um outro ato, sobreposto à intuição sensível: a intuição categorial. Husserl (1963, p.162) comenta o exemplo da percepção de uma simples folha de papel branco:

> O papel é conhecido como branco ou, antes, como papel branco quando, a exprimir nossa percepção, dizemos: *um papel branco.* A intenção do adjetivo *branco* coincide apenas parcialmente com o momento cor do

---

2 A leitura dos estudos de Husserl relativos ao caráter imediato do "momento figural" na constituição do campo perceptivo visual não deixa dúvidas a respeito da sua influência fecunda no que tange à escola de Berlim. Merleau-Ponty (PhP, p.62; p.620) comenta: "A psicologia da forma praticou um gênero de reflexão do qual a fenomenologia de Husserl fornece a teoria", e na sequência do texto apresenta o dado histórico de que Koffka fora aluno de Husserl. Outro autor relevante para os fundamentos da psicologia da forma é Christian Ehrenfels. Husserl (1992, p.258), em nota de rodapé, faz referência ao trabalho de Ehrenfels sobre as *qualidades de forma* ("Ueber Gestaltqualitäten") e diz que somente pôde lê-lo após a redação do seu próprio texto. Husserl diz, ainda, que as confluências entre suas observações e os estudos de Ehrenfels talvez se devam a uma fonte comum aos dois autores, o livro *Beiträge zur Analyse der Empfindungen* (*Contribuições à análise das sensações*, 1886), de Ernest Mach. Mach já falava em "qualidade de forma" e perguntava-se se não seria esta um conteúdo sensorial apreendido de modo tão imediato quanto uma cor, uma dor ou um sentimento de prazer, e de modo independente de uma atividade mental dirigida a ela, particularmente de atividades intelectuais. Ocupando-se, principalmente, das formas espaciais e sonoras, suas formulações teóricas encaminham-nos para a ideia de que tais formas representam algo de novo em relação a uma simples síntese de elementos sensoriais (cf. Fisette; Fréchette, 2007). Portanto, entrevemos, já em Mach, uma sólida contraposição ao uso corrente do termo "sensação" entre filósofos e psicólogos do século XIX.

A PRIMAZIA DO CORPO PRÓPRIO   47

objeto que aparece, ele permanece um excedente de significação, uma forma que não encontra, no fenômeno em si mesmo, nada que o confirme. Papel branco, isso quer dizer: um papel que *é* branco.

Husserl chama nossa atenção para o fato de que, na percepção, somente os símbolos literais, ou seja, no caso apresentado, o papel e a cor branca, encontram significações no próprio ato perceptivo. Somente eles possuem correlatos objetivos na percepção. Contudo, seria vã, talvez mesmo absurda, diz ele, a tarefa de procurar no percebido "significações formais complementares" tais como *ser, o, alguns, e, muitos* etc. Husserl parte de uma proposição kantiana, "o ser não é um predicado real", para expressar que nenhuma forma categorial encontra-se no objeto, seja como uma de suas partes, um dos seus momentos, uma qualidade ou um elemento constitutivo qualquer que lhe seja inerente. As formas categoriais não constituem um elemento real que possa ser objeto de uma percepção possível (Husserl, 1963, p.160, 167, 169-71, 194). É por isso que Husserl falará em "percepção categorial", aquela que apreende um "objeto categorial" ou um "objeto ideal" e que se funda no "ato simples de percepção" sensível.[3]

Com base nessas elaborações teóricas, Gurwitsch (2002) dedica--se, então, a defender a tese de que os integrantes da escola de Berlim desenvolveram de maneira adequada, no campo empírico da psicologia, as ideias relativas à significação imediata que os dados sensoriais, como fatos fenomenais, adquirem no ato perceptivo; mas, se a dimensão categorial situa-se fora do plano fenomenal, ela não pode ser concebida com base em fatos fenomenais e, portanto, encontra--se fora dos limites do campo de atuação da psicologia da *Gestalt*. "A identidade categorial não é essa identidade fenomenal que possui a natureza de uma conformidade imediatamente sentida e diretamente observada [...]" (Gurwitsch, 2002, p.306). O autor reivindica, então,

---

3 Para uma completa apreciação dessas formulações de Husserl, recomendamos a leitura das seções 42 a 46 e 51 de *Recherches logiques*, tomo III, pesquisa VI. Tais seções são as indicadas por Gurwitsch (2002). Recomendamos, ainda, a leitura das seções 40 e 41.

48 DANILO SARETTA VERISSIMO

um tratamento da forma categorial adequado à sua natureza específica. No domínio perceptivo, por meio de objetos fenomenais acessamos coisas objetivas, aquilo que, apesar das distintas aparências que marcam a presença temporal do objeto, nos leva a classificá-lo como A e não como B. Gurwitsch considera que a psicologia deve dar conta de problemas dessa natureza que, contudo, ultrapassam as possibilidades da noção de forma e, portanto, solicitam um *complemento* à teoria da *Gestalt*. "Essa necessidade que a teoria da forma possui de ser complementada é ainda mais acentuada pela sua pretensão, bem fundada, a um interesse e a um valor filosóficos", comenta Gurwitsch (2002, p.311). Ao discutir os experimentos de Köhler com primatas superiores, experimentos que serão indispensáveis à abordagem do problema da função simbólica por Merleau-Ponty, Gurwitsch enfatiza o fato de que o pesquisador gestaltista apresentara os traços que unem a inteligência animal e a inteligência humana. Assim, o autor termina seu artigo com uma referência ao domínio da linguagem humana e a sublinhar a inexistência de traços de linguagem nos primatas superiores, como os chimpanzés, apesar de suas *performances* que são descritas como "inteligentes" e apesar da presença, nesses animais, dos órgãos indispensáveis à articulação da palavra. Diz ele, por fim: "De fato, é no domínio da linguagem que Gelb e Goldstein, trabalhando sobre os fenômenos da afasia, elaboraram concepções da natureza que fazem avançar os problemas aos quais se acabou de fazer alusão" (Gurwitsch, 2002, p.311-2).

Gostaríamos de acrescentar que, em um artigo posterior, Gurwitsch (1966) faz uma ligação direta entre as formulações filosóficas de Husserl e as formulações teórico-científicas de Gelb e Goldstein acerca do comportamento simbólico. Segundo ele, a diferenciação husserliana entre qualidade sensível e intuição categorial corresponde às formas de comportamento concreto e de comportamento categorial, tal como definidas pelos dois cientistas alemães. Gurwitsch (1966, p.374-5 – grifo do autor) afirma:

> A distinção de Husserl entre igualdade no sentido categorial e igualdade sensível aparece, à luz da teoria de Gelb-Goldstein, como um caso

especial da distinção entre atos realizados segundo a atitude "categorial" e aqueles que pertencem à atitude "concreta". [...] *A teoria de Husserl e aquela de Gelb e Goldstein convergem para o reconhecimento da ideação como um ato sui generis detentora de uma natureza específica.*

A nosso ver, Gurwitsch comete um equívoco ao realizar esse cruzamento conceitual. Isso ficará mais claro a partir do próximo capítulo, em que a atitude concreta e a atitude categorial serão apresentadas em detalhe. Veremos, por exemplo, que a percepção adequadamente estruturada em termos de processo figura-fundo é alterada no caso de pacientes cujo comportamento categorial regride em direção a um comportamento mais concreto. Isso significa que, no doente, é o ato perceptivo, como um todo, que deixa de ser exercido em um nível de organização que compreende a função categorial.

Conservação dos dualismos

Merleau-Ponty não se apega ao tipo de distinções operadas por Gurwitsch. A distinção entre uma matéria sensível e a forma categorial que a organiza resulta, em última instância, no retorno às oposições comuns à atitude natural – natureza e consciência, coisa e ideia, interior e exterior – que serve de base a toda sorte de pensamento objetivo. Contra um pensamento que faz da consciência uma parte do mundo, a subjetividade das "qualidades secundárias" como contrapartida da realidade das "qualidades primeiras", erige-se um pensamento que descobre nos objetos e na própria maneira de se fazer ciência relações que de modo algum possuem existência "em si" e que, portanto, dependem da "inspeção do espírito" (SC, p.232). Merleau-Ponty busca refutar tanto o realismo cientificista quanto o idealismo. Ora, a dimensão da filosofia husserliana – mais precisamente, da primeira fase da filosofia de Husserl – que Gurwitsch salienta é a que se instala de imediato na subjetividade transcendental (Bimbenet, 2004, p.131), o que Merleau-Ponty queria evitar, já vimos, ao iniciar suas investigações pelo saber empírico acerca da percepção.[4] Podemos pensar as distinções operadas por Husserl às quais fizemos referência como resíduos do dualismo kantiano que interessava a Merleau-Ponty ultrapassar.[5] Ademais, devemos considerar a existência de uma tensão na empresa husserliana entre a espontaneidade que emerge como fonte do conhecimento na relação sujeito-mundo, a leitura verdadeiramente frutuosa que podemos fazer de Husserl, segundo Merleau-Ponty, e a manutenção da "perspectiva constitutiva", que é a da "subjetividade transcendental absoluta" e que corresponde ao primeiro Husserl. Essa tensão, visto que Merleau-Ponty inicia seu trajeto filosófico interessado em extrair da psicologia da forma a sua "verdade fenomenológica", aparece frequentemente na obra do filósofo francês na dimensão que liga a psicologia e a fenomenologia (Barbaras, 2001). É em resposta a essa tensão que podemos atribuir a "noção alargada da intencionalidade" em textos mais tardios de

---

4 Cassirer (1972) fala de uma margem de dualismo em Husserl na medida em que este admite uma *hylé* sensível (camada material) e uma *morphê* intencional (camada noética). Ver, a esse respeito, Husserl (2001a, p.335-41), que distingue os momentos da *hylé* sensível e da *noése* como momentos reais do vivido e o momento noemático como momento não real do vivido. Essa discussão é apresentada por Bimbenet (2004, p.234-5), que faz referência ao "positivismo ontológico" em Husserl, problema apontado, por sua vez, por Barbaras (1999 apud Bimbenet, 2004).

5 A inclinação do "primeiro" Husserl (2001a) em direção ao idealismo faz-se mais clara a partir de *Idées directrices pour une phénoménologie*. A esse respeito, as memórias de Edith Stein, aluna e, mais tarde, assistente de Husserl, são significativas. É seu o seguinte comentário: "As *Recherches logiques* haviam atirado a atenção, sobretudo, porque pareciam se distanciar radicalmente do idealismo crítico e da empresa neokantiana. Via-se nelas uma 'nova escolástica', pois, afastando-se do sujeito, o olhar dirigia-se às coisas: o conhecimento, novamente, parecia ser um *receber*, que obtinha suas leis das coisas e não, como no criticismo, uma decisão que impunha sua lei às coisas. Todos os jovens fenomenólogos eram realistas convictos. Mas as *Idées* continham certas expressões que ressonavam, com efeito, como se o mestre quisesse retornar ao idealismo, e as explicações orais que ele nos fornecia não estavam à altura de apaziguar as hesitações. Era o início de uma evolução que, cada vez mais, conduziu Husserl a ver, naquilo que ele denominava *idealismo transcendental*, o próprio núcleo da sua filosofia, e a empregar toda sua energia a demonstrá-lo: uma trajetória na qual seus alunos de Göttingen não podiam segui-lo, para sua decepção e para a deles" (Stein, 1965 apud Bouflet, 1998, p.71).

Husserl. O filósofo fala, então, segundo Merleau-Ponty, em uma intencionalidade operante, distinta da intencionalidade de ato, única da qual falara Kant e que se refere aos nossos julgamentos voluntários. A intencionalidade operante encontra-se antes em nossos desejos e tomadas de posição espontâneas do que no conhecimento objetivo, é o que faz a "unidade natural e antepredicativa do mundo e da nossa vida" (PhP, p.XIII; p.16), o tecido primordial que o conhecimento explícito busca traduzir em termos exatos.

Complementação biológica da psicologia da forma

Se a forma categorial de que fala Gurwitsch não é tomada por Merleau-Ponty como um elemento externo à expressividade que encontramos no sensível, sua segunda proposição, a que faz referência aos trabalhos de Gelb e Goldstein e ao fato de que esses autores propõem elaborações teóricas que complementam a psicologia da forma, pode ser relacionada aos primeiros trabalhos de Merleau-Ponty, particularmente com *A estrutura do comportamento*. Concordamos com Bimbenet (2004) em dois pontos fundamentais no tocante à apropriação de Merleau-Ponty das ideias da psicologia da forma e do pensamento organicista representado, aqui, sobretudo por Goldstein: em primeiro lugar, o filósofo francês situa-se perfeitamente na confluência dessas duas correntes; além disso, a psicologia da forma demanda um complemento, uma relativização de tipo biológico que dê conta da própria existência das formas. "*A estrutura do comportamento* [...] faz, claramente, a forma repousar sobre a estrutura, a totalização perceptiva sobre a significação funcional [...]", comenta Bimbenet (2004, p.54).[6]

---

6 Bimbent (2004, p.54) diz ainda: "A 'psicologia' da forma deve ser compreendida a partir de uma 'filosofia' do ser vivo, e nessa perspectiva a 'filosofia da forma' que Merleau-Ponty põe em marcha n'*A estrutura do comportamento* se confunde com uma tal filosofia do ser vivo".

Qualquer teoria que tome o comportamento do organismo como dotado de capacidades prospectivas ou intencionais deve ser rejeitado como antropomórfico e subjetivo, como tendencioso em relação a uma observação interna confusa que deve ser erradicada das ciências biológicas e psicológicas e que não passa, ela mesma, de um efeito de mecanismos reflexos, que se desenrolam no organismo tomado como uma "massa material *partes extra partes*". É isso o essencial do que expressa o pensamento causal na compreensão do comportamento (SC, p.1, 7). Os dois primeiros capítulos de *A estrutura do comportamento* contrapõem-se a esse modo de pensar. A psicologia da forma tem suas elaborações teóricas acerca do comportamento, da percepção e do funcionamento nervoso mobilizadas desde o início da obra, de modo a explicitar as insuficiências da teoria do reflexo. Como se apegar, por exemplo, a um sistema estático como o proposto na explicação do arco reflexo de fixação ocular, composto por caminhos nervosos predefinidos que vão de pontos elementares específicos da retina aos músculos do globo ocular, passando por fibras nervosas específicas e por uma conexão central, quando estudos mostravam (SC, p.34; Guillaume, 1937, p.124-5) que a fixação sucessiva de pontos luminosos próximos uns aos outros, apesar de envolver supostamente os mesmos pontos retinianos, envolve *contrações musculares diferentes*? Deveríamos supor um dispositivo de conexões preestabelecidas extremamente complexo, sobretudo ao levarmos em conta as excitações proprioceptivas necessárias para fazer contar a posição do globo ocular no início do processo. Ora, se os "fenômenos intermediários", ou seja, os fenômenos ligados à excitação muscular, são diferentes, apesar do efeito funcional idêntico – no caso, a percepção de pontos luminosos de mesma dimensão e muito próximos uns dos outros –, não há sustentação à tese de conexões preestabelecidas nem motivos que nos levem a considerar as excitações retinianas e as excitações proprioceptivas como componentes distintos da excitação total. Com base em estudos dessa natureza, remarcáveis pela fidelidade descritiva à estrutura do fenômeno perceptivo, a psicologia da forma pôde integrar noções como a de estímulo, de local da excitação, de circuito reflexo e de reação, relacionados à premissa de que a reação ocorre por meio de fenômenos locais e mutuamente

A PRIMAZIA DO CORPO PRÓPRIO 53

independentes, em uma nova ordem de eventos, relacionados ao *padrão* da estimulação que conta *para* o organismo, distinguindo, assim, o "ambiente geográfico" e o "ambiente de comportamento", como o faz Koffka (1975), e atribuindo a reação a um processo *unitário*, um "todo funcional", segundo as palavras de Köhler (1980, p.64). As imagens retinianas, com suas atribuições de igualdade ou de disparidade, de espacialidade e de temporalidade, não constituem fenômenos pontuais ligados às propriedades locais dos estímulos, mas fenômenos de estrutura, ligados, sim, à organização do conjunto do campo, ou seja, à distribuição dos valores espaciais e temporais dos estímulos, à sua função na "constelação" mais geral de estímulos na qual ele se insere (SC, p.86, 91-3). "Na realidade, a psicologia moderna colocou em evidência essa apreensão imediata das estruturas que é a condição de possibilidade de todos os juízos de reconhecimento, assim como de todas as associações de ideia", afirma Merleau-Ponty (SC, p.170; p.244-5). É assim que, na experiência perceptiva, temos acesso a uma "cena sensorial" e não a um "mosaico de sensações locais", é assim que, na dimensão do comportamento, percebemos movimentos dotados de uma "articulação interior", uma "melodia cinética dotada de um sentido" (SC, p.140; p.202), e não uma soma de movimentos devidos a relações mecânicas exteriores umas às outras.

Desde o início de *A estrutura do comportamento*, Merleau-Ponty invoca, também, uma corrente de autores, encabeçada por Kurt Goldstein e Buytendijk, e que se insere no terreno de uma fenomenologia dos seres vivos.[7] Pintos (2005) destaca as concepções goldsteinianas sobre

---

7 Em seus cursos na Sorbonne, Merleau-Ponty referir-se-á a Goldstein como um pesquisador que, no domínio geral dos estudos sobre os organismos, pôs em prática a experimentação e a investigação científicas segundo uma orientação fenomenológica. Comenta o autor: "Veremos como as pesquisas de Goldstein, começando por colocar em suspenso prejuízos de todo tipo, orientam-se, a partir de uma análise do conhecimento fisiológico nos domínios da afasia, da hemiopia, e dos reflexos, na direção de uma definição do organismo, do fisiológico e do psíquico. Estamos, uma vez mais, diante de um belo exemplo de convergência não deliberada entre uma pesquisa experimental e as exigências do método fenomenológico" (Merleau-Ponty, 2001, p.451). Quanto a Buytendijk, no prefácio ao seu livro, *Psicologia dos animais*, Claparède (1928, p.11 – grifos do autor) faz o seguinte comentário:

54 DANILO SARETTA VERISSIMO

as quais se ergue a fenomenologia da percepção de Merleau-Ponty. Isso porque o filósofo francês não aborda a percepção como domínio fenomenal particular, destacado do organismo no qual se insere. Ela é, antes, considerada a partir do fundo composto pela totalidade que é o organismo. E se o estudo da percepção levado a cabo por Merleau-Ponty se inicia pela análise dos "aspectos concretos do comportamento", é também a partir do todo representado pelo organismo que essa análise será conduzida. Deixaremos em aberto a questão referente ao quão particular é o domínio de estudos ao qual se aplica a psicologia da *Gestalt*. Cremos que ela demanda maiores discussões. O fato é que Goldstein (1983) tematiza essa problemática e delimita seu terreno de trabalho como um campo mais amplo do que o ocupado pela escola de Berlim. Voltemo-nos às palavras do autor:

> Nossa concepção central coincide em diversos pontos com a psicologia da forma. No entanto, ela não é derivada desta e não consiste, como se argumentou, na sua aplicação. [...] Esforcei-me sempre [...] para me deixar guiar pelo meu material e, certamente, tive prazer em constatar que a psicologia da forma chegava a resultados em perfeito acordo com aqueles originados deste material tão diferente. Contudo, minha orientação era outra: era sempre o organismo total que me aparecia como "totalidade", como "forma", *não os fenômenos de apenas um domínio* ou mesmo apenas "impressões conscientes", e é a partir de lá que eu buscava compreender cada fato. É de lá também que resultam algumas diferenças entre a psicologia da forma e aquela que represento. (Goldstein, 1983, p.404-5 – grifo nosso)

Merleau-Ponty dá-se conta de que os fatos relacionados à adaptação das respostas do organismo aos estímulos ambientais e à coordenação de movimentos parciais em "gestos totais" são apresentados por au-

---

"A atitude de Buytendijk diante da vida psíquica pertence à grande corrente que se esboça hoje, sobretudo na Alemanha, sob formas, aliás, diversas, e que visa procurar não apenas *explicar* os fenômenos psíquicos, mas ainda *compreendê-los*. Explicar um fenômeno consiste em determinar sua causa; compreendê-lo consiste em determinar seu papel no conjunto da conduta do indivíduo".

A PRIMAZIA DO CORPO PRÓPRIO **55**

tores como Goldstein, Weizsäcker e Buytendijk, segundo categorias originais que correspondem a uma nova concepção de explicação em fisiologia (cf. SC, p.8). Além do fato fundamental de atrelar a noção de forma ao organismo como totalidade, pode-se dizer que esses autores falam de uma *Gestalt* ainda mais ampla: a que se constitui entre o organismo e o seu meio, fundo do qual se destacam todos os seus comportamentos e que é esboçado a partir da ordem que emana do próprio organismo. Essa *Gestalt* ampliada é, com efeito, referência ao "recorte" levado a cabo pelo organismo de um meio (*Unwelt*) que lhe seja adequado, levando-se em conta que cada organismo vive em um mundo que não apresenta apenas as excitações que lhe convém (SC, p.11-2; Goldstein, 1983, p.75-6). Assim, qualquer fenômeno parcial que possa ser posto em destaque pelas análises físico-químicas do organismo vivo somente possui um significado em sua ligação com outros fenômenos segundo uma "relação original", estrutural, e, por isso, sem nenhuma possibilidade de inteligibilidade segundo uma análise causal. Esses fenômenos são a expressão de um "sentido autóctone", de uma maneira única e harmoniosa de o organismo "fazer surgir um meio à sua imagem" (SC, p.167; p.241).

Politzer, epistemologia da psicologia e teoria da expressão

Merleau-Ponty põe em evidencia o caráter concreto, acompanhado por análises de tipo ideal, das descrições elaboradas pelas correntes científicas que o ocupavam, contrariamente ao que se identifica nos estudos clássicos de psicologia e de fisiologia (SC, p.68, 83-4). Nestes, encontramos descrições abstratas, visto que os fenômenos estudados são destacados do seu contexto, já de acordo com uma "tomada de partido" teórico, e, ao mesmo tempo, elaborações teóricas dotadas de um caráter realista que analisam os fatos como "fragmentos reais" de uma realidade considerada em si. Para compreendermos adequadamente essas afirmações, sobretudo a referência a análises de tipo ideal, propomos a consideração de um texto particularmente caro a Merleau-Ponty,

56 DANILO SARETTA VERISSIMO

Critique des fondements de la psychologie, de Georges Politzer (2003). Furlan (1999) refere-se a uma dupla importância desse texto, o que sustenta suas "ressonâncias" na filosofia de Merleau-Ponty: além de tratar-se de uma crítica bem-sucedida de epistemologia da psicologia, o texto apresenta uma teoria da expressão original em relação às teorias filosóficas e psicológicas clássicas. A concepção da expressividade em Merleau-Ponty exige a não separação entre o signo e o significado e que todo ato expressivo seja concebido como algo distinto de uma "vestimenta do pensamento interior". Essa teoria da expressão possui implicações ontológicas, entre elas o elogio à "originalidade do *sentido* do comportamento" em relação às explicações realistas e espiritualistas, o que se afina às formulações apresentadas na *Crítica dos fundamentos da psicologia*.

Politzer, focalizando a psicanálise, pretendeu explicitar a "nova inspiração" representada por ela, de caráter concreto, em relação à "psicologia clássica", cujas pesquisas e formulações teóricas apresentavam um caráter eminentemente abstrato. Ao tratar da psicologia clássica, o autor a divide em duas grandes correntes: introspeccionista e objetiva. A psicologia da introspecção é uma psicologia preocupada com os "fatos psíquicos", entidades consideradas como dados em si e que compõem a consciência. Esta, por sua vez, aparece como uma "realidade *sui generis*", uma "segunda natureza", capaz de perscrutar-se em busca da forma e do conteúdo dos fatos psíquicos que a compõem. Quanto à psicologia objetiva, trata-se de uma psicologia reduzida a uma ciência natural e que, portanto, tem a originalidade do seu objeto de estudo perdida. Ela dedica-se ao estudo das excitações e das reações fisiológicas, e acaba por reduzir o comportamento ao seu aspecto motor. Para Politzer, em ambas correntes imperam especulações que reduzem os fatos que brotam da pesquisa empírica a esquemas teóricos já conhecidos, à consideração ora de um conjunto de estados internos ora de mecanismos psicofisiológicos, que, nas palavras do autor, não passam de "mitos psicológicos", sobretudo pelo fato de ignorar o sujeito que pensa, que sente e que age no mundo.

A "nova psicologia" de que fala Politzer fundamenta-se na negação do realismo psicológico e na reconstituição do "drama humano", o que representa uma "reforma radical do entendimento" no campo da psicologia. O indivíduo particular é reintegrado aos fenômenos investigados na medida em que se passa a focalizar um significado que deve ser reconstituído por meio da interpretação. Estamos falando da superação da antinomia clássica entre percepção interna e percepção externa com base na consideração do indivíduo concreto a partir de um "ato de conhecimento de estrutura mais elevada", calcado na compreensão, o que significa dizer que o fato psicológico doravante é *construído*, e é nesse sentido que devemos entender a idealidade mencionada por Merleau-Ponty ao referir-se às análises modernas de inspiração concreta. Politzer (2003, p.250 – grifos do autor) argumenta: "o drama implica *o homem* tomado na sua totalidade e considerado como o centro de um certo número de eventos que, precisamente porque se reportam a uma primeira pessoa, possuem um *sentido*". A questão do sentido, do significado, da intuição e da interpretação que nos levam a eles nos encaminha à perspectiva da narrativa, abordada pelo filósofo. A narrativa, linguística ou gestual, guarda uma "forma intencional"; ela implica o "plano teleológico da significação".[8] A psicologia clássica retira-se do plano teleológico, diz ele, visto que ela duplica a narração na "expressão" e no "exprimido". O ato linguístico ou gestual é precedido por um "ser *sui generis*": o pensamento, a ideia, o que marca a passagem do plano teleológico ao plano realista dos processos mentais. Uma consciência individual, sustentada por processos mentais, é encarregada de pensar o que será expresso. Ora, há uma "primazia da atitude teleológica" que é preciso reconhecer, diz Politzer. O autor comenta: "a expressão e a compreensão não implicam nem uma experiência interna *sui generis* da parte daquele que se exprime, nem a projeção dos dados dessa experiência na consciência daquele que é compreendido" (ibidem, p.91).

---

8 Politzer (2003) utiliza os termos "narrativa" e "intenção significativa" exclusivamente para se remeter à fala. Para remeter-se à ação, o autor fala em "intenção ativa". Tendemos, entretanto, a unir todo gesto, linguístico ou não, sob os termos referidos, o que não fere o sentido primordial do texto do autor.

A idealidade do organismo

Se o realismo pressupõe um mundo que emana de uma realidade em si e composto de partes exteriores umas às outras, ligadas por relações de causalidade, ele nos leva a uma concepção abstrata do organismo, que é tido como um "segmento de matéria" em que "partes reais justapostas no espaço" interagem exteriormente por meio de ações físicas e químicas. Contrapondo-se a essa concepção, autores como Goldstein afirmam a totalidade representada pelo organismo, em que a alteração em um local da sua organização acarreta modificações em outras partes do mesmo, bem como na sua atitude geral em relação ao mundo. Essa atitude geral possui um sentido. Isso não implica que devamos nos abster em relação à concepção de "linhas de clivagem" que representem a "duração" no organismo. Análises moleculares da estrutura do organismo fazem dele uma massa composta de reações físico-químicas. Análises mais amplas podem nos indicar o sentido de uma sequência de comportamentos voltados para a reprodução, para a proteção da prole, bem como o sentido de uma sequência de acontecimentos fisiológicos integrados à maturação sexual de um animal.

> Devemos separar mentalmente certos fenômenos parciais de seu contexto real e subsumi-los a uma ideia que não está contida, mas expressa neles. O sentido do organismo é seu ser, e o organismo do qual a análise biológica se ocupa é uma unidade ideal. (SC, p.165; p.238)

A unidade do organismo distingue-se da unidade que encontramos nos sistemas físicos, o que implica as "reformas do entendimento" a que Politzer faz referência. Mesmo na física moderna o modelo de verdade continua sendo representado por leis. Os "resíduos descoordenados" de leis superadas não põem em xeque o modo de conhecer em física e figuram como oportunidade para a elaboração de novas leis (Kuhn, 2005, passim). Contudo, os fenômenos locais de um organismo não se deixam compreender do mesmo modo que as cargas locais de um condutor elipsoide podem ser determinadas em função de variáveis como a coordenada do ponto em

A PRIMAZIA DO CORPO PRÓPRIO 59

questão, as medidas dos eixos e o valor da carga total, mesmo que se possam reconhecer, como o fez Köhler, fenômenos de forma nesse processo de distribuição elétrica. "É ao mesmo tempo na psicologia e na biologia que a apreensão das estruturas deve ser reconhecida como um gênero de saber irredutível à compreensão das leis", comenta Merleau-Ponty (SC, p.169; p.244). O filósofo diz ainda: "A função nervosa não é localizável pontualmente, uma melodia cinética está inteiramente presente em seu início e os movimentos nos quais ela se realiza progressivamente só podem ser previstos em função do conjunto [...]" (SC, p.168; p.242-3). No organismo, as reações motoras voluntárias e involuntárias, bem como todo tipo de atividade fisiológica autorreguladora, somente encontram um sentido se levarmos em conta o modo de atividade privilegiada pelo organismo. É, sobretudo, em relação à capacidade de ação de um organismo que as suas particularidades se tornam compreensíveis. Diferentemente do que se passa em um sistema físico, em que o equilíbrio obtido deve-se a fatores externos, como a topografia na qual ele está instalado, nas estruturas orgânicas o jogo entre tensão e equilíbrio está ligado à expansão dos limites materiais. Nas palavras de Merleau-Ponty (SC, p.157; p.227), a estrutura orgânica "executa um trabalho fora de seus próprios limites e constitui para si um meio próprio". Esse sistema se endereça a condições "virtuais", condições que ele próprio faz existir, e não a condições "presentes e reais". Essa é a diferença fundamental entre as estruturas inorgânicas e as estruturas orgânicas, o que torna inviável qualquer tentativa de redução da inteligibilidade das últimas a partir das primeiras. É essa diferença que inviabiliza o isomorfismo radical que pouco a pouco surgiu no seio das pesquisas da escola de Berlim. Merleau-Ponty resume essa diferença ao dizer que a unidade dos sistemas físicos é "uma unidade de correlação", acessível à coordenação por leis, e que a unidade dos organismos é uma "unidade de significação", acessível apenas à coordenação pelo sentido.

A discussão acerca da relativização da psicologia da forma por um pensamento biológico se esclarece ainda mais por meio de um debate específico acerca dos "comportamentos privilegiados". Os integrantes da escola de Berlim fazem os comportamentos privilegiados repousarem sobre a tendência do organismo de buscar a realização do fenômeno perceptivo da forma mais simples possível (Goldstein, 1983). A psicologia da forma por certo admite que *sensorium* e *motorium* sejam articulados, formem um só aparelho, mas o dinamismo da reação motora permanece atrelado ao dinamismo do campo receptor. O fim ao qual tende o comportamento é a "forma de equilíbrio privilegiado" (Guillaume, 1937, p.127), ou seja, a forma que representa a resolução das tensões geradas pela excitação. Em última instância, a psicologia da forma tende mesmo ao isomorfismo radical, que mencionamos anteriormente e que será foco de uma análise detalhada em outro capítulo do presente trabalho. Parece estar em jogo a realização de um equilíbrio "a todo preço", como diz Merleau-Ponty, mesmo quando tratamos das questões relativas aos fenômenos que se desenrolam nas estruturas orgânicas: a enformação dos estímulos sensoriais, o funcionamento nervoso, o comportamento organizado e estável. Pergunta o filósofo: a orientação no sentido dos comportamentos privilegiados pode ser "comparada à formação de uma bolha de sabão esférica?" (SC, p.158-9; p.229). Os comportamentos privilegiados representam realmente, para o organismo, a unidade mais bem acabada e mais simples? Como atrelar o comportamento privilegiado ao menor consumo de energia por parte do organismo, como o fazem autores desde Mach até Köhler? O caráter econômico do comportamento não pode ser estabelecido objetivamente, como se o comparássemos ao de uma máquina, que possui um princípio absoluto de energia necessária ao seu funcionamento. "As reações desencadeadas por um estímulo dependem da significação que este tem para o organismo considerado não como um conjunto de forças que tendem ao repouso pelas vias mais curtas, mas como um *ser* capaz de certos tipos de ação" (SC, p.159; p.230 – grifo do autor). É assim que certos pacientes portadores de lesões cerebrais, ao moverem a cabeça, num gesto passivo, em determinada direção, apresentam movimentos de outros membros, ou mesmo do corpo inteiro, na mesma direção. Mas, diante de uma tarefa concreta qualquer, esses movimentos podem ser dissociados e coordenados diferentemente, segundo a exigência da nova situação.

*

Partimos de algumas proposições de Gurwitsch. O autor admite um dualismo entre matéria sensível e ato categorial, e afirma a limitação da psicologia da forma no tocante ao problema da intuição categorial. Para Gurwitsch, este é um dos setores em que a psicologia da forma demanda uma complementação de tipo biológico. Por fim, o autor faz referência aos trabalhos de Gelb e Goldstein sobre a linguagem que sinalizariam avanços na elaboração do problema da intuição categorial. Vimos que a filosofia de Merleau-Ponty não admite o dualismo mencionado; mostramos isso desde o início deste trabalho. Contudo, o posicionamento do filósofo ante a psicologia da forma e a biologia estrutural de autores como Goldstein e Buytendijk, um posicionamento de filiação naturalmente confluente, conduz-nos à ideia de complementação das noções estabelecidas no seio da psicologia da forma, e nesse ponto Merleau-Ponty parece concordar com Gurwitsch. Devemos lembrar que a questão da complementação não se desenrola à revelia dos representantes da psicologia da forma. Köhler (1980, p.105) admite que a escola de Berlim privilegia a aplicação do conceito de *Gestalt* à experiência sensorial, bem como que o conceito de *Gestalt* é aplicável a outros campos de preocupação dos psicólogos, e destaca a biologia como área do saber em que a "discussão dos princípios da distribuição e regulação dinâmicas em geral" parecem exigir a ideia de *Gestalt*. Para além de debates entre escolas de pensamento, a Merleau-Ponty interessa apurar a "significação filosófica" da noção de forma, com o que se ganha um instrumento frutífero para a discussão dos problemas da psicologia e da fisiologia, e, sobretudo, para a superação das antinomias clássicas na filosofia e nas ciências do homem. A questão do comportamento simbólico em *A estrutura do comportamento*, que será focalizada a partir do próximo capítulo, é esboçada sobre o plano de fundo da preocupação de Merleau-Ponty com a inteligibilidade da noção de forma.

PARTE II
A FUNÇÃO SIMBÓLICA EM
A ESTRUTURA DO COMPORTAMENTO

3
A "ATITUDE CATEGORIAL"

Em *A estrutura do comportamento*, a função simbólica começa a ser tematizada por Merleau-Ponty nos trechos em que o autor delimita como foco de discussão o problema das localizações ou, como preferimos, do "significado do lugar na substância nervosa" e a questão das relações entre função e substrato no sistema nervoso. Embora indireta, a abordagem inicial ao tema da função simbólica tem lugar em uma primeira aproximação de Merleau-Ponty à discussão das localizações nervosas e da ambivalência do espaço corporal, quando o autor francês refuta os fenômenos reflexos como fenômenos isolados e a concepção do cérebro como centro de coordenação do sistema nervoso. No contexto da análise do fenômeno de Babinski, a adaptação "mais fina" que os reflexos de flexão representam em relação aos reflexos de extensão indica a manifestação corporal de um nível de organização marcado pelo "surgimento da razão".[1] Uma segunda abordagem do tema, dessa vez direta, ocorre no contexto da discussão de pesquisas modernas sobre a afasia, que expõem o caráter estrutural de perturbações causadas por lesões cerebrais circunscritas e ajudam

---

1 Podemos entender o emprego da expressão "surgimento da razão" como um flerte, ou, antes, uma provocação endereçada ao intelectualismo, que Merleau-Ponty não cessará de combater, sobretudo na *Fenomenologia da percepção*.

66 DANILO SARETTA VERISSIMO

Merleau-Ponty a matizar o "setor central do comportamento" e a sua "inserção no corpo".

Os diferentes "níveis de atividade" da substância nervosa

As concepções clássicas dos fenômenos nervosos não admitem ambiguidades. É a um mosaico que Pavlov identifica os hemisférios cerebrais, um mosaico de áreas excitadas e de áreas inibidas. Segundo os postulados atomistas que regem suas formulações teóricas, entre as propriedades elementares das excitações e as reações reflexas do organismo encontram-se processos nervosos isolados, conexões preestabelecidas de inervações aferentes e eferentes ligadas a pontos específicos do "mapa cerebral". "Entre os estímulos, o sistema nervoso central e o comportamento, Pavlov admite uma espécie de correspondência pontual e unívoca", escreve Merleau-Ponty (SC, p.66; p.93). A constatação de que a excitação de um mesmo receptor pode levar a reflexos distintos, assim como uma mesma reação reflexa pode ser devida à excitação de diferentes áreas nervosas, não leva à reconsideração dos pressupostos teóricos da atividade reflexa. O que vemos é a elaboração de "hipóteses auxiliares" que, por meio da multiplicação de processos isolados e da suposição de complexos mecanismos de excitação e de inibição das reações nervosas, buscam proteger as diretrizes atomistas da teoria do reflexo. A teoria clássica do reflexo[2] admitia mesmo arcos reflexos puros, independentes da atividade cerebral. Mas a atividade reflexa não pode ser concebida como um aparelho isolado. As condições intraorgânicas não podem ser tomadas como uma estrutura preestabelecida e constante. Dados experimentais já indicavam a influência de uma série de condições

---

2 Merleau-Ponty considera os estudos de Pavlov no contexto da "análise do comportamento perceptivo" e, portanto, como "complemento" e "prolongamento" da teoria fundamental do reflexo (cf. SC, p.55). Sobre a história da análise experimental das atividades reflexas, ver Pessotti (1982).

A PRIMAZIA DO CORPO PRÓPRIO **67**

químicas vegetativas sobre os efeitos esperados de certos estímulos, além das influências cerebrais e cerebelosas. E qual papel atribuir a essa influência cerebral? Tratar-se-ia de uma mera função de coordenação e de integração, que pressupõe uma hierarquia na estrutura do sistema nervoso, um "dualismo de simples subordinação", como diz Merleau--Ponty, no qual um sistema de dispositivos reflexos depende de uma "instância superiora", responsável pela associação e pela inibição dos automatismos motores? É evidente que essa concepção hierárquica, que tem em Sherrington um dos seus mais ilustres expoentes, representa um avanço em relação à concepção compartimentada de um organismo cuja conduta é devida ao encadeamento de partes isoladas umas das outras, mas com ela ainda não saímos da representação do organismo composto de "operações particulares" (Goldstein, 1983, p.58); sobretudo, ainda impera a concepção de que a cada elemento nervoso corresponde um "fragmento do comportamento" (SC, p.17-9).

O fenômeno de Babinski

Em condições normais, os músculos flexores do pé possuem uma cronaxia inferior a dos músculos extensores. Assim, ao se estimular a planta do pé de um indivíduo, espera-se um reflexo de flexão plantar (Goldstein, 1983, p.114-5). Admite-se que esse reflexo dependa de condições cerebrais, a ponto de, no caso de ocorrer um reflexo de extensão plantar ao invés do reflexo de flexão, inversão denominada fenômeno de Babinski, considerar-se a possibilidade de lesão nas vias piramidais. A inversão do reflexo – questão das mais incômodas para todo adepto da teoria dos reflexos –, nos casos patológicos, foi inicialmente explicada com base no dispositivo hierárquico mencionado anteriormente. Supôs-se que, no indivíduo normal, o reflexo de extensão plantar é uma reação pronta a funcionar, mas que se encontra inibida por excitações de origem piramidal. No entanto, em paralisias periféricas, que não envolvem o trajeto anatômico que vai do córtex cerebral às vias piramidais espinhais, encontra-se o mesmo reflexo de extensão. Além disso, nos sujeitos doentes, alterações posturais durante o exame médico fazem cessar o reflexo de extensão plantar. Se

68   DANILO SARETTA VERISSIMO

com o paciente em decúbito dorsal e pernas estendidas identifica-se o fenômeno de Babinski, com o indivíduo em decúbito ventral seguido de flexão das pernas na altura dos joelhos e dos quadris, o fenômeno desaparece. Ora, fica claro, portanto, que o fenômeno em questão não depende da "liberação de um automatismo", da "inibição da inibição" do reflexo.

Essa conclusão é tomada por Merleau-Ponty como ocasião para a discussão da arbitrariedade da teoria clássica do reflexo e das manobras teóricas mais tardias que mantinham suas diretrizes fundamentais. A descrição da função cerebral como instância coordenadora da atividade nervosa encobre a "simples associação de automatismos preestabelecidos" (SC, p.17).

> Forja-se a ideia de inibição para *justificar a ausência de um reflexo de extensão arbitrariamente suposto*. Aqui a ideia não é introduzida para tornar inteligível o próprio fato, mas para mascarar um desacordo visível entre a teoria e a experiência. (SC, p.18; p.24 – grifo do autor)

Essa discussão também é ocasião para que Merleau-Ponty avance na delineação do "novo gênero de análise" que, segundo ele, se impõe tanto à psicologia quanto à biologia, e que é fundado no "sentido biológico dos comportamentos". Trata-se de apegar-se à descrição dos fatos, no caso, na descrição do comportamento patológico, para deles ver brotar a fisionomia da conduta modificada, o aspecto qualitativo da alteração do comportamento até então considerado mera aparência pela teoria clássica do reflexo. Trata-se de "aliar a explicação fisiológica à descrição psicológica" (SC, p.18; p.25). Esse ponto de vista nos conduz à consideração da "transformação qualitativa do funcionamento nervoso" que, segundo Merleau-Ponty, é o aspecto essencial da doença neurológica. Ele também nos alerta para o falso juízo que podemos obter da doença ao considerá-la como resultado da mera subtração de um aspecto qualquer do comportamento sadio, falsificação que obtemos, também, ao considerar a conduta do animal, da criança, ou a conduta dos chamados povos "primitivos", a partir do adulto são e instruído entre as sociedades "modernas e civilizadas".

A PRIMAZIA DO CORPO PRÓPRIO 69

Retornando às patologias nervosas, particularmente à questão do reflexo de extensão plantar, os fatos nos levam a considerar que a inversão das cronaxias não se ajusta a dispositivos circunscritos, mas à "situação nervosa e motora no conjunto do organismo" (SC, p.19). E qual papel reservar ao cérebro nesse novo ponto de vista? Certamente, não o de agente controlador de mecanismos automáticos. O cérebro é reintegrado ao sistema nervoso e passa a assumir "um papel positivo na constituição mesma das respostas reflexas". "É ele", afirma Merleau-Ponty (SC, p.19; p.26), "que faria prevalecer um modo de organização sobre outro, por exemplo a flexão sobre a extensão". Assim, o substrato nervoso deixa de corresponder a fragmentos dos comportamentos e passa a agente integrado a diferentes níveis de atividade, como os reflexos de flexão diante dos reflexos de extensão, como a linguagem voluntária diante da linguagem emocional e automática. Goldstein (1983) afirma que processos somáticos tais como os reflexos de flexão e de extensão são, em realidade, manifestações de formas de comportamento mais gerais, formas de comportamento objetivante e de comportamento imediato, respectivamente. Os movimentos de flexão estão mais intimamente ligados ao córtex cerebral, enquanto os movimentos de extensão são relacionados a "segmentos mais profundos" do sistema nervoso. Com efeito, o autor conclui que a significação dos movimentos de flexão e de extensão é diferente para o organismo e que são os movimentos de flexão que possuem, no homem, uma relação estreita com a *totalidade* orgânica, na qual, vimos, o cérebro assume uma "significação particular" e integrada ao todo. É por isso que, nos casos de lesão do cerebelo, há predomínio dos movimentos de extensão e prejuízo das operações voluntárias, especialmente das que exigem precisão de movimentos; os atos precisos são realizados, em grande parte, por meio de movimentos de flexão. Goldstein (1983) vai além: afirma a superioridade dos movimentos de flexão em relação à "essência" do ato humano, visto que eles implicam a intenção do eu em direção ao mundo, enquanto os movimentos de extensão são relacionados a uma reatividade passiva ao mundo exterior, na qual vemos acentuado o caráter de automatismo do organismo humano. Essa afirmação, Goldstein se aplica em esclarecer, não significa que,

70 DANILO SARETTA VERISSIMO

no fenômeno de Babinski, temos a manifestação de um mecanismo primitivo, mas a operação de um organismo lesado, em que o aparelho reagente à estimulação encontra-se "isolado" em relação à estrutura orgânica total, o que acarreta uma capacidade funcional diminuída por parte do organismo, condição que o autor denomina desdiferenciação e na qual vemos o organismo operar da melhor maneira ainda possível as atividades que lhe são essenciais (ibidem, p.117-8). Em suma, resume Merleau-Ponty, os resultados da patologia apresentam o sistema nervoso como um todo, o que nos impede de tomá-lo como um aparelho composto por duas partes heterogêneas. Mesmo os efeitos do isolamento dos fenômenos nervosos por lesão contrariam a ideia de que existam, no sistema nervoso, caminhos circunscritos e definidos para a excitação nervosa. Quanto ao papel do córtex cerebral no comportamento humano, Merleau-Ponty (SC, p.19-20; p. 26-7) comenta:

> A intervenção das influências cerebrais teria por efeito reorganizar o comportamento, elevá-lo a um nível superior de adaptação e de vida, e não apenas associar, dissociar dispositivos preestabelecidos. [...] Ora, de uma maneira geral, o surgimento da razão, o surgimento do sistema nervoso superior, transforma as próprias partes do comportamento que dependem do cérebro médio e que parecem ser as mais instintivas. Um dualismo de simples subordinação é impossível.

A delimitação da noção de atitude categorial

A noção de atitude categorial, ou de comportamento simbólico, foi elaborada no seio dos estudos sobre as afasias no início do século passado. Pouco a pouco, tornou-se evidente o caráter estrutural das perturbações comportamentais ocasionadas por lesões circunscritas no córtex cerebral. Tornou-se mesmo possível a comparação entre quadros patológicos referentes a classificações taxonômicas distintas. Para Merleau-Ponty, essa é a ocasião de abordar a ambivalência do "espaço corporal". Sobretudo, essa é a ocasião para o autor afirmar o

A PRIMAZIA DO CORPO PRÓPRIO **71**

caráter estrutural do organismo humano. Nesse contexto, a estrutura orgânica humana aparece como um "significado novo do comportamento", que se mostra "adaptado ao virtual".

Os estudos clássicos em psicopatologia possuem um caráter localizacionista, que espelha o espírito atomista que reinava na fisiologia e na psicologia até o início do século XX. A uma lesão cerebral circunscrita eram correlacionados déficits funcionais também circunscritos, seja na linguagem, no reconhecimento visual ou na coordenação motora, por exemplo. Para Merleau-Ponty, o desenvolvimento das pesquisas em psicopatologia expõe, então, o quanto os estudos pioneiros subestimavam algumas dificuldades essenciais. Primeiramente, a de se localizar corretamente uma lesão cerebral, que pode se estender bem além dos limites nos quais ela é claramente observável. Em segundo lugar, o problema de se localizar uma determinada função orgânica no tecido cerebral, dado que funções diferentes podem ser prejudicadas por lesões localizadas aparentemente em áreas cerebrais idênticas, e uma mesma função pode ser alterada por lesões localizadas, notavelmente, em áreas distintas do tecido nervoso central. A terceira dificuldade refere-se à definição adequada da patologia estudada e da função normal à qual ela corresponde.

A superação dos limites dessas pesquisas pioneiras não se deve a avanços técnicos em termos de procedimentos cirúrgicos e laboratoriais, mas, principalmente, a reflexões metodológicas no que tange à "teoria do conhecimento biológico". Sobretudo, se, em patologia geral, a constituição de personalidades nosológicas, em que diversos sintomas observáveis são derivados de um "distúrbio fundamental", mostra-se funcional, a patologia mental não poderia se desenvolver sem que novos fundamentos metodológicos viessem substituir a posição clássica dos problemas e métodos que a disciplina propunha. Em patologia geral, visto que estão em jogo certos processos físico-químicos que deixam de responder a determinados estímulos, mesmo em circunstâncias as mais variadas, os sintomas podem ser identificados de modo quase inequívoco. A patologia opera, então, uma análise que se atém a "fragmentos reais do comportamento" patológico e que enumera as reações conservadas e as reações abolidas no organismo doente.

72 DANILO SARETTA VERISSIMO

Esse tipo de análise permite a construção de um "encadeamento real de efeitos e de causas observáveis" que conduz nosso olhar através das "manifestações superficiais" até a "perturbação essencial", que, normalmente, possui um *locus* preciso no corpo. No entanto, o "método de análise real e de explicação causal" mostra-se infrutífero no contexto das patologias mentais. É o que revela a história dos estudos sobre a afasia, sobre a apraxia e sobre a agnosia. Os estudos iniciais dessas patologias explicavam-nas pela extinção de "conteúdos do comportamento" ou, para falar a linguagem da psicologia empirista, pela perda de "conteúdos específicos de consciência", todos sustentados por associações adquiridas.

Notas sobre a história das afasias

Forest (2005) argumenta que a definição da afasia não se refere apenas à história da medicina das perturbações da linguagem, mas, sobretudo, à história do conhecimento fisiológico do cérebro. Nesse sentido, *grosso modo*, nossas notas contemplam três paradigmas concernentes ao funcionamento nervoso que marcaram a história das afasias: as concepções de cunho localizacionista, as concepções de cunho associacionista, e, por fim, as concepções de cunho globalista.

Franz Joseph Gall (1758-1828) é um pioneiro nas pesquisas que nos interessam aqui. Seus trabalhos, de caráter materialista, centravam-se na localização cerebral dos fenômenos psíquicos e no anseio de elaborar um mapa minucioso do cérebro (cf. Goldstein, 1983; Kristensen et al., 2001). Forest (2005) mostra que a sua organologia foi elaborada sob o plano de fundo da questão das ciências do homem e das relações entre "o físico e o moral" tais como concebidas na perspectiva de Cabanis (1956).[3] Sob a égide de ciências do homem encontravam-se a fisiologia, a análise das ideias e a moral, mas as duas últimas eram subordinadas à primeira em uma antropologia que, em última instância, era uma

---

3 "é fácil sentir que o conhecimento físico do homem é a base comum entre elas [as ciências do homem]; que este é o ponto de onde elas todas devem partir" (Cabanis, 1956, p.126).

A PRIMAZIA DO CORPO PRÓPRIO **73**

"antropologia física" (Forest, 2005, p.27). Nesse contexto, as teses de Gall giram em torno da especialização funcional das áreas do córtex cerebral humano. Para ele, os hemisférios cerebrais seriam constituídos por diversos órgãos independentes (Lecours; Lhermitte, 1979). Ao lado de uma "revolução anatomofisiológica", Gall desenvolve um discurso psicológico voltado para a psicologia das faculdades. Mas, em vez de atrelar as especializações funcionais corticais a faculdades horizontais, tais como imaginação e memória, Gall constrói faculdades verticais, tais como talento musical, memória de palavras e talento para línguas. Suas pesquisas orientaram as investigações de Paul Broca sobre o substrato biológico da expressão verbal.

É aqui que se inicia, mais especificamente, a preocupação com a linguagem. Entre 1861 e 1865, Pierre Paul Broca (1824-1880) somou observações clínicas e anatomoclínicas que lhe possibilitaram associar a integridade do lobo frontal cerebral esquerdo e a integridade da expressão verbal (Forest, 2005). Broca diagnosticara, em seus pacientes, lesados naquela região cerebral, perda da fala sem paralisia dos órgãos articuladores e sem comprometimento da "inteligência", patologia que o pesquisador denominou afemia. Os pacientes eram incapazes de articular a fala por meio dos aparelhos motores normalmente envolvidos no fenômeno, isso apesar da integridade desses aparelhos. O mecanismo explicativo da patologia elaborado por Broca envolve uma "memória verbal", isolada de outras atividades psíquicas e dependente de uma localização cerebral precisa (Goldstein, 1971a). De acordo com as teses associacionistas vigentes na época, Broca admitiu a existência de "imagens verbais motoras", compostas por "lembranças-imagens" de palavras, de sons e de letras, e que seriam depositadas no "centro motor da linguagem", ou seja, na área cerebral identificada por ele. A lesão dessa área levaria à supressão dessas imagens verbais motoras, impossibilitando, por conseguinte, o acionamento dos dispositivos motores da linguagem. Além do caráter inventivo dessa concepção de imagens-memória, Goldstein (1971a) põe em relevo a concepção compartimentada dos mecanismos apresentados: "Para Broca, a memória verbal motora era uma memória especial 'dos movimentos necessários à articulação

74 DANILO SARETTA VERISSIMO

das palavras'; ela não possuía relação 'nem com as outras memórias, nem com o resto da inteligência'" (ibidem, p.296).

A partir do isolamento de centros cerebrais ligados à linguagem, surgiu a preocupação com a associação entre eles. Henry Bastian (1837-1915), Ludwig Lichteim (1845-1928) e Jean Martin Charcot (1825-1893) figuram entre os principais pesquisadores de cunho associacionista (Kristensen et al., 2001). Mas é sobre a participação de Carl Wernicke (1848-1905) que focalizaremos nossa atenção. Wernicke estabeleceu uma relação causal entre lesões no giro temporal esquerdo e o que ele denominou afasia sensorial, a saber, perturbação na compreensão da linguagem devida à perda da memória das imagens auditivas das palavras (Lecours; Lhermitte, 1979). Os afásicos sensoriais, ao contrário dos afásicos motores, falam muito, mas apresentam inadequações linguísticas e não compreendem bem a fala de outrem. Para Wernicke, a compreensão da fala era tão significativa quanto a sua produção, e a sua abolição tão significativa quanto o poder expressivo isolado por Broca. E, se na recepção das palavras temos um componente da linguagem, esse componente possui, também, uma localização cerebral, considerava o pesquisador.

Wernicke já era herdeiro de um novo gênero de pesquisas, como as de Théodore Meynert (1833-1892), sobre os feixes de fibras nervosas associativas dos hemisférios cerebrais (ibidem). Assim, com base em observações clínicas e anatomoclínicas, Wernicke delimita um outro tipo de afasia relacionado a lesões de fibras que associam as áreas delimitadas por Broca e por ele mesmo: a parafasia, desordem da linguagem na qual vemos o paciente realizar inúmeros equívocos na construção das palavras. Assim, a integridade da linguagem não é mais atribuída a uma única área cerebral, mas a uma "rede da linguagem" que envolveria o lobo frontal cerebral esquerdo e o giro temporal esquerdo, além das fibras associativas que ligariam essas duas regiões cerebrais. A lesão de uma dentre essas partes acarretaria perturbações distintas da linguagem (Forest, 2005).

Até esse ponto, os pesquisadores mais importantes no campo da afasia eram influenciados pela psicologia sensualista dos elementos, o que limitava o desenvolvimento teórico de questões relativas ao

A PRIMAZIA DO CORPO PRÓPRIO **75**

pensamento e à linguagem, malgrado a riqueza das observações realizadas. A função linguística era considerada como composição de "imagens sensíveis" advindas da associação de percepções ópticas, acústicas e cinestésicas. Além disso, essa concepção psicológica tinha um paralelo na fisiologia. Cada domínio de impressões sensíveis deveria contar com uma ancoragem bem delimitada no cérebro (Cassirer, 1972). Nesse contexto, diversas dificuldades permaneciam intocadas. Como tratar, por exemplo, as imagens visuais que não se referem aos "símbolos literais" de Husserl, às coisas concretas, mas a "significações formais complementares", como as palavras *talvez, qualquer* etc.? Como explicar a compreensão, por parte dos pacientes, de homônimos das palavras que lhe faltam? E como pensar o fato de que podemos escutar uma mesma palavra reproduzida por inúmeros locutores, que, no mais das vezes, produzem fenômenos sonoros apenas similares? Teríamos uma imagem verbal para cada uma das formas pronunciadas?[4] Além disso, as manifestações clínicas da afasia motora, ou afasia de Broca, põem os pesquisadores "na presença de um caos" de atividades lacunares e de outras ainda possíveis para o paciente. Goldstein (1971a, p.295) comenta:

> Certamente, não é o acaso que decide o que o doente pode ou não dizer; podemos discernir uma escolha singular; além disso, ficamos espantados ao ver que o doente não realiza sempre todos os atos de linguagem que lhe seriam ainda possíveis, entretanto ele surpreende o observador ao executar atos dos quais acabava de se mostrar incapaz. Ao considerar as coisas de fora, tem-se a impressão de uma grande inconstância, que se atribui, frequentemente de modo equívoco, a efeitos de perturbações gerais, fadiga etc.

Conforme comentário de Merleau-Ponty, seguindo os preceitos da patologia geral e a fidelidade aos princípios atomistas e associacio-

---

4 Bergson abordou as concepções materialistas da afasia. As dificuldades teóricas às quais fazemos menção aqui foram importantes para o filósofo na refutação daquelas concepções. Sobre o assunto, ver Verissimo; Furlan (2009).

nistas da época, médicos e pesquisadores recortavam, na observação do comportamento dos pacientes afásicos, os sintomas explicáveis a partir de uma suposta perturbação no armazenamento e na ativação das imagens verbais. Os sintomas excedentes eram atribuídos a lesões suplementares ou diminuídos em sua importância, sendo considerados secundários em relação às perturbações primárias. É assim que Wernicke (1874 apud Forest, 2005, p.159) podia afirmar que os sintomas parafásicos de seus pacientes, aos quais se atribuía o diagnóstico de afasia sensorial, eram causados pela "falta de correção inconsciente habitual devida à imagem sonora".

Hughlings Jackson (1835-1911) figura nessa história das afasias como um divisor de águas. Isso porque, malgrado o fato de o neurologista ser contemporâneo dos primeiros associacionistas, as noções de centros cerebrais circunscritos e de conexões nervosas possuem um papel meramente secundário em suas concepções sobre o sistema nervoso humano e sobre suas concepções de linguagem e de afasia. Para Jackson, a linguagem depende da integridade do cérebro, mas não deve ser considerada como uma atividade "confinada a territórios particulares" (Lecours; Lhermitte, 1979). Os estados patológicos em neurologia, diz Jackson, revelam estados precedentes de organização nervosa. Suas palavras são significativas:

> [...] a doença mostra que a atividade mental superior ascende a partir de nossos estados mais organizados, a partir de nós mesmos, que a vontade, a memória etc. "vêm de um debaixo" e não se situam de maneira autocrática "acima", a governar o espírito; simplesmente, eles são, até o presente, o mais elevado, ou último, estado do nosso eu inteiro. (Jackson, 1879 apud Forest, 2005, p.91)

A emancipação dos automatismos é a revelação das origens do ato voluntário a partir do recalque do ato mais primitivo em termos fisiológicos. Assim, a ideia de localização nervosa à qual se liga Jackson é a de "localização fisiológica", em que o sistema cerebroespinhal apresenta diferenças no tocante ao tipo de movimento elaborado, o movimento automático ou o movimento voluntário. Nesse mesmo sentido,

A PRIMAZIA DO CORPO PRÓPRIO 77

caminha sua lei de dissolução que afirma a prioridade dos sistemas mais evoluídos, ou seja, os ligados aos processos mais voluntários, no percurso da desintegração do funcionamento nervoso no caso de lesão cerebral. A utilização mais complexa desse funcionamento é a primeira a ser atingida. Desse modo, se a privação ao exercício da função perdida constitui o que Jackson chama de sintomas negativos da doença, o exercício funcional que resta ao doente, ou seja, os sintomas positivos, não é causado pela doença, diz ele, e, sim, constitui o resultado da atividade que subsiste no sujeito portador de lesão cerebral. Essa inversão que faz da doença "pura privação" e realça as atividades subsistentes é um aspecto revolucionário da compreensão patológica em Jackson. Além disso, ela revela a influência do evolucionismo de Spencer na obra do neurologista na medida em que o filósofo destaca a susceptibilidade do equilíbrio adquirido por algumas espécies em relação a ocorrências nunca antes enfrentadas. Forest (2005, p.96) comenta: "Spencer é, portanto, a chave das distinções jacksonianas entre causar e permitir, entre 'condição negativa' e 'condição positiva' do paciente". É assim que, no que tange à linguagem, os signos negativos das lesões cerebrais correspondem à carência funcional associada à desorganização dos processos mais evoluídos e voluntários da linguagem, enquanto os signos positivos correspondem ao funcionamento isolado das partes não lesadas, à sobrevivência de níveis inferiores de organização do organismo que garantem a expressão de processos mais primitivos e automáticos. É a Jackson que se atribui a observação de que certas palavras podiam ser utilizadas pelos pacientes em determinados contextos, mas não em outros (Cassirer, 1972). Segundo Goldstein (1971a), aos processos linguísticos mais evoluídos Jackson associou, então, a linguagem "intelectual", "representativa" e "voluntária", utilizada para responder a questões, para designar objetos etc. Aos processos linguísticos mais primitivos o autor associou a linguagem "afetiva", "emocional" ou "involuntária", de caráter passivo em relação às "intenções conscientes" do indivíduo.

A partir de Jackson, foi possível uma expansão na consideração dos distúrbios observados nos pacientes afásicos. O estado patológico, antes circunscrito à linguagem, podia se estender ao campo mais geral

78 DANILO SARETTA VERISSIMO

do pensamento e da motricidade. Pierre Marie (1853-1940), além de combater a teoria das imagens verbais, exigia que os sintomas afásicos fossem interpretados em termos de modificação geral da inteligência (ibidem). Já Henry Head (1861-1940) tentou agrupar as afasias como "desajustes da formulação e da expressão simbólicas". O comportamento simbólico foi expandido para o campo da ação, em que a oposição entre expressões representativas e emocionais permanecia válida. Head concluiu que, entre as perturbações da linguagem e da ação, há uma perturbação mais fundamental, a saber, uma perturbação do comportamento simbólico (Cassirer, 1972). Nossa história das afasias pode ser interrompida aqui, pois, daqui em diante, as noções geradas no âmbito da psicopatologia nervosa foram viva e originalmente apropriadas por Merleau-Ponty.

A atitude categorial, segundo Gelb e Goldstein

Os trabalhos de Gelb e Goldstein dão a Merleau-Ponty os contornos da atividade simbólica, que caracteriza, em *A estrutura do comportamento*, a experiência espacial e temporal humana (SC, p.114). Os dois neurologistas, a partir de pesquisas sobre a afasia, delimitaram a perturbação essencial dos seus doentes como impossibilidade de exercício da "atitude categorial", ou do "comportamento simbólico", o que limitava os pacientes a uma "experiência concreta e imediata".

Com base em Merleau-Ponty, já vimos que, no tocante à teoria do reflexo, os fatos repetidamente contradiziam a ideia da solidariedade entre receptores especializados, centros corticais especializados e efetores também especializados. Vimos, ainda, que a teoria clássica não abandonava suas diretrizes ao interpretá-los. Em vez disso, eram elaboradas hipóteses auxiliares que, se bem analisadas, não passavam de construções teóricas cujo objetivo era assegurar, ao menos, um mínimo acordo entre a teoria e os fatos, e, em última instância, salvaguardar a noção tradicional de reflexo. A riqueza dos fatos era encoberta por uma impregnação teórica que se mostrava mais poderosa. Ora, foi um fenômeno de ordem epistemológica bem semelhante o que ocorrera

A PRIMAZIA DO CORPO PRÓPRIO **79**

durante um primeiro período dos estudos sobre a afasia.[5] Um "espírito anatômico" de caráter atomista dominava tanto a interpretação dos sintomas afásicos quanto a elaboração teórica dos fenômenos anatomofisiológicos que pudessem ser designados como a origem do comportamento patológico. Assim, dados que clamavam pela hipótese de um funcionamento global eram interpretados sem que as noções atomistas fossem abandonadas. Foi aos poucos que, sob a pressão dos fatos e diante de inúmeras contradições teóricas, a concepção clássica das localizações cedeu espaço a uma atitude globalista diante do evento patológico de origem cerebral. Afinal, como observa Merleau-Ponty (SC, p.68; p.96-7), as "lesões do córtex raramente provocam distúrbios eletivos que afetam isoladamente certos fragmentos do comportamento normal".

A abertura a esse fato apresentado por Merleau-Ponty dependia de "um novo gênero de análise" que, podemos dizer, já se esboçava em Jackson. Uma análise de tipo ideal, no sentido das discussões apresentadas no capítulo anterior do presente trabalho, que desse conta dos aspectos concretos da descrição da pesquisa empírica, uma análise que visasse à compreensão do "desenho de um conjunto e sua lei imanente" (SC, p.70; p.99) e não uma análise que, desde o processo descritivo de um fenômeno qualquer, se mostrasse como o exercício de uma "tomada de partido" teórico, o que faz do próprio momento descritivo um exercício de teorização e empobrece o contato do pesquisador com o fenômeno observado. Nessa nova perspectiva, que muitos autores identificam como uma espécie de fenomenologia aplicada ou antropologia fenomenológica, a patologia pode deixar de ser um "conteúdo do comportamento", "algo que se observa", e ser identificada a uma nova *estrutura de comportamento*, uma "alteração qualitativa" que demanda um esforço de *compreensão*. A perturbação essencial e os sintomas deixam de figurar numa relação de causa e efeito para expressarem, antes, uma "relação lógica de princípio/con-

---

5 Essa crítica epistemológica será ainda reeditada na *Fenomenologia da percepção*, dessa vez no que tange à hipótese de constância e à sua superação pela teoria das formas perceptivas.

80 DANILO SARETTA VERISSIMO

sequência ou de significado/signo" (SC, p.70; p.99), como vimos em Jackson e como veremos, sobretudo, nos estudos de Gelb e Goldstein. Em *A estrutura do comportamento*, Merleau-Ponty menciona o caso das afasias amnésicas (SC, p.68-9). Os pacientes a quem cabe esse diagnóstico não perderam as palavras, diz ele, fazendo referência implícita à teoria das imagens verbais, mas, sim, "o poder de *nomear*", atividade na qual o objeto e a palavra são tomados como "represen-tantes de uma categoria", atividade sustentada pela atitude categorial, estrutura do comportamento não mais tangível a "um sujeito reduzido à experiência concreta e imediata". Vejamos como Gelb e Goldstein apresentam essas questões.

Os autores relatam e interpretam os resultados do desempenho de pacientes que apresentam sintomas de afasia amnésica, mais precisamente de amnésia dos nomes de cores – e que não apresen-tam qualquer tipo de prejuízo da percepção cromática –, no teste de visão de cores de Holmgreen (cf. Gelb, 1933; Goldstein, 1971a, 1971b, 1971c, 1983). Diante de um paciente, são expostas diversas fitas de lã coloridas. Diversas formas da cor estão representadas no que tange à tonalidade e ao brilho. Ao paciente é então solicitado que agrupe as fitas segundo as cores fundamentais ou que procure todas as fitas que estejam em acordo com uma fita dada, por exemplo, da cor azul-clara, tarefas que ele se mostra incapaz de realizar correta-mente. Ora ele agrupa duas fitas de nuanças idênticas ou bastante parecidas e dá a tarefa por finalizada, ora ele se põe a agrupar fitas de cores cujo tom fundamental é absolutamente diferente, mas que se assemelham segundo o brilho. Pode ocorrer, ainda, que o paciente arranje as fitas numa série crescente que vai do tom mais claro ao mais escuro, a realizar, então, uma *categorização* das fitas coloridas. Mas a observação minuciosa da atividade do paciente – ou alguns questionamentos direcionados a ele acerca do seu procedimento no teste – revela que, na realidade, o paciente alinhava as fitas por pares sucessivos. A cada vez, o paciente se esforçava para encontrar a fita da cor mais parecida com a da última que ele havia alinhado à série. O paciente utilizava um subterfúgio, uma estratégia para executar a tarefa, estratégia que nada tem a ver com má-fé, mas com o empenho

A PRIMAZIA DO CORPO PRÓPRIO   **81**

no cumprimento da tarefa segundo os meios que lhe são disponíveis. De fato, o paciente não chega a cumprir as exigências do exame senão em aparência, o que pode, facilmente, levar o pesquisador a um erro de observação, conforme o apontamento de Goldstein (1971a). Um outro exemplo de subterfúgio aparece quando o médico solicita ao paciente que designe a nuança que corresponde a um nome de cor qualquer, o vermelho, por exemplo. O exame de uma eventual resposta correta pode mostrar, por exemplo, que o paciente apoia-se em um saber verbal que lhe abre alguns caminhos. Ele pode lembrar-se de que alguns objetos são designados como "vermelho-sangue", reavivar uma imagem do sangue e, então, chegar a uma resposta correta (ibidem). Goldstein (1971b) denomina esse processo de nomeação externa ou de pseudonomeação, que se apega a automatismos linguísticos e a conexões externas entre as palavras adquiridos em um período anterior à patologia, quando sua fala era ainda sustentada por uma *função representativa*. A pseudonomeação é ainda mais clara no caso de pacientes afásicos cujo principal sintoma manifesta--se no exercício de nomeação de objetos concretos. A um dos seus pacientes, Goldstein (1971b) mostra um guarda-chuva e, então, formula a simples questão: "O que é isso?". O paciente, em vez de dizer "Isso é um guarda-chuva", responde: "Isso é uma coisa para a chuva. Tenho isso em casa". Então, repentinamente, o paciente diz: "Tenho três guarda-chuvas em casa". Outro caso clínico ilustrativo refere-se a uma mulher de meia-idade, secretária de extrema competência, que, devido a uma trombose, sofrera uma lesão cerebral. A partir daí, a paciente passara a apresentar grandes variações na linguagem, ora com expressões e compreensão adequadas, ora com grande dificuldade para lembrar-se das palavras e para compreender adequadamente aquilo que lhe era dito. Mas uma observação precisa do comportamento da paciente mostrou que as suas dificuldades não apareciam ao acaso, mas sim diante de situações e de tarefas "perfeitamente determinadas" (Goldstein, 1971a, p.327-9). Raramente as palavras lhe faltavam diante de uma conversação voltada para as coisas concretas relativas ao seu meio. No entanto, diante da solicitação de enumerar prenomes femininos, nomes de animais ou

82 DANILO SARETTA VERISSIMO

de capitais de países, ela passava a balbucios, visto que as palavras não lhe surgiam. Essas palavras, ela as possuía ainda, diz Goldstein, visto que, em outras situações, ela as utilizava com segurança. Mas foi por meio da análise de um subterfúgio adotado pela paciente que os contextos que definiam o fracasso ou o sucesso dos seus esforços linguísticos ficaram claros. Diante de uma nova solicitação do médico, ela pronunciara, em série, quatro prenomes femininos; pronunciara, também em série, o nome de alguns animais. Interrogada sobre o modo como cumprira a tarefa, a paciente respondeu que enumerara o prenome das quatro irmãs que compõem sua família e, quanto aos animais, citara o nome dos primeiros a serem vistos a partir da entrada no jardim zoológico da sua cidade. A paciente se apegara a lembranças de experiências diretas e concretas. "Evidentemente, essas palavras não representavam para ela designações de coisas, mas de qualidades do vivido [...] ela tornava-se incapaz de encontrá-las quando desapegadas da experiência e independentes" (ibidem, p.328). Aos poucos, ficou claro que o invariante nos diversos sintomas de afasia amnésica apresentados pelos pacientes referia-se à impossibilidade por parte destes de deslocarem-se em relação à experiência concreta e real, como resume Merleau-Ponty (SC, p.69). A cada vez que os pacientes eram conduzidos à esfera do possível, do concebido e do pensado, eles fracassavam. É nessa perspectiva que Goldstein (1971a) afirma que as palavras não são mais empregadas por eles no sentido categorial, no sentido de um símbolo que representa uma ideia. O exercício da linguagem, nesses pacientes, não se realiza segundo uma estrutura conceitual e abstrata. Gelb e Goldstein concluirão por uma deterioração ou enfraquecimento do que eles denominaram atitude categorial ou comportamento simbólico. Essas expressões são ainda mais significativas pelo fato de fazerem menção a um âmbito mais geral do organismo atingido. É o organismo como um todo que deixa de se dispor segundo a atitude categorial no seu debate com o meio. É o que mostram as observações dos dois pesquisadores. Novamente, uma descrição fiel, atenta e minuciosa do comportamento dos doentes revela uma modificação da conduta em diversos domínios como a percepção, o conhecimento, a ação, o pensamento

A PRIMAZIA DO CORPO PRÓPRIO **83**

e a vida emocional, além da linguagem. Em todos esses domínios, uma analogia estrutural é possível, o que faz do domínio até então privilegiado da linguagem uma expressão da adaptação do *organismo* atingido pela doença às suas novas condições e necessidades (Gelb, 1933). Podemos falar, assim, em uma *modificação fundamental* no comportamento dos doentes que outros pesquisadores como Head e Woerkom denominaram, respectivamente, como perturbação da expressão simbólica e da função de representação. Merleau-Ponty (SC, p.69; p.97) apropria-se dessas conclusões dizendo o que segue:

> O que é inacessível não é, pois, certo estoque de movimentos, mas certo tipo de ato, certo nível de ação. Entende-se assim que o distúrbio não se limita a uma faculdade particular, mas se encontra, em graus variáveis, em todas aquelas que exigem a mesma atitude de gratuidade.

Não devemos perder de vista que, em *A estrutura do comportamento*, o interesse específico de Merleau-Ponty, ao explorar essas pesquisas em psicopatologia, é a elaboração de uma representação do funcionamento nervoso adequada à ambiguidade do lugar na substância nervosa. Nesse sentido, o caráter estrutural dos déficits ocasionados por lesões localizadas do córtex cerebral evidencia que as "condições do comportamento" não se encontram na substância nervosa como aglomerado de células nervosas, mas "nos modos qualitativamente variáveis de seu funcionamento global" (SC, p.102; p.146).[6] O fato de que a perturbação específica deva, doravante, ser considerada a partir do "comportamento de conjunto" é particu-

---

6 Em outro trecho, Merleau-Ponty (SC, p.79-80; p.113-4 – grifo do autor) comenta: "Se chamamos de 'cérebro' uma massa de células e de condutores, os comportamentos superiores não estariam *contidos* no cérebro tomado nesse sentido, derivariam do cérebro apenas como entidade funcional. Se entendermos por espaço uma multiplicidade de partes exteriores umas às outras, eles não estariam no espaço. Podemos sempre considerar o cérebro num espaço definido pela exterioridade mútua de partes homogêneas. Mas é preciso saber que a realidade fisiológica do cérebro não é representável nesse espaço. Uma lesão na região central do córtex produz efeitos observados não quando destrói algumas células, algumas conexões, mas quando compromete certo tipo de funcionamento ou certo nível de conduta".

84 DANILO SARETTA VERISSIMO

larmente significativo para o filósofo francês. Isso torna possível a comparação entre o quadro sintomático dos afásicos com aquele de pacientes portadores de outras patologias, o que reforça o ponto de vista estrutural na consideração do comportamento.

Merleau-Ponty faz referência, especialmente, aos estudos de Gelb, Goldstein e colaboradores acerca de um ferido de guerra designado pelos pesquisadores como Schneider. O paciente, vítima de um estilhaço de obus que lhe causara uma lesão na região occipital do córtex cerebral, apresentava perturbações em diversos domínios do comportamento: percepção, reconhecimento e lembrança visuais; reconhecimento espacial tátil; motricidade; memória; inteligência e linguagem. A julgar pela diversidade de sintomas, poder-se-ia optar pelo diagnóstico não de apenas uma, mas de simultâneas neuropatologias, além de associá-las a possíveis lesões múltiplas do córtex cerebral. Mas trata-se mesmo de uma única lesão, localizada, circunscrita em termos materiais ou anatômicos. Outra possibilidade: derivar os déficits diversos de apenas um deles. A perturbação da percepção visual foi o primeiro a ser observado e, na primeira publicação que Gelb e Goldstein dedicaram ao caso, recebeu destaque. O diagnóstico foi ampliado a partir de estudos posteriores, conforme comentário de Merleau-Ponty (SC, p.71, nota 2; p.130, nota 3; PhP, p.132, nota 2).

Ainda que os dois pesquisadores sublinhem as perturbações de caráter perceptivo em Schneider, diagnosticado entre as cegueiras psíquicas, o paciente apresenta déficits de linguagem, conforme apontamento anterior. À primeira vista, sua expressão verbal parece intacta. Mas, por meio do exame psiquiátrico, nota-se que suas expressões não emergem jamais como linguagem representativa (Goldstein, 1971a). Sua linguagem aparece subordinada à ação e à sua experiência concreta. É por isso que ele se mostra incapaz de compreender expressões figuradas, de responder a perguntas simples, mas com um caráter teórico e desapegado ao que está ocorrendo à sua volta, e é por isso, também, que ele nunca inicia espontaneamente uma conversação, o que, no mais das vezes, exigiria que ele saísse da perspectiva pessoal à qual parece atado. Se Schneider é capaz de desempenhar a contento algumas atividades da sua vida diária, é graças à sua linguagem involuntária, à recitação quase

A PRIMAZIA DO CORPO PRÓPRIO 85

maquinal de frases que lhe conduzem às compreensões necessárias às suas tarefas (Gelb, 1933) e que, inclusive, preenchem as lacunas da sua percepção deficitária (Goldstein, 1971a). Seu manejo da linguagem ocorre no sentido de uma atitude geral cuja estrutura é voltada para o concreto e para o imediato em oposição à atitude categorial, do mesmo modo que os pacientes portadores de afasia amnésica agrupavam as fitas coloridas sem a ideia precisa do princípio sobre o qual deveria girar o agrupamento; seu comportamento era guiado por uma espécie de intuição imediata (Gelb, 1933). O que queremos mostrar por meio dessas comparações, e o que interessava tanto a Merleau-Ponty, é que o homem portador de uma lesão cerebral é um "homem modificado", conforme as palavras de Gelb (1933), ou "tocado em sua essência", como diz Goldstein (1971a), e que essa modificação essencial encontra expressão em múltiplos domínios, inclusive no da linguagem – se bem que a localização da lesão possua uma importância fundamental na delineação dos déficits funcionais. O comprometimento do organismo possui um caráter estrutural, do mesmo modo que o comportamento saudável representa uma estrutura orgânica equilibrada e capaz de exercer diferentes níveis de ação, como diz Merleau-Ponty. O organismo humano saudável apresenta uma capacidade funcional elevada, sendo capaz de reações bastante heterogêneas e diferenciadas. Ao representarmos as ações do organismo em termos de processos figura-fundo, raciocínio caro a Goldstein, poderíamos dizer que a diferenciação e a precisão das reações orgânicas dependem da formação adequada de "figuras", ou processos neurofisiológicos de primeiro plano, sob a base formada pelos processos no resto do sistema ou mesmo no restante do organismo total. As estimulações geradas no organismo normal desencadeiam processos figurais estáveis em regiões determinadas do sistema, processos que se desenvolvem sobre o plano de fundo orgânico. A esse processo figura e fundo, no âmbito fisiológico, corresponde uma atividade figura e fundo no plano funcional. É sob essa perspectiva que Merleau-Ponty compara as perturbações de Schneider com as de um paciente estudado por Boumann e Grünbaum. Os déficits apresentados pelos dois pacientes são, à primeira vista, bastante diferentes. Enquanto Schneider, a despeito de seus déficits visuais, é capaz de reconhecer alguns objetos a centrar-

86 DANILO SARETTA VERISSIMO

-se na análise de alguns detalhes da sua configuração, por exemplo, o reconhecimento de um dado a partir dos pontos pretos na sua superfície, o paciente de Boumann e Grünbaum é incapaz de perceber os detalhes das coisas. Schneider é mesmo perturbado pelo modo como os detalhes "saltam aos seus olhos", impedindo a apreensão das características essenciais do objeto percebido. Ora, a incapacidade de ver além dos detalhes e a incapacidade de percebê-los não implicam uma deficiência de forma idêntica? "Os dois doentes", diz Merleau-Ponty (SC, p.72; p.102), "apresentam a mesma deficiência fundamental da 'estrutura figura e fundo'". As dificuldades que os pacientes com diagnóstico de afasia amnésica apresentam no teste de visão de cores de Holmgreen podem ser discutidas a partir dessa mesma perspectiva. Vimos que os pacientes, em vez de agruparem as fitas segundo a cor fundamental, conforme a instrução do médico, podem passar a agrupá-las com base no brilho e, em seguida, repentinamente, agrupá-las ainda sob um outro critério qualquer, atividade que se destaca pelo seu caráter lábil, atividade guiada, sobretudo, pela intuição imediata do paciente. Como um indivíduo saudável executa a tarefa de agrupar as fitas? Ele a executa segundo um princípio de classificação, que pode variar, obviamente, mas que, a partir do momento em que é definido, seja por escolha do sujeito, seja por instrução do examinador, dirige a sua atividade. Gelb (1933, p.411 – grifos do autor) comenta:

> [...] uma vez fixado um princípio de classificação, qualquer que seja ele, "vemos" as cores sob um outro aspecto; as amostras isoladas não são mais tomadas no seu ser atual, mas consideradas, antes, como *representantes* de propriedades da cor que escolhemos como princípio de classificação; os exemplares isolados tornam-se os *representantes* de certas *categorias* de cores.

O fato é que os exemplares da categoria definida emergem como figura sobre um plano de fundo composto por fitas de outras cores e que deixam, então, de representar aspectos essenciais na situação descrita. Daí, a seguinte afirmação de Merleau-Ponty (SC, p.69; p.98 – grifos do autor):

A PRIMAZIA DO CORPO PRÓPRIO   87

Como o comportamento do doente adere, muito mais estreitamente que o do sujeito normal, às relações concretas e imediatas do meio, o distúrbio fundamental poderá ainda ser definido como "a incapacidade de captar o essencial de um processo" ou enfim como a incapacidade de circunscrever nitidamente um conjunto percebido, concebido, ou apresentado, a título de *figura*, em um *fundo* tratado como indiferente.

Na continuação desse trecho, Merleau-Ponty (SC, p.69-70; p.98) insere outra ideia, também fundamental para nós: "A transformação patológica acontece no sentido de um comportamento menos diferenciado, menos organizado, mais global, mais amorfo". O comportamento total é agora expressão de uma alteração fundamental, possui uma "nova significação" devida a uma "desintegração sistemática" funcional em que "as dimensões originais da atividade orgânica e humana" (SC, p.81; p.115) foram danificadas.

Nas palavras de Gelb (1933, p.408 – grifos do autor), a modificação essencial que vem sendo delimitada representa "uma *regressão* na direção de um *comportamento menos abstrato, menos racional, mais imediato e mais concreto*, portanto neste sentido *mais primitivo* [...]". Ao finalizar sua comparação entre Schneider e o paciente de Boumann e Grünbaum, Merleau-Ponty (SC, p.72; p.102) faz o seguinte comentário, baseado em artigo de Goldstein:: "em todos esses campos [atenção, pensamento, linguagem espontânea etc.] 'o processo psíquico ou psicomotor está fixado numa fase *primitiva* do desenvolvimento que vai de uma impressão de conjunto amorfa a uma estruturação (*Ausgestaltung*) mais diferenciada'". E, em nota, a percepção infantil, "mais sincrética" e capaz, ao mesmo tempo, de ser "mais minuciosa", é comparada à alteração estrutural dos pacientes em questão (SC, p.72). No entanto, na discussão do fenômeno de Babinski, já vimos que o termo "primitivo" põe um problema. É mesmo frutífero fazer um paralelo entre o comportamento dos doentes e o de seres pré-humanos, do ponto de vista filogenético, ou com o comportamento de crianças, do ponto de vista ontogênico? Goldstein (1971a), em artigo posterior àquele citado por Merleau-Ponty, é categórico ao afirmar que a linguagem

88 DANILO SARETTA VERISSIMO

utilizada pelas crianças não pode ser assimilada à utilizada pelos afásicos. É comum que a criança, para quem a palavra é aderente às coisas, acompanhe suas ações pela fala, associação que pouco a pouco cede espaço completamente à ação sem verbalização. Ora, o doente exposto a uma situação concreta, em que uma criança faria acompanhar seus atos por palavras, não exprime suas ações pela fala, acompanhamento extinto há muito. Em uma situação concreta que lhe solicita uma reação imediata, seja motora ou linguística, o paciente provavelmente se sairá bem, realizando o ato adequado diante da solicitação motora e emitindo a palavra adequada diante da solicitação de cunho linguístico. Mas, se lhe solicitamos que exprima em palavras as suas ações, estaremos exigindo dele justamente a atividade perturbada pela alteração da atitude categorial, estaremos exigindo que ele utilize palavras como signos, diz Goldstein (1971a), e, então, ele falhará. Por sua vez, Gelb (1933) contrapõe-se à assimilação do comportamento dos doentes a uma mentalidade "primitiva", na perspectiva da antropologia tradicional de Levy-Brühl. Se, com essa expressão, faz-se referência a culturas cujo contato com o mundo assenta-se em um caráter mítico, Gelb cita Cassirer, para quem o mito e o conhecimento científico e filosófico possuem uma mesma origem ontológica. Contra os que fazem referência a estados evolutivos arcaicos da mentalidade humana, Gelb argumenta que, malgrado a fisionomia rígida e concreta da conduta dos pacientes, o manejo que eles possuem dos objetos, da linguagem e do pensamento apresenta os traços da atitude "civilizada".

Em suma, tratamos aqui de referências específicas ao organismo humano, que atingira sua maturidade no contexto das sociedades modernas ocidentais e que apresenta lesões que causam danos estruturais no comportamento e que, por conseguinte, alteram de modo essencial o contato do sujeito com o mundo. Trata-se, portanto, de uma nova significação, de uma nova estrutura do comportamento, da qual não podemos dizer que esteja reduzida às suas formas vitais, e, sim, que implica uma atitude da parte do doente para com o mundo modificada. Suas operações conservadas, o que Jackson denominava sintomas positivos, são diretamente

A PRIMAZIA DO CORPO PRÓPRIO 89

correlacionadas ao estreitamento do meio em que vive (Paulus, 1969).[7] O "comportamento ordenado" do doente depende dessa redução proporcional ao déficit (Goldstein, 1983, p.42). Sabemos que o meio é recortado no mundo a partir do ser do organismo. Assim, se o meio habitual do doente tornou-se um meio perturbador devido aos déficits apresentados, a existência do indivíduo depende, então, da sua capacidade de extrair do mundo um ambiente que lhe seja adequado, no caso dos pacientes aqui considerados, um meio em que o comportamento categorial não seja constantemente solicitado. Além disso, no caso de lesão, as capacidades funcionais orgânicas mais relevantes dentre as ainda passíveis de atualização serão mantidas, e sempre no nível mais elevado possível no que tange ao "funcionamento do organismo total" (ibidem).

Para Merleau-Ponty, assim como para Goldstein, a visão em sujeitos que sofrem de hemiopia é um exemplo paradigmático acerca da orientação ao equilíbrio funcional da atividade nervosa em geral (SC, p.41-4; Goldstein, 1983, p.43-50). Devido à lesão na região da calcarina – região cortical onde se encontram as terminações das vias ópticas – de um dos hemisférios cerebrais desses pacientes, apenas, em metades homônimas de suas retinas, há setores ainda capazes de provocar sensação luminosa. Como os pacientes recebem apenas as excitações que atingem a porção ativa da retina, é lógico esperar que eles apresentem um campo visual reduzido à metade. Mas isso não é o que ocorre. O paciente queixa-se de enxergar mal, mas não de redução do campo visual. Sua visão atinge todos os lados em torno de um ponto central da área visual, região que, como no sujeito normal, é percebida com maior nitidez. O que ocorre, então, nas metades intactas de suas retinas? Primeiramente, nota-se uma reorganização do funcionamento muscular do globo ocular. A movimentação do globo ocular passa a realizar-se de modo a alocar o setor preservado da retina em posição central em relação à recepção luminosa. Ocorre, então, uma redistribuição dos elementos retinianos. Em um sujeito

---

7 Paulus (1969) relaciona os "sintomas positivos" de Jackson com as conceituações de Goldstein.

90 DANILO SARETTA VERISSIMO

normal, as regiões da retina apresentam diferenças no que concerne à acuidade visual. É na região da fóvea que se dá a acuidade visual mais elevada. No doente, nota-se, então, o surgimento de uma pseudofóvea no centro da região excitável e que pode apresentar uma acuidade comparável à garantida pela fóvea anatômica. As excitações luminosas recebidas pela pseudofóvea também são percebidas pelo sujeito como centrais, do mesmo modo que no sujeito saudável. Além disso, ela é sensível a todas as cores, mesmo se estiver localizada em uma região da retina que, normalmente, é insensível a alguns valores cromáticos. Diante de tais fatos, é justo considerar que o surgimento da pseudofóvea implica uma reorganização funcional de todos os pontos retinianos saudáveis e, igualmente, da calcarina intacta. Assim, o exemplo da hemiopia apresenta de modo explícito o processo de reorganização nervosa devida a uma lesão de substâncias centrais do sistema. A lesão ocasiona um fenômeno de isolamento das partes intactas, que, assim, constituirão uma nova estrutura nervosa que pode ser capaz de manter a atividade funcional em níveis essenciais para o organismo. É assim que, no caso dos pacientes afásicos, o comportamento categorial é substituído por um comportamento concreto, capaz de lidar com os aspectos imediatos do meio. É importante ressaltar, como o faz Merleau-Ponty, que, caso nos apegássemos a concepções clássicas do funcionamento nervoso, que atribuem às funções perceptivas de cada ponto retiniano uma estrutura anatômica particular de ligação com o córtex cerebral, a reorganização funcional na hemiopia não seria compreensível. Em uma menção à noção de forma aplicada à compreensão da atividade nervosa, o filósofo comenta:

> Isso é possível [a reorganização funcional na hemiopia] apenas se as propriedades de cada ponto retiniano lhe forem atribuídas, não por dispositivos locais preestabelecidos, mas por um processo de distribuição flexível, comparável à repartição das forças numa gota de óleo em suspensão na água. (SC, p.42-3; p.59-60)

A PRIMAZIA DO CORPO PRÓPRIO **91**

Paralelismo funcional

Ao abordarmos a representação do organismo por meio da utilização dos termos figura e fundo, afirmamos que a um processo figura-fundo, no âmbito fisiológico, corresponde uma atividade análoga no plano funcional. É, portanto, de um paralelismo que tratamos, um "paralelismo funcional ou estrutural", admitido por Merleau-Ponty desde que adequadamente sustentado pela noção de forma (SC, p.83, 101). Esse paralelismo, tal como abordado por Merleau-Ponty, assegura a inteligibilidade da "ambiguidade do lugar na substância nervosa" e da nossa "adaptação ao virtual" a partir de um mesmo "nível humano". O autor comenta:

> Certos comportamentos dependem do córtex central. Não que sejam feitos dos mesmos movimentos elementares que ali teriam seus mecanismos ou seus comandos, mas enquanto possuem uma mesma estrutura deixam-se classificar sob uma mesma ideia, se situam no mesmo nível humano. (SC, p.79; p.113)

O paralelismo da psicologia e da fisiologia clássicas atrelava a atividade nervosa e as operações conscientes a partir do "método de análise elementar" (SC, p.83). O funcionamento nervoso era fragmentado em diversos processos isolados, repartidos entre centros autônomos. Aos fragmentos da atividade nervosa eram alinhados, então, conteúdos reais de consciência que, associados de modo equivalente à associação dos elementos nervosos, davam origem a atos de consciência. Merleau-Ponty qualifica o paralelismo clássico de ilusório.

O descrédito da análise real tanto em psicologia quanto em fisiologia substitui esse paralelismo dos elementos ou dos conteúdos por um paralelismo funcional ou estrutural. Não se alinham mais dois a dois "fatos psíquicos" e "fatos fisiológicos". Reconhece-se que a vida da consciência e a vida do organismo não são feitas de uma nuvem de acontecimentos exteriores uns aos outros, que tanto a psicologia quanto a fisiologia procuram os modos de organização do comportamento e os graus de sua integração, uma para descrevê-los, a outra para determinar seu suporte corporal. (SC, p.83-4; p.119-20)

A "realidade fisiológica do cérebro" não se deixa representar no espaço concebido como justaposição de partes exteriores umas às outras. Ela é concebível apenas como atividade global, dependente de suas partes, bem entendido, mas sem que possamos atribuir a elas uma contribuição isolável. É por isso que a psicopatologia moderna, representada na obra de Merleau-Ponty, sobretudo, por Goldstein, possui como enfoque a desintegração sistemática funcional nos casos de lesão do substrato nervoso central. Os efeitos de um dano cerebral se deixam observar não pela destruição de células e de conexões precisas, mas pelo comprometimento de um nível de conduta do organismo. É verdade que as lesões periféricas permitem uma representação em termos de localização horizontal, em que diferentes regiões do substrato encontram-se ligadas a diferentes conteúdos percebidos ou à execução de diferentes movimentos. Contudo, no funcionamento normal, mesmo os condutores periféricos não podem ter sua participação isolada, visto que se encontram associados ao centro.

Os estudos no campo da percepção apresentam resultados análogos. Experimentos sobre a percepção espacial e sobre a percepção cromática caracterizam-nas como fenômenos de estrutura (SC, p.84-94). Negativamente, isso implica dizer que as percepções espacial e cromática não são redutíveis à "projeção realista do mundo exterior no córtex", que as coisas não se passam como se influxos nervosos determinados pelas características locais das células receptoras fossem destinados a locais específicos e adequados à elaboração de um certo gênero de informação nervosa. Além disso, as dimensões espaciais e cromáticas da percepção constituem "aspectos abstratos de um funcionamento global" (SC, p.93).

Análise semelhante tem lugar no que se refere à fisiologia da linguagem. Das teorias localistas e associacionistas sobre a afasia à teoria de integração e de coordenação de Piéron, a estrutura da palavra encontra-se já realizada em mecanismos prontos a funcionar a partir da recepção da linguagem, o que nos leva às dificuldades teóricas enfrentadas pelos neurologistas clássicos que estudamos anteriormente. Contrapondo-se a essa perspectiva, no tocante à fisiologia da linguagem, Merleau-Ponty comenta:

A PRIMAZIA DO CORPO PRÓPRIO 93

Aqui os elementos coordenados não estão apenas reunidos uns aos outros. Constituem juntos, por sua própria união, um todo que tem sua lei própria e a manifesta assim que os primeiros elementos da excitação são dados, como as primeiras notas de uma melodia outorgam ao conjunto um certo modo de resolução. Enquanto as notas consideradas isoladamente têm um significado equívoco, sendo capazes de entrar numa infinidade de conjuntos possíveis, cada uma delas, na melodia, é exigida pelo contexto e contribui por seu lado a exprimir alguma coisa que não está contida em nenhuma delas e que as liga interiormente. [...] A coordenação é agora a criação de uma unicidade de sentido que se exprime nas partes justapostas, de certas relações que nada devem à materialidade dos termos que unem. De uma coordenação desse gênero é que a fisiologia da linguagem precisa. (SC, p.96; p.137-8)

Ora, é à noção de forma que Merleau-Ponty recorre tanto ao abordar a realidade fisiológica do organismo quanto ao abordar a percepção e a linguagem a partir dos seus aspectos fenomenais.

A forma, no sentido em que a definimos, possui propriedades originais relativas às das partes que podemos destacar dela. Cada momento é determinado pelo conjunto dos outros e seu valor respectivo depende de um estado de equilíbrio total, cuja fórmula é um caráter intrínseco da "forma". Nesse sentido, ela parece preencher todas as condições necessárias para dar conta do funcionamento nervoso. (SC, p.101; p.144)

No entanto, para o filósofo, não se trata apenas de introduzir a noção de forma como fundamento de um paralelismo aceitável e dotado de valor heurístico. É de termos trazidos do mundo fenomenal, como figura e fundo, que lançamos mão ao buscarmos expressar a estrutura dos fenômenos fisiológicos, o seu funcionamento global e hierarquizado em diferentes níveis funcionais. E é apenas a partir do mundo percebido que compreendemos do que se trata uma figura sobre um fundo. Assim, mesmo se a estrutura do comportamento é sustentada pelo funcionamento cerebral, este não pode ser concebido senão a partir do mundo percebido. Merleau-Ponty (SC, p.102; p.146) comenta então: "este [o mundo percebido] não aparece mais como uma

94 DANILO SARETTA VERISSIMO

ordem de fenômenos paralela à ordem dos fenômenos fisiológicos, mas como mais rica que esta. A fisiologia não poderia ser completamente pensada sem o auxílio da psicologia". "Somente podemos conhecer a fisiologia viva do sistema nervoso partindo dos dados fenomenais", diz, ainda, Merleau-Ponty (SC, p.97; p.139). A distribuição de valores simbólicos, atrelada necessariamente ao funcionamento nervoso, somente pode ser concebida a partir do que nos revela a percepção. Trata-se da emergência dos fenômenos de estrutura a ponto de eles tornarem-se o próprio tema da atividade que sustentam (SC, p.113). É a partir da percepção que se esclarece que um comportamento adequadamente adaptado depende não apenas de uma espacialidade concretamente percebida, mas também de uma "série de localizações virtuais" que situam o corpo diante das suas possibilidades motoras no espaço. E, se a espacialidade concretamente percebida não resulta apenas de excitações retinianas, como mostra a psicologia da forma, as localizações virtuais ainda menos. Não se trata, tampouco, de atribuir o "campo espacial do comportamento" a uma "instância superior", e aqui Merleau-Ponty, em *A estrutura do comportamento*, adianta o teor das suas críticas à função simbólica na *Fenomenologia da percepção*, texto em que a atitude categorial aparece "deliberadamente desintelectualizada".[8] É à noção de forma que o autor atrela tanto a possibilidade de um campo espacial concreto quanto a possibilidade de um campo espacial ainda mais estável e que nos abre para um espaço virtual integrado ao primeiro como segunda "camada constitutiva" da percepção normal (SC, p.100). É assim que um agnósico pode mostrar-se desorientado em relação ao espaço virtual, mas não em relação ao espaço concreto. Invocamos, mais uma vez, as palavras de Merleau-Ponty (SC, p.110; p.143-4):

> O importante para a noção de forma é justamente superar a concepção atomista do funcionamento nervoso sem reduzi-lo a uma atividade difusa e indiferenciada, de rejeitar o empirismo psicológico sem cair na

---

8 Bimbenet, "Merleau-Ponty et la querelle des contenus conceptuels de la perception" – texto manuscrito.

A PRIMAZIA DO CORPO PRÓPRIO 95

antítese intelectualista. A análise da percepção levaria a restabelecer uma ruptura – não mais entre sensação e percepção, nem entre sensibilidade e inteligência, nem, mais geralmente, entre um caos de elementos e uma instância superior que os organizaria, mas entre diferentes tipos ou níveis de organização.

Rumo às estruturas de comportamento

Encontramo-nos em um ponto fronteiriço entre os eixos principais sobre os quais parece gravitar a questão da função simbólica em *A estrutura do comportamento*. Dos estudos acerca da "significação do lugar na substância nervosa", Merleau-Ponty nos conduz à consideração da integração sistemática – nos casos de lesão, falamos em desintegração sistemática – das formas do comportamento, tanto ao que se refere aos "tipos ou níveis de organização" em um mesmo organismo, quanto ao que se refere aos diferentes organismos que encontramos na escala zoológica.

A organização do sistema nervoso não é garantida pelos seus aspectos anatômicos. É o que mostram os estudos de Merleau-Ponty acerca dos fenômenos reflexos e acerca do "setor central do comportamento". Cada território nervoso encontra-se implicado na "atividade global do sistema nervoso". No tocante ao cérebro, a localização de uma função em uma área circunscrita do substrato parece mesmo improvável, dado seu papel atrelado àquela atividade global e a sua ligação antes com "modos de funcionamento qualitativamente distintos" do que com dispositivos particulares. Entretanto, toda função mostra-se profundamente unida ao substrato por meio do qual ela se atualiza. É por isso que, no caso de lesões do substrato, podemos observar fenômenos de suplência, mas não de recuperação completa das funções afetadas (SC, p.76). Merleau-Ponty (SC, p.223; p.320) comenta que "a substância nervosa é em cada lugar insubstituível". Assim, é antes um "entrecruzamento inextricável" de localizações horizontais e de localizações verticais que encontramos no sistema nervoso. As diversas partes do substrato colaboram na realização

96 DANILO SARETTA VERISSIMO

de um comportamento total em que as suas especificidades são "sublimadas" e adquirem "novos significados" em prol desse comportamento integrado (SC, p.224).

Ora, o comportamento como "operação originária" dotada de um sentido e orientada para os aspectos estruturais da situação na qual se encontra o organismo pode ser observado em qualquer nível da escala zoológica. Em estudos em que se utilizaram ratos com lesões experimentais centrais, Lashley (1930 apud SC) e Buytendijk (1932 apud SC) relataram fenômenos bastante semelhantes aos do homem com comprometimento cerebral. Em termos de movimentos elementares, componentes do comportamento, os animais operados permanecem apresentando atos de salto, de marcha, de mastigação etc. Contudo, seus movimentos deixaram de ter o aspecto "vivo e ágil" de antes. Os animais apresentam-se desajeitados, com movimentos lentos e rígidos. Ao caminharem em uma passagem estreita e elevada, suas patas escorregam frequentemente, e eles caem ao tentar dar meia-volta. Ao se alimentarem, seguram o alimento com os dentes e deixam de realizar os movimentos com as patas que seriam necessários simultaneamente. Em um labirinto em T, se os ratos foram habituados a escolher o caminho da direita para encontrar seu ninho, a partir do momento em que se transfere o ninho para o trajeto da esquerda, é apenas após cerca de vinte e cinco provas desfavoráveis que os animais passam a escolher o novo caminho. Nos animais intactos, esse novo hábito é adquirido sem dificuldade. Os animais não operados, habituados a percorrer um caminho em L para chegar ao alimento, quando se deparam com a possibilidade de percorrer o caminho direto, no fim do qual visualizam o objetivo, escolhem-na, também sem dificuldades. Já os ratos operados continuam a utilizar o percurso mais longo. Para Merleau-Ponty, esses resultados indicam que os animais operados perderam a capacidade de se deixar guiar pela configuração das impressões presentes no ambiente. É por isso que seus movimentos carecem de ligação entre si. É por isso também que o processo de aprendizagem é longo e que o animal apresenta dificuldades em transpor o hábito adquirido para outra situação, cuja configuração é, no entanto, semelhante à inicial. Parece que são as propriedades particulares, concretas e materiais das

A PRIMAZIA DO CORPO PRÓPRIO 97

situações que dirigem o comportamento do animal operado, e não a sua "estrutura típica". Não é mais o caráter essencial da situação que orienta esses animais, que apresentam uma percepção reduzida das formas (*Gestalten*) e uma "diferenciação reduzida das ações". Em suma, a integração atingida pelo organismo animal doente também prescinde de harmonia e de flexibilidade, e, por conseguinte, seu mundo deixa de ser configurado a partir dos seus aspectos estruturais.

Das análises de Merleau-Ponty acerca da aquisição de comportamentos por parte dos animais, sobressai, justamente, o fato de que o comportamento é integrado estruturalmente de modo a responder ao aspecto formal das situações nas quais o organismo se encontra, isso, voltamos a dizer, em qualquer ponto da escala zoológica. Tal conclusão contrapõe-se às teorias tradicionais da aprendizagem, especialmente à teoria do reflexo condicionado e ao behaviorismo. Para elas, o desenvolvimento do comportamento não gera nada original. O que importa é a contiguidade temporal entre as excitações e as reações, que devem suceder-se, no organismo, como séries de "eventos exteriores uns aos outros" (SC, p.105). Conforme Thorndike, a adoção de novos comportamentos dar-se-ia pela associação de condutas básicas fundadas em dispositivos neurofisiológicos herdados (cf. Koffka, 1975). Um exemplo. De dentro de uma caixa de experimentos, intitulada por Thorndike como *problem-box*, um animal – o psicólogo utilizava principalmente gatos e cachorros – percebe um alimento deixado fora da caixa. O aprisionamento e a percepção do alimento são considerados agentes provocadores de um estado de agitação no animal, que passa, então, a realizar uma série de movimentos, inclusive os de manipulação da tranca que abre a caixa. A teoria afirma que as reações úteis à satisfação do impulso serão então fixadas, enquanto as reações negativas, ou seja, aquelas que não levam à satisfação ou disparam algum eventual dispositivo experimental de punição, serão, pouco a pouco, abandonadas nas repetições do exercício. Isso ficaria claro a partir do tempo decrescente que o animal necessita para sair da caixa ao longo de provas consecutivas (Buytendijk, 1928, p.216-7; Koffka, 1975, p.154-5). Nenhum "caractere intencional" deve ser suposto nessa situação, bem como nenhuma "relação prospectiva" entre os movi-

98 DANILO SARETTA VERISSIMO

mentos preparatórios e a meta, nenhum privilégio das manipulações úteis em relação ao objetivo (SC, p.105). É antes de ensaio e erro que deveríamos falar aqui, processo que se desenrola em termos puramente mecânicos. O animal realizaria, ao acaso, um certo número de condutas que, tomadas isoladamente, lhe são naturais ou instintivas. A série de movimentos naturais e acidentais que leva ao sucesso tenderia, então, a ser reproduzida (Köhler, 1927, p.175-9). Elas podem até ser fixadas após a realização de apenas uma prova.

Para Merleau-Ponty, as teorias do reflexo condicionado e do behaviorismo não esclarecem a relação que se estabelece entre a meta e os movimentos preparatórios, o que os unifica, o que lhes dá encadeamento, a ponto de podermos falar de um ato, de um comportamento, "no sentido próprio da palavra", como diz o autor. A aprendizagem, para Merleau-Ponty (SC, p.106), é antes uma "alteração geral do comportamento". O animal, na repetição de uma prova na qual fora bem-sucedido anteriormente, não reproduz exatamente os mesmos movimentos, a mesma série de atos e, por conseguinte, não reproduz uma mesma série de ativações musculares. Um gato que tenha sido adestrado para puxar um barbante de modo a receber seu alimento pode fazê-lo, em uma das provas, com a pata, em outra, com os dentes. Nesse caso, o conteúdo das ações é diferente, mas o seu significado é o mesmo. Daí a conclusão de Merleau-Ponty (SC, p.106; p.151): "Aprender nunca é, pois, tornar-se capaz de repetir o mesmo gesto, mas de fornecer à situação uma resposta adaptada por diferentes meios". O mesmo princípio deve ser considerado no tocante ao estímulo. O verdadeiro estímulo condicionado não é um estímulo particular, dotado de propriedades físicas e químicas singulares, mas sim o representante de uma categoria de estímulos que adquirira um determinado valor para um certo organismo.

Dois experimentos com peixes e descritos por Buytendijk (1928), um deles retomado por Merleau-Ponty (SC, p.106-7), ilustram as proposições anteriores acerca do alcance generalizante da "experiência de aprendizagem". Primeiro experimento: durante certo tempo, algumas carpas foram mantidas em um aquário e alimentadas uma vez por dia com pedaços de vermes. Então, passou-se a introduzir

A PRIMAZIA DO CORPO PRÓPRIO 99

nos pedaços de alimento minúsculos ganchos não cortantes, completamente escondidos, e amarrados a um fio muito fino e pouco aparente. Assim que a carpa abocanhava o verme, o gancho era puxado, de modo que ela pudesse ser capturada para, logo em seguida, ser recolocada no aquário. A prova era repetida algumas vezes, sempre com precauções para que o animal não pudesse diferenciar o alimento oferecido. Notou-se que, após cerca de três experiências, os peixes sabiam evitar os pedaços de verme com o gancho, abocanhando apenas os pedaços livres. Não é possível descartar uma diferenciação ótica das condições do alimento. Contudo, é importante assinalar que o peixe capturado alterava sua conduta diante dos pedaços de verme. Habitualmente, a carpa aproxima-se de imediato do alimento quando ele chega ao solo. Então, quando a boca aberta do animal encontra-se a alguns milímetros do verme, o peixe aspira uma corrente de água e abocanha-o. Já o peixe capturado, em vez de aspirar a corrente de água, projetava-a sobre o alimento. O pedaço de verme, livre do gancho, era, então, levemente destacado do solo devido à corrente. Esse era o sinal para que o peixe avançasse. Buytendijk (1928) comenta que a maior circunspeção na busca por alimentos é o hábito natural do peixe, hábito perdido durante a experiência inicial no aquário. No segundo experimento, temos dois grupos de pequenos peixes de água doce. O grupo A era alimentado com pequenos pedaços de pão branco, o grupo B com pedaços de pão preto. Então, aos peixes do grupo A passou-se a dar pedaços de pão preto, assim como pedaços de borracha que simulavam os pedaços de pão, e aos peixes do grupo B passou-se a dar pedaços de pão branco e pedaços de giz branco. Após um período de desorientação, os peixes aprendiam a discernir o alimento dos outros materiais. Após uma segunda inversão das condições, os peixes apresentavam uma desorientação menos nítida e aprendiam a discernir os verdadeiros alimentos dos falsos mais rapidamente. Buytendijk (1928) sublinha a complexidade dos fenômenos observados, que não podem ser reduzidos a "aprendizagem por formação de associações", e Merleau-Ponty (SC, p.107), ao retomar as conclusões do autor holandês, comenta que "um 'método de seleção' [...] se instala no animal".

Se os experimentos de Thorndike podiam ser interpretados em termos de ensaio e erro, isso se deve à própria concepção das provas, que não favoreciam uma "aprendizagem verdadeira". Pergunta Merleau-Ponty: como as relações entre os movimentos realizados e a meta poderiam ser algo mais que uma simples sucessão, se o mecanismo da tranca não era visível? E mesmo se ele fosse visível, teria o animal condições de dominar esse dispositivo, por vezes complicado mesmo aos olhos de um homem? O autor menciona os estudos de Köhler (1927) com chimpanzés.[9] O pesquisador mostrou que, em tarefas que ultrapassavam suas possibilidades, como o empilhamento estável de caixas de modo a atingir um objetivo, os chimpanzés abandonavam-se a tentativas devidas ao acaso. Eles não eram capazes de perceber por meio dos dados ópticos a instabilidade da sua construção. Essa "estática óptica" somente podia ser compensada pela estática corporal dos animais mais hábeis e destemidos. Köhler (1927, p.183) escreve: "o fato de que os animais realizam uma vez movimentos cegos não contradiz a hipótese de que, em regra geral e em condições experimentais razoáveis, não se observa, em princípio, cruzamento acidental de impulsos". É a essas condições não razoáveis que o esquema de ensaio e erro se aplica.

Essas considerações conduzem-nos ao exame das diferenças no que concerne à aptidão para a aprendizagem entre as espécies animais. As "contiguidades fortuitas" que fazem parte do ambiente são elaboradas conforme as especificidades do organismo. Buytendijk (1928) dedicou-se à investigação da conduta de organismos os mais variados, desde os seres unicelulares até os mamíferos. Sua preocupação principal era a questão da aquisição de hábitos nesses animais a partir de uma perspectiva diferente das explicações mecanicistas da aprendizagem, notadamente insuficientes segundo ele. Com base em seus estudos, o pesquisador sugere que a formação de hábitos a partir da experiência pode ser verificada em qualquer ponto da escala zoológica e de modo profundamente atrelado aos instintos e à capacidade perceptiva do animal, marcadamente definida pelo seu aparelho perceptivo (órgãos

---

9 Os estudos de Köhler (1927) com chimpanzés serão tema de análises detalhadas no próximo capítulo deste livro.

A PRIMAZIA DO CORPO PRÓPRIO 101

de sentido), mas, de qualquer modo, sempre ligada à percepção de formas, ou seja, de complexos perceptivos cujas propriedades não se resumem às propriedades das suas partes e que podem adquirir diferentes significados para o animal ao longo de suas experiências. Segundo Buytendijk (1928), mesmo entre as amebas, classificadas entre os organismos mais inferiores dessa escala zoológica, as reações às excitações do meio "apresentam um significado biológico especial", voltado, sobretudo, ao favorecimento da conservação orgânica. Entre os insetos que, mais do que qualquer outra espécie animal, possuem "hábitos inatos perfeitos", inúmeros experimentos confirmam a aquisição de novos hábitos, por vezes contrários a tendências inatas de forte expressão. Esse autor comenta, ainda, observações realizadas com galinhas jovens, que começam ciscando todo tipo de objeto, além dos grãos que lhes interessam. Aos poucos, esses objetos percebidos "adquirem um significado diferente" para o animal, que passa a conceber seu meio de modo mais preciso e a deixar de lado aquilo que não serve de alimento. O mesmo pôde ser observado por Köhler (1927) em suas pesquisas com chimpanzés. Apesar de o autor não ser capaz de garantir que os animais, sujeitos dos experimentos, nunca tenham presenciado ou mesmo se servido de instrumentos antes do confinamento, é pouco provável que eles tenham tido a oportunidade de aprender a utilizar bastões, caixas e cordas para conseguir alimento fora do ambiente experimental. Esses objetos ganharam um significado original para os animais a partir da sua experiência na estação zoológica de pesquisa. Merleau-Ponty (SC, p.110), fazendo referência a Buytendijk, dirá que as experiências de todo animal têm lugar em um "certo quadro orgânico", que engloba um "*a priori* sensório-motor" e "categorias práticas" distintas de uma espécie a outra, e que dá "sentido e eficiência" às ocorrências do meio. "Devemos distinguir a presença 'em si' do estímulo e sua presença 'para o organismo' que reage", comenta o filósofo (SC, p.113; p.162). As ocorrências do meio são ocorrências "para um organismo"; é segundo as características e experiências deste que elas adquirem um valor. E o "progresso do comportamento" somente pode ser explicado se entre a situação e a resposta houver essa relação de sentido. É na perspectiva das "propriedades formais da

102 DANILO SARETTA VERISSIMO

situação" – que pressupõe um organismo a estruturá-la a partir do seu *Gegenwelt*[10] – que a fixação de "respostas adaptadas" e a "generalidade da conduta adquirida" podem ser compreendidas. Merleau-Ponty (SC, p.113; p.162) afirma: "nunca é como realidade física individual que o estímulo se torna reflexógeno, é sempre como estrutura".

*

Em resumo, toda manifestação corporal humana expressa um nível de organização que ultrapassa o caráter imediato das situações em que o homem se encontra. A atitude categorial aparece, então, como uma nova significação do comportamento, que se mostra capaz de investir o meio de virtualidade e, portanto, de redimensionar a existência concreta. É o que encontramos a partir da consideração dos diferentes níveis de atividade do funcionamento nervoso, bem caracterizados por meio do estudo do fenômeno de Babinski e dos casos de afasia. Vimos, ainda, que a noção de forma é o recurso privilegiado por Merleau-Ponty para a compreensão da integração da atividade nervosa. A noção de forma permite-nos, ainda, investigar como qualquer tipo de organismo vivo estabelece ligações de caráter estrutural com as situações nas quais ele se encontra. No próximo capítulo, acompanharemos o aparecimento do comportamento simbólico a partir da perspectiva das relações estruturais entre organismo e meio.

---

10 Termo que expressa a existência de esquemas perceptivos e de ação que dão origem a uma espécie de representação complexa das situações nas quais vive o animal. Em Buytendijk (1928), ver *index* de temas tratados.

4
A FUNÇÃO SIMBÓLICA NA CONSIDERAÇÃO DO COMPORTAMENTO ANIMAL

Conforme o que estudamos até aqui, o pensamento causal foi duramente criticado por Merleau-Ponty, tanto no que tange ao funcionamento nervoso, base do comportamento, tanto no que tange à relação entre os organismos e o meio. É a noção de forma, ou de estrutura, que sai reforçada dessas análises, noção animada por relações dialéticas entre o interior e o exterior dos sistemas por ela contemplados. A dialética entre comportamento e situação continuará figurando no centro das análises levadas a cabo por Merleau-Ponty na terceira seção do segundo capítulo de *A estrutura do comportamento*, bem como no terceiro capítulo daquela obra. O filósofo proporá uma nova classificação dos comportamentos que, ao invés de estabelecer mais uma hierarquização das espécies animais, dos seres inferiores e elementares ao homem, o que somente viria a saturar ainda mais as ciências da vida,[1] se apresenta, antes, como um importante passo no seu esforço de desvelamento da noção de forma. Das "formas sincréticas" e das "formas amovíveis" do comportamento, integradas de modo geral como estruturas vitais, às "formas simbólicas", centro da "ordem humana", estará em jogo a variação no nível de

---

1 Buytendijk (1952, p.42) comenta: "A ideia de hierarquia satura a ciência da vida em todas as suas subdivisões".

integração das estruturas orgânicas até o aparecimento da atividade simbólica, expressa na ambiguidade corporal específica do homem. Ao tomarmos esse contexto por princípio, nossa empresa, neste e no próximo capítulo do presente trabalho, liga-se a duas questões destacadas por Masuda (1993) e referentes ao problema da função simbólica em *A estrutura do comportamento*. Primeiramente, o autor fala sobre uma "cisão profunda" estabelecida por Merleau-Ponty entre o homem e o animal. Em seguida, o autor atrela essa cisão, fundamentalmente, "a uma corrente semântica comandada pela 'atitude categorial'" (ibidem, p.234). Que essa cisão tenha lugar no texto do filósofo e que ela seja sustentada pela semântica goldsteiniana da atitude categorial, para nós, como veremos, parece um fato. Contudo, observamos tensões na distinção entre a humanidade e a animalidade devidas, por outro lado, à semântica da forma. A cisão de que trata Merleau-Ponty, no tocante ao animal e ao homem, é a que existe a partir do advento de uma estrutura orgânica que implica uma ordem superior à antecedente.

A psicologia dos símios antropoides

Os símios inferiores e, sobretudo, os símios antropoides, mais especificamente, os chimpanzés, mostram-se capazes de se adaptar a relações mecânicas e estáticas entre os meios e os fins de uma ação, relações que não são identificadas no comportamento de nenhuma outra espécie animal. Para Merleau-Ponty (SC, p.123, 125), as "lacunas e insuficiências" dessas relações mecânicas e estáticas merecem ser particularmente exploradas, pois elas revelam o quanto essa "física animal" somente encontra acesso ao comportamento após vencer "estruturas mais naturais" e que condicionam conjuntos ou formas mais estáveis.

Os símios são "animais visuais", diz Buytendijk (1928). Seu comportamento e seu poder de aprendizagem são profundamente atrelados à percepção visual. Um dos chimpanzés estudados por Köhler (1927), na estação zoológica de Tenerife, mostrava-se completamente inábil

A PRIMAZIA DO CORPO PRÓPRIO **105**

na utilização de bastões como prolongamento do braço para derrubar objetos suspensos. Esse animal privilegiava o uso do bastão como vara para saltar. Mesmo bastões muito curtos eram utilizados em inúmeras tentativas vãs. Em certa ocasião, o animal, que já sabia utilizar caixas para alcançar tais objetos, posicionou uma delas sob sua meta, que permanecia muito alta para ser alcançada. O chimpanzé muniu-se, então, de um bastão com cerca de 40 cm de comprimento e tentou efetuar um "salto com vara" tomando a caixa por base. Mas a situação não era apropriada a um salto sério. Em seguida, o animal pega duas varas pequenas, une a ponta de uma contra a outra e, com a mão apertada em torno do ponto de intersecção das duas varas, obtém, do ponto de vista óptico, um conjunto que se assemelha a um bastão com um comprimento maior. Daí, em diante, o animal dá início a uma série de tentativas inúteis para praticar o salto com esse novo instrumento. Köhler (1927, p.117 – grifo do autor) analisa da seguinte forma as observações descritas:

> Admiramo-nos com o fato de que o *óptico* da situação parece quase completamente decisivo para o animal e de que, em seguida, a tentativa de solução não leve em conta senão o aspecto óptico das varas e não o ponto de vista "técnico e físico". A mão deve manter juntas as duas partes e aquilo que, para a vista, é uma solução por aperfeiçoamento do instrumento, permanece praticamente sem valor.

Encontramos outra pseudossolução, garantida, sobretudo, pelo conjunto óptico da situação, nas primeiras tentativas de um outro chimpanzé para alcançar o alimento por meio da união de duas varas de bambu. O animal já adquirira o hábito de arrastar com uma vara o alimento deixado fora da jaula a uma distância superior a que ele pudesse alcançar apenas com o seu braço. Na nova situação, o alimento foi afastado da grade de modo que não pudesse ser atingido apenas com um bastão. Dentro da jaula havia outro bastão, mais largo que o primeiro e oco, de modo que o mais fino pudesse ser acoplado a ele e formasse um instrumento maior. O primeiro ato do chimpanzé, a pseudossolução, ou "falta boa", como também comenta Köhler

106 DANILO SARETTA VERISSIMO

(1927), foi levar uma primeira vara o mais longe possível, deixá-la no chão e, então, com a ajuda da segunda vara, empurrar a primeira até a meta. O animal não resolve o problema, mas estabelece um contato com o alimento, o que já o deixa visivelmente satisfeito. O animal encontra uma solução satisfatória no que se refere ao caráter óptico do conjunto.

A seguir, outros dois exemplos tirados dos experimentos de Köhler (1927, p.98-9, 168-9), estes referidos por Merleau-Ponty (SC, p.123-4). Um chimpanzé hábil na utilização de bastões é deixado numa jaula onde há apenas uma árvore seca e com três galhos. Fora da jaula e afastado do alcance do braço, um alimento. O primeiro ato do animal é tentar arrancar da porta um pedaço de ferro negro que servia como ferrolho, mas ele não consegue. O animal perscruta seu entorno com o olhar, percebe a árvore, mas não se atém a ela. Então, passa a explorar a jaula. Encontra uma pedra e tenta utilizá-la como bastão, mas ela nem mesmo passa entre as grades. Por fim, após uma nova olhadela em direção à árvore, o animal vai até ela, arranca um galho e, com ele, alcança o alimento. Köhler (1927) acrescenta que o ferro destacava-se opticamente da porta, enquanto um galho é mais dificilmente isolado como objeto independente. No outro exemplo, uma caixa deveria ser utilizada pelo animal para alcançar sua meta, presa ao teto. Mas outro animal encontrava-se sentado sobre a caixa. Esta fora sem dúvida percebida pelo chimpanzé sujeito do experimento, que, após vários saltos inúteis, repousava-se sobre ela. Mas, assim que o outro animal desce da caixa, o primeiro animal empurra a caixa, posiciona-a sob o objetivo e o alcança. Köhler comenta que a caixa, até então, não havia sido vista como instrumento, pois, nesse caso, a conduta habitual dos animais é afastar o companheiro trapalhão. "É apenas a caixa deixada livre por Tercera [nome do chimpanzé que dormia] que aparece como instrumento, e não o lugar sobre o qual ela encontra-se acocorada", diz Köhler (1927, p.169).

Exemplos como esses, tomados a partir do caráter visual do contato do macaco com o meio, significam para Merleau-Ponty que não podemos tomar as relações geométricas e físicas como elementos integrantes do "quadro natural do seu comportamento", do mesmo modo com

A PRIMAZIA DO CORPO PRÓPRIO 107

que figuram no mundo humano. No caso do galho de árvore, suas propriedades capazes de fazer dele um bastão não são acessíveis ao comportamento animal como "propriedades espaciais e mecânicas". O mesmo pode ser dito a respeito das soluções falsas dos exemplos anteriores e a respeito da caixa, no último exemplo descrito. Os objetos possuem um valor de uso para os animais adquirido ao longo da sua experiência no cativeiro. Se quisermos que nossas estruturas mecânicas adquiram um valor, um significado para os animais, é necessário que "estruturas mais fortes" sejam reorganizadas, reorganização que encontra limites.

O erro constante das psicologias empiristas e das psicologias intelectualistas é de raciocinar como se o galho de árvore, como realidade física, tendo nele mesmo as propriedades de comprimento, largura e rigidez que o tornarão utilizável como bastão, os possuiria também como estímulo, de modo que sua intervenção no comportamento fosse evidente. Não percebem que o campo da atividade animal não é *feito de* conexões físico--geométricas, como nosso mundo. Essas relações não estão virtualmente presentes nos estímulos, e não é uma simples abstração que as faz aparecer na regulação do comportamento. Elas supõem uma "estruturação" positiva e inédita da situação. Não devemos nos espantar se, após serem liberadas de conexões biologicamente mais fortes, as relações físico-geométricas se deixam facilmente envolver por elas, e mesmo que elas nunca apareçam no estado puro. (SC, p.124; p.178-9 – grifo do autor)

Como veremos mais adiante, o homem é capaz de experimentar uma realidade objetiva (Buytendijk, 1930, p.68, 72), de fazer face à "estrutura coisa" por meio de uma forma de comportamento que goza de uma liberdade original em relação à ordem vital. Mas isso não implica que nosso mundo seja inteiramente constituído por "conexões físico-geométricas". De fato, na maior parte do tempo, agimos em conformidade com uma física não científica,[2] que, do

---

2 Köhler (1927, p.139) distingue a física do cientista da "física do homem ingênuo", que, no dia a dia, é capaz de realizar inúmeras tarefas, como o empilhamento de objetos, sem levar em conta considerações teóricas acerca do centro de gravidade, por exemplo.

108 DANILO SARETTA VERISSIMO

ponto de vista biológico, é a física mais significativa e que, pode-se dizer, sustenta a possibilidade de uma física teórica. Seria mais correto dizer que o homem ingênuo habita um mundo que, a partir de uma variação da sua atitude natural, pode se apresentar como um mundo real e objetivo. O equívoco das psicologias empiristas é tomar essa representação objetiva do mundo como medida para o estudo do comportamento, que é, pois, reduzido a reações mecânicas em que antecedentes físico-químicos produzem no organismo efeitos espacial e temporalmente objetivos. Essa tentativa fracassa, como mostram os estudos de psicofisiologia sobre os quais se apoia Merleau-Ponty; o comportamento não pode ser reduzido a estímulos, receptores e circuitos associativos. A tentativa contrária centra-se, justamente, nessa atividade capaz de apreender a realidade das coisas e afirma que os eventos objetivos do mundo não podem ser conhecidos senão por uma consciência. Passamos da ordem do em si para a ordem do para si. De um lado como de outro dessa antinomia, encontramos um mundo pleno, passível de articulação, seja pelo pensamento físico seja pela reflexão. O fato é que, no que concerne ao nosso tema específico nesta seção do presente trabalho, seguindo os passos dessas posições antinômicas incorremos em um verdadeiro antropomorfismo. Falamos em "verdadeiro" antropomorfismo porque, para as correntes objetivistas da psicologia, são os estudos que identificam fenômenos de unidade e de sentido no comportamento animal que estariam trabalhando com noções antropomórficas. Mas Merleau-Ponty (SC, p.134) mostra que a prática do reflexo condicionado leva a estados de fadiga e, mesmo, a alterações patológicas dada a dificuldade do animal em reagir a estímulos absolutos, ou seja, a estímulos desligados de um sentido biológico e das suas situações naturais. No entanto, dizer que somos nós que, por reflexão e projeção, articulamos o sentido do comportamento não leva a nenhum avanço, pois restaria responder sobre "qual fenômeno se apoia essa *Einfühlung*,[3] que signo nos convida

---

3 "Empatia", segundo nota do organizador de *A natureza* (cf. Merleau-Ponty, 1994, p.271).

ao antropomorfismo" (SC, p.136; p.197). "O *comportamento*", diz Merleau-Ponty (SC, p.136; p.196), "enquanto tem uma estrutura, não se situa em nenhuma dessas duas ordens". Contra o mecanicismo nas concepções do comportamento, eleva-se o valor que certas situações adquirem para os animais, fazendo delas "situações típicas", e das reações uma "atitude". Merleau-Ponty (SC, p.136; p.197 – grifo do autor) afirma: "o comportamento se separa da ordem do em-si e se torna a projeção fora do organismo de uma *possibilidade* que lhe é interior". E Merleau-Ponty não pressupõe uma espécie de consciência animal ao falar em projeção. Ele refere-se, sim, ao fato de que o mundo habitado por seres vivos não pode ser o mundo pleno e montado a partir de inúmeros elementos ligados por uma corrente causal. Os "gestos do comportamento", diz o filósofo, visam o "ser-para-o-animal", um ambiente "característico da espécie", que biólogos de línguas germânicas, como Uexküll e Buytendijk, denominam *Umwelt*. É a dialética própria da noção de estrutura que entra em jogo aqui. Merleau-Ponty (SC, p.147; p.251) comenta ainda: "Não podemos designar um momento em que o mundo age sobre o organismo, já que o efeito mesmo dessa 'ação' exprime a lei interior do organismo". O essencial aqui é reconhecermos a forma como um "horizonte do conhecimento" se adapta à organização da matéria, da vida e do espírito, mas não como realidade física, vital ou espiritual, mas, sim, como um "objeto de percepção" (SC, p.155). Ou seja, ela não é nem uma coisa, localizada no espaço e no tempo, nem uma força vital que o organismo busca atualizar, e nem o produto de uma consciência constituinte. A forma, ou estrutura, é um conjunto que reflete a unidade dos objetos percebidos, é um "objeto de consciência" pelo qual podemos "pensar o mundo percebido". E a consciência para a qual a estrutura existe não é a consciência intelectual, mas a consciência perceptiva, a consciência que se "abandona" à estrutura concreta das coisas antes mesmo que ela seja convertida em uma "significação exprimível". A estrutura de que trata Merleau-Ponty (SC, p.157, 223, 227, 239) implica a "inteligibilidade em estado nascente" e a abertura para que todo comportamento configure uma

110 DANILO SARETTA VERISSIMO

"conduta de expressão", "um conjunto significativo para uma consciência que o considera" (SC, p.225; p.323). A noção de estrutura é peça fundamental para que possamos compreender o fenômeno do comportamento e considerar seus vários níveis de integração a partir da única perspectiva válida e possível: a experiência que temos do comportamento animal, do comportamento de outrem e de nós mesmos.[4] É a partir da noção de estrutura que Köhler (1927) chega à elaboração de uma definição de inteligência que convém aos chimpanzés e que não se confunde com a ideia de inteligência – aliás, sempre bastante controversa – aplicada ao homem. E é também a partir da noção de estrutura que Merleau-Ponty protege-se do risco de impor aos "modos primitivos do comportamento" formas cabíveis apenas no nível do comportamento simbólico.

Voltemos à psicologia dos símios superiores. São ainda conexões mecânicas que estão em jogo quando se solicita dos animais a realização de atos intermediários em relação à meta. Mas, nesse caso, o chimpanzé, que se orienta, sobretudo, em função da estrutura óptica da situação, deverá lidar com estruturas mais complexas, que devem levá-lo a afastar-se da região do objetivo, o que contraria suas tendências naturais. Köhler (1927) idealizou o seguinte experimento: um chimpanzé, já habituado a utilizar bastões e caixas como instrumentos, foi preso a uma corrente de modo que lhe fosse possível movimentar-se em um raio de apenas quatro metros. De um lado, dentro do seu raio de ação, havia um caixa, e de outro lado, também dentro do seu raio de ação, mas preso na parede a uma altura superior a do animal, um bastão. Entre esses dois objetos, no chão e fora do seu raio de ação, um alimento. O chimpanzé deveria, então, utilizar a caixa para alcançar o bastão e, só, então, ser capaz de arrastar o objetivo para si. A prova começa com o animal apresentando a conduta habitual nos casos em que a solução do problema foi visualizada: uma sequência de atos bem encadeados e que dão a impressão de um "ciclo fechado". Após uma tentativa infrutífera de alcançar diretamente o

---

4 Merleau-Ponty (1996b, p.103) reapresentará essa ideia no artigo intitulado "O metafísico no homem".

A PRIMAZIA DO CORPO PRÓPRIO **111**

alimento, ocorre uma inspeção visual da situação, e, então, o animal dirige-se até a caixa e começa a empurrá-la na direção do bastão. Mas, no caminho até ele, o chimpanzé passa pelo seu objetivo primário e, repentinamente, desvia sua trajetória. Daí, primeiramente, tenta utilizar a caixa como bastão. Em seguida, comete o que Köhler considera um erro grosseiro: sobe na caixa e estende a mão em direção ao alimento, que, na realidade, se encontra ainda mais afastado nessa situação. Por fim, o animal dirige-se ao bastão, mas deixa a caixa completamente esquecida próxima à meta, e, assim, não o alcança. Temos um completo "curto-circuito": o objetivo final, "mais forte" do ponto de vista biológico, atrai para si a atividade auxiliar, que, por sua vez, é realizada de um modo maquinal que nos faz lembrar os comportamentos condicionados, por vezes, desprovidos de qualquer sentido vital. Merleau-Ponty (SC, p.124-5; 179-80) se exprime da seguinte forma acerca desses resultados:

[...] esse fenômeno de "curto-circuito" mostra que o chimpanzé não consegue desenvolver num tempo e num espaço indiferentes um comportamento regulado pelas propriedades objetivas dos instrumentos, que está sempre exposto à solicitação do futuro próximo ou da proximidade espacial, que vêm definir ou deslocar a estrutura da ação.

Tudo indica que o tempo em que o animal vive mantém-se nos limites do atual, de modo análogo à proximidade espacial que deve haver entre a meta e os objetos para que estes possam ter o valor de um instrumento. Afastados do "ponto crítico", esses objetos perdem seu caráter funcional, perdem sua "força vetorial". Eles devem ser vistos simultânea ou quase simultaneamente à meta (Köhler, 1927, p.35, 50).

Os experimentos de Köhler também evidenciaram situações em que dados ópticos de estrutura aparentemente simples desafiam ou mesmo ultrapassam as possibilidades de organização dos chimpanzés. Quando se tratava de utilizar um bastão em forma de T para puxar o alimento fora de alcance para dentro da jaula, era com dificuldade que os animais conseguiam posicionar a extremidade do bastão de modo a possibilitar sua passagem entre as grades. Além disso, raramente os

112 DANILO SARETTA VERISSIMO

chimpanzés davam-se conta da utilidade dessa extremidade na tarefa de puxar o alimento. Dificuldade ainda maior era experimentada quando se tratava de trazer para dentro da jaula uma escada, de modo que se pudesse alcançar um alimento suspenso. Em outro experimento, o bastão necessário para alcançar o alimento estava preso por uma corda. Na extremidade desta, havia uma argola larga e presa a um prego que se destacava verticalmente em cerca de dez centímetros de uma pesada caixa. Para levar o bastão até o alimento, o animal deveria ser capaz de dar-se conta da conexão entre a argola e o prego e desfazê-la. No entanto, esse "complexo óptico" mostrou-se difícil de dominar (ibidem, p.234-9).

Nos chimpanzés, uma ligação semelhante à que existe entre relações mecânicas e dados ópticos pode ser identificada no tocante às relações estáticas. Mas este é um dos casos em que os aspectos ópticos da situação ultrapassam claramente os limites dos animais, fazendo dessas relações algo bastante lacunar para eles. O problema das relações estáticas torna-se evidente nos experimentos em que os chimpanzés devem empilhar caixas umas sobre as outras de modo a alcançar um objetivo preso a grande altura. Em realidade, o animal deve solucionar dois problemas, mas mostra-se capaz de resolver verdadeiramente apenas um deles. O primeiro passo exige que o animal se dê conta de que sua conduta habitual de posicionar apenas uma caixa sob a meta não é suficiente e que ele deve, então, "aperfeiçoar" seu instrumento, empilhando uma, duas ou até três caixas sobre a primeira. Até aí, Köhler via os animais esboçarem "verdadeiras soluções", com estruturação óptica da "situação total" seguida de atos encadeados a formar um "ciclo fechado". No entanto, no momento de realizar a construção, os chimpanzés passavam à "manipulação cega de uma caixa em torno da outra". Köhler notou que o aspecto óptico da situação não possuía uma "significação manifesta" na construção. O que contava para o animal não era o posicionamento estável das caixas do ponto de vista estático, mas a ocorrência ou não de oscilação na construção. A percepção de uma ligeira vibração era motivo para que o chimpanzé voltasse a movimentar as caixas até que, por acaso, ela cessasse. Daí, então, o animal sentia-se seguro para escalar a edificação, mesmo que

A PRIMAZIA DO CORPO PRÓPRIO **113**

o ponto de apoio de uma caixa sobre a outra fosse insignificante e assegurasse um equilíbrio apenas precário e impossível de se manter no caso de uma mínima sobrecarga. Se algo vacilasse em uma construção regular do ponto de vista estático, as caixas eram remexidas de modo a poder dar origem a uma "obra falsa", mas que tranquilizava o animal. Alguns chimpanzés, tendo colocado uma caixa sobre outra e tendo percebido que mesmo assim não haveria altura suficiente para atingir a meta, colocavam a caixa de cima em posição diagonal. Trata-se de uma "boa falta", pois soluciona uma parte do problema, a questão da altura, mas que deixa intacta a outra, a de construir um instrumento estável estaticamente. A escalada dessas construções bizarras era, no mais das vezes, rapidamente interrompida pelo seu desmoronamento. Conforme as observações de Köhler, nos casos em que isso não ocorria, era porque entrava em jogo uma espécie de "terceira estática", que não se aproxima nem da nossa estática científica nem da nossa estática ingênua. Trata-se de uma estática corporal, fundada não em dados visuais, mas em dados interoceptivos do chimpanzé. O pesquisador faz o seguinte comentário:

> Se ele [o chimpanzé] se encontra sobre uma construção que deixa o espectador angustiado, todo movimento e toda inclinação suspeita que se faz sentir é admiravelmente compensada por um deslocamento do centro de gravidade do corpo, um levantamento do braço, uma curvatura do tronco, de modo que as próprias caixas sob o animal obedecem, numa certa medida, à sua estática cerebelo-labiríntica. Pode-se dizer que o próprio animal, com a distribuição finamente regulada do seu peso, é um elemento constitutivo de grande parte das construções, elemento sem o qual a construção deve desabar. (Köhler, 1927, p.142-3)

Em suma, para o autor, a preparação de instrumentos que envolvem estática era solucionada não de forma "inteligente", mas por tentativa e erro. Segundo Köhler (1927, p.142): "Vê-se o que se passa quando, pela primeira vez, o chimpanzé deixa de tratar a situação do ponto de vista óptico, sem dúvida porque esse método não pode mais lhe dar os elementos necessários". Köhler fala, então, em "debilidade

114 DANILO SARETTA VERISSIMO

óptica" ou em limites da "inteligência óptica" do chimpanzé no que tange a relações de estática. Merleau-Ponty não compactua com a ideia de debilidade óptica. Ela contraria a interpretação estrutural do comportamento na medida em que elege um setor comportamental, o da percepção visual, como o núcleo causal de uma série de fatores observados na conduta do animal. O filósofo, atento a todas as implicações que o desenvolvimento consequente da noção de forma possa ter tanto na "ordem experimental" quanto na "ordem reflexiva", preocupa-se em delinear o significado, a "estrutura do funcionamento orgânico" imanente às observações do comportamento do chimpanzé. Assim, Merleau-Ponty é capaz de situar a originalidade das relações físico-geométricas nesses animais no contexto de uma cadeia de liberdade crescente em relação às "aderências", impostas pelo "quadro das condições naturais" que determinam a vida orgânica, às situações atuais e concretas nas quais se encontra o organismo. Essa "física animal" exposta pelos estudos de Köhler representa uma estruturação orgânica complexa, capaz de constituir um meio que lhe seja imanente, um *Umwelt*, particularmente articulado; ela demonstra, sobretudo, um alto grau de autonomia em relação aos *a priori* biológicos. No entanto, a "monotonia" imposta pelas suas condições naturais ainda se faz fortemente presente. Se o chimpanzé mostra-se capaz de desenvolver atividades novas sob a pressão da necessidade, como o emprego de instrumentos, é essa mesma pressão que muitas vezes o impede de ir até o fim desse processo. É o que ficou claro nos experimentos em que o apego à meta primária impedia que o animal se encarregasse da meta intermediária que o levaria à plena consecução da tarefa. Nesse caso, a "direção primária e biológica" é o motivo do "curto-circuito" observado. É ainda o apego ao atual e ao concreto que se expressa na "debilidade visual" dos chimpanzés. A presença de uma mecânica e de uma estática particulares a esses animais expressa uma estrutura de comportamento que esboça uma nova forma em relação à "conduta do sinal", mas que permanece atrelada aos *a priori* orgânicos. Há uma forte relação entre as prescrições biológicas do comportamento e os limites espaçotemporais aos quais o organismo se mostra enquadrado. Essa relação será explorada a seguir.

A PRIMAZIA DO CORPO PRÓPRIO **115**

A ordem vital

Os animais mais simples que conhecemos já agem no meio conforme uma dialética que não pode ser reduzida a que encontramos entre as formas físicas e as condições exteriores que atuam sobre elas. Certos animais como os seres unicelulares, os insetos e algumas espécies marinhas, como os pólipos e as anêmonas, apresentam reações de tropismo acentuadas. Eles podem ser atraídos ou repelidos pela luz, por agentes químicos, por calor etc. Buytendijk (1928) mostrou como se pretendeu explicar completamente o comportamento desses animais por meio do tropismo, e até mesmo o de animais mais complexos da escala zoológica. Levada ao extremo, a teoria do tropismo anula a intervenção de fatores fisiológicos no comportamento e o reduz à ocorrência de processos físico-químicos. Esses animais seriam verdadeiros autômatos. Seguindo-se o princípio explicativo dos tropismos, que faz do movimento o fruto de desequilíbrios físico--químicos, chegou-se até a construir-se uma máquina heliotrópica, cujo funcionamento confirmaria a teoria biológica. Retornamos ao problema abordado quando discutimos a questão dos comportamentos privilegiados. As relações entre o indivíduo orgânico e o seu meio podem ser reduzidas às de um sistema físico e de seu entorno? A teoria dos tropismos não se mostra de acordo nem mesmo com a noção de estrutura aplicada à física, pois ela trata de "séries causais lineares" de fenômenos físico-químicos atrelados a trajetos orgânicos isolados. É com a física clássica que ela trabalha e, portanto, ela trata como indivíduos os elementos do sistema. Ao contrário, a noção de forma, "imposta pelos fatos", como diz Merleau-Ponty (SC, p.147), opera com a ideia de individualidade molar.

> Toda mudança local se traduzirá [...] numa forma através de uma redistribuição das forças que assegurará a constância de sua relação; é essa circulação interior que *é* o sistema como realidade física, e ele é composto de partes apenas na mesma medida em que a melodia, sempre transponível, é feita das notas particulares que nela percebemos e que são sua expressão momentânea. Unidade interior inscrita num segmento

116 DANILO SARETTA VERISSIMO

de espaço e resistente, por sua causalidade circular, à deformação das influências externas, a forma física é um indivíduo. (SC, p.148; p.213)

A forma, na medida em que assegura uma resistência às forças exteriores e a estruturação constante de um campo de forças no caso de rompimento dessa resistência, introduz a "duração" já nos sistemas físicos. A alteração de um sistema dá-se por "saltos ou crises"; assim a história desses eventos é a história desse sistema e das leis que o exprimiam (SC, p.148-54). Mas retornemos ao problema dos tropismos. A traça, que vemos voar em direção à luz, procura um lugar retirado e escuro no momento de botar seus ovos. Pequenos peixes que, em condições naturais de vida, mostram-se fototrópicos positivos, quando deixados em grandes aquários, retiram-se para o fundo da peça. Já em pequenos recipientes, em que a parte mais profunda não representa um abrigo suficiente, os peixes mantêm-se próximos à superfície. Buytendijk (1928, p.60), a quem devemos essas observações, comenta: "Na natureza, não há tropismos cegos, imperiosos, dominando os atos dos animais, mas vários instintos complicados, de acordo com os objetivos". Além disso, o pesquisador faz referência a experimentos em que formas inferiores de crustáceos adquiriram hábitos temporários que contrariavam a "tendência original ao movimento fototrópico". É diante de dados descritivos e experimentais como esses que Merleau--Ponty (SC, p.162; p.234) afirma: "Devemos pois esperar encontrar nos comportamentos dos organismos mais simples uma regulação diferente da dos sistemas físicos". O modo com que os próprios organismos se ajustam às ações que as coisas exercem sobre ele, o modo com que ele delimita seu próprio meio "não tem análogo no mundo físico" (SC, p.161; p.232). O compromisso do organismo não é com o mundo físico ou real, que identificamos conforme a atitude teórica natural, mas com o seu meio como expressão das suas significações vitais. E são essas mesmas significações vitais que encontramos ao interrogar os aparelhos através dos quais os comportamentos se efetuam. Tais aparelhos não possuem nenhum valor destacados do valor vital da conduta; a anatomia é incapaz de revelar o sentido de um comportamento. "A ciência da vida", afirma Merleau-Ponty (SC,

A PRIMAZIA DO CORPO PRÓPRIO 117

p.161; p.233), "só pode ser construída com noções feitas sob medida e emprestadas de nossa experiência do ser vivo". O filósofo retoma a discussão acerca da diferença entre os movimentos de abdução e de extensão e os de adução e de flexão, e, com isso, volta a basear-se no posicionamento teórico de Goldstein. Essa diferença não encontra sua pedra de toque nos dados anatômicos, no fato de que os primeiros dependem, sobretudo, da atividade medular, e os segundos, da atividade cortical. Uma análise dos grupos musculares a partir dos quais eles são efetuados pode ser ainda menos interessante, visto que, conforme as circunstâncias, a musculatura efetora pode mudar sem que o caráter funcional da operação adquira outra fisionomia. Em realidade, esses movimentos expressam diferentes atitudes do organismo em relação ao meio. Enquanto os movimentos de extensão possuem relação com uma atitude passiva e desinteressada diante do mundo, os movimentos de flexão referem-se a uma tomada de posição ativa e direcionada, uma "irradiação" mais implicada dos interesses vitais do organismo no meio. Com efeito, nossa atenção não deve se voltar para "segmentos particulares do corpo", como comenta Goldstein (1983), mas para o seu todo e para as diferentes atitudes que ele expressa. É a partir desse ponto de vista que os detalhes podem adquirir um sentido adequado. É só assim, por exemplo, que podemos compreender o valor da corticalização das atividades orgânicas. O autor observa, ainda, que a diferenciação entre as operações de extensão e de flexão não é tão demarcada no animal quanto no homem. Prova disso é que lesões corticais em animais não alteram profundamente esses dois tipos de movimentos. Um dos comentários do autor acerca desse fato possui particular interesse para nós. Ele afirma:

> É por isso, aliás, que o animal aparece normalmente como mais ligado ao mundo, como a não dispor de liberdade e como impossibilitado de tomar um recuo em relação ao mundo. Assim podemos *ver na separação das operações de flexão e das operações de extensão, a expressão de duas maneiras fundamentais de se comportar* que se poderia utilizar para estabelecer uma hierarquia. Poder-se-ia, pois, distinguir um grau *superior* e um grau *inferior*. (Goldstein, 1983, p.394 – grifos do autor)

118 DANILO SARETTA VERISSIMO

Aproveitemos a ideia de hierarquia para retornar aos animais mais simples da escala zoológica. Merleau-Ponty (SC, p.114; p.163) fala em "formas sincréticas" para referir-se ao comportamento desses animais, "aprisionados no quadro das suas condições naturais" e que não tratam "as situações inéditas senão como alusões às situações vitais que lhe são prescritas". O autor faz alusão aos invertebrados de modo geral, mas utiliza, também, exemplos retirados de observações com anfíbios. De modo geral, os experimentos descritos por Buytendijk, alguns dos quais referidos por Merleau-Ponty, mostram que mesmo esses animais são capazes de modificar suas reações habituais por meio da experiência. No entanto, quer se trate de associações e dissociações entre diferentes estimulações devidas ao acaso do ambiente natural, quer se trate de associações e dissociações planejadas por um experimentador, as respostas dos animais poderão sempre ser enquadradas no leque de montagens instintivas que lhe são naturais. Sobretudo, deve-se sublinhar o fato de que a formação de um novo hábito nesses animais é fortemente influenciada pelo envolvimento, na situação, de um objeto que tenha uma significação instintiva para o animal. Assim, um sapo aprenderá com dificuldade a se locomover em um labirinto cujo trajeto o faz se afastar das regiões escuras do aparelho, as quais correspondem às suas fortes tendências naturais, mas aprenderá rapidamente a não ingerir um tipo de inseto cujo gosto é ruim.

No interior da "ordem vital" – ordem em que as estruturas passam a delimitar seu meio de existência em conformidade com uma essência vital, fruto dessas próprias estruturas – podemos falar em novas "estruturas do comportamento" em relação às "formas sincréticas" quando sinais independentes das "montagens instintivas da espécie" passam a adquirir um sentido para o animal, ou quando condutas ainda mais integradas admitem uma certa variação na estrutura espaçotemporal entre os estímulos e as respostas. Merleau-Ponty denomina essas novas estruturas "formas amovíveis" de comportamento. A "conduta do sinal" admite as ideias de estímulo condicionado e de estímulo incondicionado, mas não nos moldes do pensamento realista do behaviorismo. Se o animal adapta-se à contiguidade espacial ou temporal dos estímulos é porque essa contiguidade adquire um sentido para o

A PRIMAZIA DO CORPO PRÓPRIO 119

organismo. Merleau-Ponty, em diversas passagens de *A estrutura do comportamento*, mostra como o behaviorismo explica mal a relação entre a contiguidade dos estímulos condicionados e incondicionados, e o comportamento. Na teoria do reflexo condicionado, essa contiguidade refere-se a uma sucessão de excitações e de reações que ocorrem no organismo como "uma série de eventos exteriores uns aos outros" (SC, p.105). Se diante de um estímulo qualquer o animal realiza uma série de movimentos que o levam à meta, essa série de eventos é fixada em seus mecanismos nervosos. O que não é possível compreender é como o estímulo incondicionado é capaz de colocar em ação todo esse processo sem que haja qualquer relação prospectiva entre a conduta anterior e a meta.

> Mas, se na verdade a aprendizagem é apenas um caso particular da causalidade física, não vemos como a ordem do fluir temporal se inverteria, como o efeito poderia tornar-se causa de sua causa. [...] É preciso que as atitudes que levarão ao objetivo ou o substrato fisiológico delas possuam – antes que o animal as tenha "tentado" ou após terem sido bem-sucedidas – alguma propriedade distintiva que as designe para o sucesso e as integre na "percepção" do objetivo. Resta entender a relação que se estabelece entre o objetivo e as ações preparatórias, dando um sentido para a multiplicidade dos movimentos elementares que estas combinam, delas fazendo um ato no sentido próprio do termo, uma criação inédita a partir da qual a história do comportamento é qualitativamente modificada. (SC, p.105; p.150-1)

É a uma "estrutura de conjunto" que pertencem o estímulo incondicionado e o estímulo condicionado, estrutura que dá o sentido dessas partes, isoladas abstratamente por meio de um pensamento analítico, e à qual devemos incluir, ainda, os *a priori* biológicos de cada espécie. Buytendijk (1930) adestrou um cão a escolher, entre cinco portas dispostas em círculo, a que tivesse o desenho de um triângulo equilátero. Feito isso, outras figuras – um círculo, um quadrado, um hexágono e um triângulo com a base bem estreita – passaram a ser colocadas nas portas restantes. O cão continuou mostrando-se capaz de escolher a porta correta. Quando o triângulo equilátero era omitido, o cão não abria porta alguma. Quando o triângulo foi apresentado de ponta-cabeça, o cão não foi capaz de reconhecê-lo. Mas, se todas as figuras fossem apresentadas numa posição modificada, o cão era, então, capaz de dirigir-se ao triângulo equilátero em posição invertida. Experimentos similares foram realizados com um cão retido num local em que ele poderia abrir uma porta e encontrar alimento sempre que uma determinada figura fosse projetada em uma tela. Após mais de mil repetições, não foi possível adestrá-lo em relação à figura de um triângulo imóvel. O animal respondia a outros sinais, como os sons da movimentação do filme ou a movimentos do experimentador. Mas o adestramento foi rapidamente atingido quando se fez a figura passar lentamente pela tela. Se levarmos em conta o experimento anterior, percebe-se que o cão preso reage com dificuldade a uma figura imóvel. Há um dinamismo nessas situações e não apenas uma ligação entre determinadas excitações e certos movimentos. "O sinal é uma configuração", diz Merleau-Ponty (SC, p.116). O seu "poder reflexógeno" liga-se à fisionomia da situação total, que adquire sentido para o organismo na medida do seu modo próprio de se comportar em relação ao *seu meio*.

Estruturas mais complexas e que exigem condutas mais integradas do que a "conduta elementar do sinal" podem ser observadas. A simples contiguidade entre os estímulos condicionado e incondicionado é substituída por relações que exigem ações intermediárias, o que aumenta a complexidade da sua distribuição no espaço e no tempo. Köhler (1927) relatou experimentos em que cães e galinhas eram separados do alimento por uma cerca. Mas os animais poderiam alcançar a meta se contornassem um muro lateral que os separava da área em que se encontrava o alimento. Os animais deveriam, então, inicialmente, se afastar da meta, inclusive perdendo o contato visual com ela. Em um primeiro experimento com um cão, o alimento foi deixado a aproximadamente um metro da cerca. O animal, após um primeiro momento de espanto diante da interdição, dá meia-volta e descreve a curva que o leva ao alimento. Mas, se este é deixado encostado à cerca, apenas a alguns centímetros do focinho do cachorro, o animal permanece,

A PRIMAZIA DO CORPO PRÓPRIO **121**

então, parado diante dele. A concentração sobre a meta impede-o de realizar o desvio. Com galinhas, o resultado é mais variável. Mas elas jamais descrevem o desvio diretamente. Elas apenas o fazem se o seu vai-e-volta diante da cerca as afasta em direção ao muro, de forma que o desvio se dá quase que ao acaso. Crianças nas quais a marcha é uma atividade recém-adquirida não apresentam dificuldades em experimentos semelhantes.

Outros experimentos exigem algo análogo a relações lógicas ou objetivas. Se colocarmos numa superfície qualquer várias séries de quatro grãos de arroz dos quais três estão fixados à superfície e apenas o quarto grão encontra-se livre, uma galinha aprenderá a não bicar senão o quarto grão (Buytendijk, 1928). Mas um símio inferior não será capaz de sair-se bem na seguinte prova, descrita por Buytendjik (1930) e retomada por Merleau-Ponty (SC, p.118-9): cinco a oito latas idênticas são dispostas alinhadas uma ao lado da outra. Em provas consecutivas, o animal poderá encontrar o alimento sempre na lata ao lado da qual ele fora encontrado anteriormente, seguindo sempre uma mesma ordem. Solicita-se, em suma, que o animal dirija-se sempre "à lata seguinte" e não àquela em que o alimento estava na prova anterior. Crianças expostas à mesma prova compreendem após duas ou três tentativas o princípio envolvido na tarefa. As latas devem ser visitadas "na ordem de suas distâncias crescentes".

[...] é justamente essa ordem que devemos explicar. O estímulo adequado dessa reação encontra-se numa relação constante que une o próximo estímulo ao estímulo precedente, a caixa a ser visitada à caixa visitada, e que exprimimos dizendo que é preciso "sempre pegar a seguinte". Essa relação é invariável nela mesma, mas seu ponto de aplicação é diferente a cada nova tentativa e seria inútil sem ele. Vale dizer que o estímulo adequado se define por uma dupla referência à ordem espacial de um lado, e à ordem das operações efetuadas de outro. Uma reação a essas duas relações não é abstrata, já que estas tomam, em cada caso, um valor singular; não é tampouco uma reação àquilo que existe de individual em cada caixa, já que é a ordem de conjunto que confere a cada uma delas seu valor de estímulo positivo. (SC, p.119; p.171)

Para Merleau-Ponty, a criança é capaz de "liberar-se da estrutura elementar" e concreta que faz de cada lata um reflexógeno positivo. Podemos acrescentar que a criança desprende-se do atual e dá conta de uma dimensão virtual da tarefa; o alimento estará sempre em outro lugar.

Chegamos, portanto, aos pontos limítrofes da adaptação dos animais às estruturas que desafiam a conduta dos sinais em direção a distribuições espaçotemporais cada vez mais complexas. Voltemos aos símios antropoides para, então, passarmos a "um nível de conduta original", o do comportamento simbólico. A descrição de um último experimento, realizado por Köhler (1927), faz-se necessária. Do lado de fora da jaula, o pesquisador instalou, no chão, o que ele denominou "prancha para desvios". Trata-se, simplesmente, de um objeto parecido com uma gaveta à qual falta uma das paredes verticais. A prancha é posicionada de modo que o lado aberto fique voltado não para a jaula, mas para o lado oposto a ela, e dentro da prancha é colocada uma banana. O chimpanzé, munido de um bastão, deve ser capaz de trazer o alimento até si, tarefa que somente poderá ser plenamente realizada se o objetivo for, inicialmente, afastado, levado a contornar as paredes da prancha e, só então, arrastado até o alcance do animal. Todos os animais expostos ao experimento partiam da tentativa de trazer diretamente para si o alimento e, obviamente, fracassavam. Alguns perseveravam indefinidamente nessa tentativa. Apenas um animal, após o fracasso inicial, solucionou o problema, conduzindo o alimento na direção de 180 graus, depois realizando a curva do desvio e, finalmente, trazendo o objetivo até si, numa cadeia de atos bem estruturada. A maioria dos animais aprendia a solução adequada depois que movimentos bruscos levassem, acidentalmente, o alimento para perto da parte aberta. Assim, pela primeira vez, realizavam a curva do desvio e empregavam-na nas provas seguintes. Mas todos os animais, sem exceção, quando retomavam os experimentos, após um ou mais dias de intervalo, partiam da tentativa de atrair o alimento diretamente para si, mostrando, segundo Köhler (1927), uma acentuada resistência ao desvio.

A PRIMAZIA DO CORPO PRÓPRIO **123**

A estrutura de comportamento expressa pelo chimpanzé pressupõe uma estruturação do campo inédita e mais articulada em relação à que encontramos na "conduta dos sinais". O chimpanzé é capaz de conferir um valor funcional aos objetos que ele encontra no seu ambiente. É isso que fica patente ao considerarmos as relações mecânicas que ele é capaz de estabelecer entre os objetos de natureza. Gatos e cachorros, por exemplo, não são capazes de realizar nada parecido. Se um pedaço de carne é preso a um barbante que vai até o solo, é somente por acaso, ao jogar com o barbante, que o cão adquire o hábito de puxá-lo para conseguir o alimento. Mas o objeto utilizado pelo chimpanzé não é o objeto-coisa, e sim um objeto da sua natureza.

> Vimos que a caixa-sede e a caixa-instrumento são, no comportamento do chimpanzé, dois objetos distintos e alternativos, e não *dois aspectos* de uma *coisa* idêntica. Em outros termos, a cada momento, o animal não pode adotar com relação aos objetos um ponto de vista escolhido com discrição, mas o objeto aparece revestido de um "vetor", investido de um "valor funcional" que dependem da composição efetiva do campo. Esse é para nós o princípio das insuficiências que notamos em seu comportamento. (SC, p.127; p.183)

É nesse sentido que Merleau-Ponty afirma que o instrumento do qual se serve o chimpanzé não configura um instrumento no seu sentido pleno. Sob a "pressão da situação", um objeto adquire um sentido funcional que permanece aderido a ele. É até possível que, sob uma pressão configurada diferentemente, outro sentido impregne o objeto, mas ainda não é de um objeto-coisa que falamos. Vimos que o chimpanzé, no momento do seu embaraço diante da tarefa que exige a consideração de uma meta intermediária, faz da caixa um bastão. Depois sobe na caixa para tentar alcançar a meta final. E quando se dirige à meta intermediária, esquece-se completamente da caixa, objeto que lhe seria útil naquele momento, mas que permaneceu aderida à meta final. Merleau-Ponty comenta que o galho de árvore utilizado como bastão pelo chimpanzé é suprimido como galho de árvore. "Ao contrário, para o homem", diz o autor, "o galho de árvore transformado em bastão continuará justamente um galho-de-árvore-transformado-em-bastão,

124 DANILO SARETTA VERISSIMO

uma mesma 'coisa' em duas funções diferentes, visível 'para ele' sob uma pluralidade de aspectos" (SC, p.190; p.273 – grifos do autor). Quanto ao experimento com a "prancha para desvios", Merleau-Ponty questiona--se acerca da diferença envolvida nas tarefas de realizar um desvio com o próprio corpo e de levar a meta a passar por um desvio na perspectiva do animal. "O que impede as estruturas exteroceptivas de adquirir a mesma plasticidade que encontramos nas estruturas proprioceptivas?", pergunta o filósofo (SC, p.127; p.184). Fazendo referência aos pacientes portadores de agnosia, para quem a tarefa de orientar-se por meio de um mapa oferece grandes dificuldades, e, ainda, aos momentos em que estamos suficientemente fatigados para, por exemplo, descrever oralmente um determinado trajeto a alguém de modo adequado, Merleau--Ponty observa que é ao "espaço vivido" que fazemos referência em detrimento do "espaço virtual": nesses casos, recorremos aos gestos como pontos de apoio. O campo virtual é, assim, ancorado nas "estruturas fortes do nosso corpo". O "espaço virtual" é o espaço no qual não estamos concretamente, mas que habitamos ou podemos habitar com mais ou menos esforço, por meio de uma intenção voluntária ou involuntária. Representamo-nos visualmente um itinerário, fazendo apelo a uma "intencionalidade de ato",[5] e apreendemos os objetos que encontramos ao nosso redor, temo-los inteiramente presentes, sem que tenhamos acesso a todos os seus aspectos visíveis (intencionalidade de horizonte). Um babuíno a quem um experimentador apresenta duas laranjas, uma verdadeira e outra falsa, feita com gesso e papel, estende-se para pegá-las com o mesmo interesse. Se a laranja falsa é apresentada do lado em que possui um rasgo, o animal rejeita-a. Mas, se diante dos seus olhos, a laranja é virada de modo a ocultar o rasgo, o animal agarra-a imediatamente (Buytendijk, 1928). É a dimensão vivida aqui e agora que é habitada pelo animal. A ele falta a dimensão do virtual, que faz com que mesmo os aspectos "invisíveis" das coisas contem para nós. É esse mesmo apego ao concreto e ao atual que está envolvido na impossibilidade do animal de variar suas perspectivas. Merleau-Ponty (SC, p.128; p.185 – grifos do autor) exprime-se do seguinte modo:

---

5 No sentido empregado por Husserl (cf. Moura, 2007).

A PRIMAZIA DO CORPO PRÓPRIO 125

[...] *fazer com que o objeto faça* um desvio é traçar, com o nosso próprio gesto, o símbolo do movimento que teríamos que fazer se estivéssemos em seu lugar, é estabelecer uma relação entre relações, é uma estrutura ou uma intenção à segunda potência. O que falta ao chimpanzé é a capacidade de criar entre os estímulos visuais (e entre as excitações motoras que suscitam) relações que exprimem e simbolizam suas mais familiares melodias cinéticas. O animal não pode se colocar no lugar do objeto e ver a si próprio como o objetivo. Não pode variar os pontos de vista, como não poderia reconhecer uma mesma *coisa* de diferentes perspectivas.

Segundo Merleau-Ponty, o que conta nas tarefas que envolvem o desvio de objetos, assim como nas tarefas que envolvem estática, são relações de expressão recíproca entre o corpo e as coisas. A corporeidade animal é tomada pelo filósofo como um "invariante imediatamente dado" (SC, p.128), o que quer dizer que, sobre a diversidade dos seus aspectos manifestos, uma unidade estrutural autóctone emerge na espontaneidade da ação. No entanto, o objeto exterior nunca é tratado pelo animal como uma unidade comparável à do seu corpo. É nesse ponto que Merleau-Ponty identifica a carência das formas amovíveis do comportamento. O investimento recíproco entre o objeto e o corpo, a expressão do corpo na coisa e a expressão da coisa no corpo exigem estruturas próprias ao "comportamento simbólico" (Merleau-Ponty, 2002b, p.28). Essa forma de comportamento, própria do homem, aparece como aquilo que assegura o investimento recíproco para além dos limites dos *a priori* biológicos. O modo de ser corpo do animal admite a relação com objetos de natureza, mas não com a "estrutura coisa". É por isso que o chimpanzé não é capaz de realizar construções estáveis, apesar da sua notável habilidade para se equilibrar sobre elas. Merleau-Ponty (SC, p.128; p.185-6) comenta:

[...] a equilibração de um objeto exige o estabelecimento de uma correspondência termo a termo entre certas relações espaciais dos estímulos visuais e certas atitudes do corpo. O animal teria que tratar certos estímulos visuais e certos estímulos interoceptivos como representantes uns dos outros.

126 DANILO SARETTA VERISSIMO

É nesse sentido, mostra o autor, que a debilidade visual do chimpanzé, apontada por Köhler (1927), deve ser compreendida. Ela expressa uma impotência geral diante do "espaço virtual", do possível, e do caráter de "coisa" dos objetos. Merleau-Ponty, fiel a seu propósito de fazer progredir a inteligibilidade da noção de forma, não admite que o comportamento do chimpanzé possa ser explicado pela soma de fatos exteriores uns aos outros. Poder-se-ia atrelar o fato de que o chimpanzé não adota a posição "em pé" como atitude natural, bem como sua capacidade de equilibração corporal, ao desenvolvimento do seu sistema cerebelo-labiríntico, e, por outro lado, atrelar sua inabilidade para a construção aos seus limites visuais. Contudo, diz, o autor, esses três fatos significam uma mesma coisa, "exprimem, todos os três, uma mesma estrutura do funcionamento orgânico, um mesmo estilo de existência, são três manifestações de um comportamento adaptado ao imediato e não ao virtual, aos valores funcionais e não às coisas" (SC, p.130; p.188). É por meio da sua estrutura de conjunto que o comportamento adquire um sentido. É ela que nos permite olhar, então, para o comportamento simbólico como uma "conduta original" em relação às formas amovíveis, não pela adição de um novo elemento ao comportamento, no caso, a razão ou o psiquismo, mas como uma nova estruturação orgânica capaz de gerar uma nova dialética entre o organismo e o meio.

5
A ORDEM HUMANA
E O COMPORTAMENTO SIMBÓLICO

Percepção, ação e função simbólica

"No comportamento animal os signos permanecem sempre sinais e nunca se tornam símbolos." É assim que Merleau-Ponty (SC, p.130; p.189) define a diferença essencial entre o comportamento animal e o comportamento humano. Para nós, o signo não possui o valor de um evento anunciativo de um outro evento, mas, sim, constitui o "tema próprio de uma atividade que tende a *exprimi-lo*" (SC, p.131; p.189 – grifo do autor). A intenção e o ato, e aquilo a que eles visam convergem sob a direção de um mesmo "princípio geral", e o visado aparece sobre a plataforma do seu caráter próprio de "coisa", ou seja, sob "múltiplos aspectos". Merleau-Ponty busca exprimir-se mais concretamente apegando-se ao exemplo de um organista. Por certo, o músico aperfeiçoara hábitos motores que lhe permitem desenvolver a contento sua arte. Mas, segundo o filósofo, tais hábitos não consistem na fixação de "melodias cinéticas" que correspondam a estímulos visuais determinados: as notas musicais. O organista é capaz de *improvisação*, ele é capaz de executar uma música nunca antes executada, ele é capaz de transpô-la para outra tonalidade ou, ainda, de tocá-la em um instrumento que difere do seu instrumento habitual. Isso porque a notação musical, os gestos do instrumentista e o som fazem parte de uma mesma "essência musical".

128 DANILO SARETTA VERISSIMO

Uma mesma estrutura, um mesmo "núcleo de significado" garante entre esses três conjuntos uma "comunicação interior". Nesse contexto, análises fragmentárias perdem espaço. É possível que, se indagado sobre a técnica empregada num determinado trecho, o músico nada tenha a dizer a respeito, ainda mais se se tratasse de uma improvisação. Ele fizera o que fora necessário para a execução daquele trecho. Isso é tudo.

A relação da expressão com o exprimido, simples justaposição nas partes, é interior e necessária nos conjuntos. O valor expressivo de cada um dos três conjuntos com relação aos dois outros não é um efeito da sua frequente associação: é a razão dessa associação. (SC, p.132; p.191)

Merleau-Ponty faz apelo a uma "significação musical", "estrutura de estruturas", que identifica a representação gráfica das notas, os gestos e os sons produzidos, e que enlaça o que possa haver de contingente na notação musical, na construção dos instrumentos e nos conjuntos motores necessários à execução de um trecho musical. Com efeito, o filósofo mostra que a resposta simboliza internamente com o estímulo; uma única propriedade estrutural e imanente a ambas faz-se presente. Essa simbolização interna difere claramente do que encontramos no comportamento animal. O estímulo é *liberado* das relações atuais e funcionais estabelecidas pelos instintos próprios de cada espécie. Voltemos às palavras de Merleau-Ponty (SC, p.133; p.192-3 – grifos do autor):

> Os *a priori* sensório-motores do instinto ligavam o comportamento a conjuntos individuais de estímulos e melodias cinéticas monótonas. No comportamento do chimpanzé, os temas, se não os meios, permaneciam fixados pelo *a priori* da espécie. Com as fórmulas simbólicas, surge uma conduta que exprime o estímulo por si mesmo, que se abre para a verdade e para o valor próprio das coisas, que tende à adequação do significante e do significado, da intenção e daquilo a que ele visa. Aqui o comportamento não *tem* mais apenas uma significação, *é* ele mesmo significação.[1]

---

1 A tradução que adotamos utiliza a palavra "significado" e não "significação". Contudo, preferimos esta última notação, pois entendemos que Merleau-Ponty faz referência ao comportamento como ato de significar.

A PRIMAZIA DO CORPO PRÓPRIO **129**

Não é por acaso que Merleau-Ponty inicia sua exploração do comportamento simbólico justamente pela discussão dos hábitos motores, ou seja, por uma perspectiva claramente corporal. Essa perspectiva afronta uma pretensa dimensão racional pura do comportamento humano, dimensão que não pode ser destacada da sua encarnação. É nesse contexto que o filósofo relembra o doente estudado por Gelb e Goldstein cujos sintomas, como a ausência da intuição dos números e a incapacidade de compreender analogias, evidenciam uma "aderência ao atual", bem como "uma falta de densidade e de amplitude vitais" (SC, p.137). Para Merleau-Ponty (SC, p.137), "os distúrbios cognitivos são apenas uma expressão secundária". É nesse mesmo sentido que a dialética própria à ordem humana é expressa pelo autor por meio do trato mútuo entre a situação percebida e o trabalho. Ora, os termos escolhidos pelo filósofo para expressar essa nova dialética nos orientam para o problema da percepção e para o problema da ação humanas. Veremos que o caráter estrutural do comportamento simbólico é, então, reforçado pela abordagem dessas questões.

Em uma nota de rodapé, que gostaríamos de reproduzir integralmente, Merleau-Ponty (SC, p.131; p.189) expressa-se acerca da relação entre o comportamento simbólico e o trabalho humano.

> Pode-se pensar que é muito fácil, com esses exemplos [a aptidão de tocar um instrumento ou de datilografar], evidenciar a originalidade do comportamento simbólico, já que os próprios "estímulos" desses hábitos motores são símbolos de escrita criados pelo homem. Mas poderíamos mostrar, do mesmo modo, que toda aptidão adquirida com relação a um "objeto de uso" é uma adaptação à estrutura humana desse objeto e consiste em tomar posse com nosso corpo de um tipo de comportamento "artificial" à imagem do qual o objeto foi feito. Não é um acaso se a análise do comportamento simbólico nos leva sempre a objetos criados pelo homem. Veremos que o comportamento simbólico é a condição de toda criação e de toda novidade nos "fins" da conduta. Não é pois de surpreender que ele se manifeste inicialmente na adaptação a objetos que não existem na natureza.

Para Merleau-Ponty, o trabalho humano implica uma "terceira dialética", irredutível a de um sistema físico e do seu entorno, e à correlação entre a situação vital e as reações instintivas, observada nos animais. Nosso meio não é nem o "meio geográfico" dos acontecimentos físicos nem um meio recortado a partir dos "*a priori* monótonos da necessidade e do instinto". Nosso meio é um meio especificamente humano, marcado por uma presença que não cessa de modificar a "natureza física e viva", e que desenvolve, continuamente, objetos de uso e objetos culturais. Estamos voltados para esse mundo humano, e, nesse sentido, nossa ação não pode ser reduzida à ação biológica. Retornaremos à questão do trabalho humano mais adiante. Centremo--nos, por ora, no problema da relação entre percepção e ação.

Merleau-Ponty é explícito ao afirmar que nem a psicologia nem a filosofia possuem, em primeiro lugar, uma noção de consciência compatível com os aspectos fenomenais da nossa percepção, e, em segundo lugar, uma noção de ação humana também atrelada aos seus aspectos originais e concretos. Assim, é ainda menos possível abordar adequadamente a "comunicação interior" entre consciência e ação. Merleau-Ponty analisa essa incompatibilidade inicialmente voltando--se para Bergson. Em Matéria e memória (*Matière et mémoire*), Bergson (1970a) argumenta que a percepção é orientada para a ação e não para o conhecimento puro. Quanto mais a percepção se enriquece ao longo da escala zoológica, maior é o fator de indeterminação presente entre o ser vivo e as coisas. A independência crescente dos organismos emerge exatamente da amplitude dessa "zona de indeterminação". Mas, segundo Merleau-Ponty (SC, p.176), a ação de que trata Bergson é a ação vital, a ação voltada para a manutenção da existência. Mesmo os atos propriamente humanos, como o trabalho, a linguagem e o ato de se vestir, seriam, em última instância, diferentes formas de ações biológicas. Outras vezes, afirma Merleau-Ponty, Bergson recai numa concepção meramente motora da ação, reduzida a acompanhamento do pensamento. Merleau-Ponty refere-se, também, a noções como a de "função do real", de Pierre Janet, atrelada à consciência que temos de certos movimentos do nosso corpo. Concepções como essas convêm às filosofias de inspiração kantiana, que fazem do julgamento o "elemento

A PRIMAZIA DO CORPO PRÓPRIO 131

especificamente irredutível da percepção". Mas tanto a consciência como duração, de Bergson, quanto a consciência como fonte de julgamentos são "atividades puras e sem estrutura, sem natureza", escreve Merleau-Ponty (SC, p.177). A consciência permanece sendo definida como uma instância que toma posse dos conteúdos da percepção e dos efeitos das ações corporais, a percepção e a ação constituindo aquilo que deve "enraizar a consciência no ser". É centrando-se em Bergson que Merleau-Ponty denuncia a incapacidade da filosofia para esquivar--se definidamente das antinomias cartesianas. Bergson não escapara de uma definição de consciência como "conhecimento expresso dela mesma". Ademais, além de superar essa consciência para si, Merleau--Ponty (SC, p.178; p.256) expõe a necessidade de "descrever as estruturas de ação e de conhecimento com as quais ela [a consciência] se envolve", tarefa igualmente indispensável. Ora, encontramos nessas críticas os principais instrumentos teóricos que moldam a concepção de consciência em *A estrutura do comportamento*, a saber, a noção de estrutura e a ideia de que a consciência representativa não esgota os modos de ser da consciência. Retomemos, inicialmente, a noção de estrutura, o que exigirá de nós uma nova aproximação, dessa vez mais cuidadosa, com a psicologia da *Gesltalt* a partir da sua apropriação por Merleau-Ponty. Em seguida, acompanharemos o filósofo em sua argumentação que, partindo da descrição da percepção infantil, exige uma "reforma da noção de consciência".

A psicologia da *Gestalt* e a noção de estrutura

É possível identificar no projeto científico da psicologia da *Gestalt* algo que faz lembrar a abordagem dupla e complementar de Merleau--Ponty ao problema da percepção, tal como discutida no primeiro capítulo do presente trabalho. O princípio que orienta a psicologia da *Gestalt* é a construção de uma psicologia teórico-experimental rigorosamente descritiva, o que implica a adoção do "ponto de vista fenomenal" e o privilégio à "observação imediata" em relação a todo elemento teórico (Gurwitsch, 2002). Segundo Merleau-Ponty (SC, p.45), trata-

132 DANILO SARETTA VERISSIMO

-se de seguir as articulações naturais dos fenômenos, respeitando-se as estruturas nas quais estão inseridos e diferenciando-os das análises que os tratem como conjuntos isolados e dotados de propriedades absolutas. Nessa perspectiva, ao investigar o comportamento animal ou humano e, portanto, visá-los do ponto de vista exterior, é o comportamento molar que essa escola identifica como foco de estudos, e não o comportamento molecular, concebido, por exemplo, segundo o esquema estímulo-resposta. Do ponto de vista interior, a *Gestalt* adota a consciência fenomenal, tal como comenta Gurwitsch (2002), e não a consciência do empirismo, composta de "estados de consciência", ou a consciência reflexiva da filosofia.

A "análise do comportamento perceptivo" desenvolvida pelo behaviorismo norte-americano é uma "extensão da teoria do reflexo" (SC, p.55), tal como encontrada nos trabalhos de Pavlov. Koffka (1975) elege o comportamento como foco basal da sua psicologia, mas se preocupa em distinguir esse comportamento daquele estudado pelo behaviorismo. Para o autor, trata-se de estudar o "comportamento molar". Com essa expressão, Koffka faz referência às "inúmeras ocorrências do nosso mundo cotidiano", ao comportamento vivido e que se articula ao sentido das situações que experimentamos. Essa perspectiva, já dissemos, distingue-se da que focaliza o comportamento inserido em um campo onde o que vale são os elementos que compõem os objetos, o tipo de estimulação que esses objetos são capazes de enviar aos organismos (estímulos proximais), as excitações nervosas geradas no seu interior, os trajetos delimitados que essa excitação percorre, as contrações musculares que ela é capaz de causar. Nesse posicionamento teórico, segundo as palavras de Merleau-Ponty (SC, p.55), o que conta é o "mosaico de excitantes físicos e químicos" que compõe a situação da qual emerge o comportamento, as "contiguidades de fato", únicas responsáveis pelas novas conexões que possam surgir como base de um comportamento. Koffka (1975) prossegue a sua distinção definindo como meio do comportamento molar o "meio comportamental" e não o "meio geográfico", composto por justaposição de elementos e de processos físico-químicos reais, considerados pelos cientistas como os eventos primários subjacentes

A PRIMAZIA DO CORPO PRÓPRIO **133**

ao mundo que nos circunda e, também, ao nosso corpo vivido.² Situações em que estimulações diferentes induzem comportamentos idênticos, e vice-versa, não podem ser explicadas em termos de estímulo-resposta, mas sim nos termos do meio comportamental, em que estímulos diferentes podem produzir objetos comportamentais idênticos e estímulos idênticos podem produzir objetos comportamentais distintos (ibidem). Na medida em que é a configuração do sentido total de uma determinada situação que conta na constituição do meio comportamental, os estímulos pontuais, que são apontados pelas ciências como partes reais dos objetos e que, no mais das vezes, não fazem parte da nossa experiência perceptiva, não podem ser considerados como elementos motivadores do nosso comportamento.

Entretanto, aos membros da escola de Berlim interessava a definição de uma "categoria geral e científica" que pudesse guiar suas pesquisas teórico-experimentais do mesmo modo que a noção de campo na física direcionava as investigações dessa disciplina (ibidem). E nesse sentido, a noção de meio comportamental mostrava-se insuficiente, visto não ser aplicável à totalidade do nosso comportamento. Os reflexos, como os de dilatação da pupila, por exemplo, não são compreensíveis por meio da ideia de meio comportamental. Trata-se, antes, de ajustamentos fisiológicos do nosso corpo que ocorrem à nossa revelia. Ora, a própria ideia de campo mostrou-se adequada, desde que se reconhecesse que, no que concerne ao comportamento, não é ao campo físico que se

---

2 Koffka (1975, p.39-40) ilustra a distinção entre o meio comportamental e o meio geográfico com a lenda do Lago de Constança. "Numa noite de inverno, em meio a uma violenta nevasca, um homem a cavalo chegou a uma estalagem, feliz por ter encontrado abrigo após muitas horas cavalgando na planície varrida pelo vento, na qual o lençol de neve tinha coberto todos os caminhos e marcos que pudessem orientá-lo. O dono da estalagem caminhou até a porta, encarou o forasteiro com surpresa e perguntou-lhe de onde vinha. O homem apontou na direção oposta à estalagem, ao que o dono, num tom de pasmo e temor, disse: – Sabe que esteve cavalgando todo o tempo em cima do Lago de Constança? – Dito isto, o cavaleiro tombou morto a seus pés. Em que meio, pois, teve lugar o comportamento do forasteiro, pergunta Koffka?". A ilusão de Jastrow, apresentada por Koffka (1975, p.44) e retomada por Merleau-Ponty (SC, p.118), é outro bom exemplo da distinção entre o meio comportamental e o meio geográfico.

134 DANILO SARETTA VERISSIMO

deve recorrer, visto que esse "é o campo do meio geográfico". Foi em direção à hipótese do isomorfismo que se encaminhou a psicologia da *Gestalt*. A ideia de que os processos fisiológicos seguissem um esquema meramente molecular já fora suficientemente contestada. Além do mais, ela "resulta numa interpretação molecular do comportamento e da consciência, a qual é contraditada pelos fatos [...]" (ibidem, p.67). Mais do que isso, ela mantém completamente separadas essas duas séries de processos, os fisiológicos de um lado e os comportamentais ou conscientes de outro, apesar de falar de um "paralelismo" entre elas que não ilumina a sua correlação; ao contrário, deixa-a na mais completa escuridão. De modo distinto, a hipótese do isomorfismo parte da concepção dos processos fisiológicos como fenômenos molares[3] e pensa, com isso, solucionar a dicotomia anterior, visto que suas propriedades molares podem ser concebidas como sendo as mesmas dos processos comportamentais e conscientes aos quais elas se mantêm subjacentes. Assim, é o campo fisiológico que será eleito "categoria básica" da psicologia da *Gestalt*, e não o meio comportamental. Segundo o princípio do isomorfismo, constrói-se o campo fisiológico com base nas propriedades observadas do meio comportamental, e, com isso, pensa-se preservar as vantagens dessa observação direta. O aspecto consciente da nossa experiência direta também é parte importante na construção dessa fisiologia molar do meio psicológico. Assim, vai se delineando um "campo psicofísico" de natureza fisiológica e diretamente atrelado à nossa experiência fenomenal. "Podemos agora", diz Koffka (1975, p.78 – grifo do autor), "formular a tarefa da nossa psicologia: é o *estudo do comportamento em sua ligação causal com o campo psicofísico*". Esse campo psicofísico é organizado, o que vinha sendo destacado, como vimos, por uma cadeia de autores desde Ernest Mach, Ehrenfels e o próprio Husserl, e nos põe em contato com a "polaridade do Ego e do meio", polos que possuem cada um

---

3 "Agora sabemos quais são os processos fisiológicos molares. Não são uma soma ou combinação de processos de nervos independentes e locais, mas processos nervosos em tal extensão que cada processo local depende de todos os outros processos locais, dentro da distribuição molar" (Koffka, 1975, p.71).

A PRIMAZIA DO CORPO PRÓPRIO **135**

sua própria estrutura, segundo Koffka. Contudo, é principalmente ao segundo ponto que a psicologia da *Gestalt* dedicou a maior parte de suas investigações experimentais. Tratou-se de investigar a "organização do campo ambiental", as "forças" que o estruturam do modo que nos aparece em nosso meio comportamental. Conforme o que vimos anteriormente, foi, sobretudo, no domínio da percepção que a teoria da forma apresentou suas principais contribuições, voltando nossa atenção para a nossa experiência direta do mundo, experiência que pressupõe um sujeito perceptivo, uma consciência, e nos leva de um modo completamente diverso do utilizado pela psicologia tradicional da introspecção ao ponto de vista interior, ao ponto de vista do sujeito num "comércio"[4] incessante com o mundo. No ápice do conjunto de desenvolvimentos teóricos e experimentais da psicologia da *Gestalt*, encontra-se a noção de forma.

Conforme Merleau-Ponty (SC, p.49-50), a noção de forma exprime processos primários de organização que encontramos tanto no domínio inorgânico quanto no domínio orgânico. De modo geral, as formas constituem processos totais cujas propriedades não são dadas pela soma das partes isoladas. Há forma onde as propriedades de um sistema se modificam diante da alteração de uma das suas partes e se conservam no caso de alteração de todas as partes com a manutenção da relação entre elas. Tais propriedades, em função do próprio todo, evoluem naturalmente até um estado de equilíbrio atingido por "autodistribuição dinâmica" (Köhler, 1980, p.102) das partes. O valor das partes e a função que as caracteriza não são compreensíveis senão a partir de um estado de equilíbrio total, cuja fórmula é um fator intrínseco da forma (Gurwitsch, 2002; SC).

O desenvolvimento teórico da psicologia da *Gestalt* encaminhou-se, reafirmamos, ao isomorfismo radical. Palavras de Köhler (1950, p.18 – grifo do autor), escritas a propósito de suas pesquisas sobre as formas no campo da física, esclarecem o fato:

---

4 Expressão que encontramos em Köhler (1980) e que foi apropriada por Merleau--Ponty.

136　DANILO SARETTA VERISSIMO

Uma solução próspera aqui forneceria não apenas o princípio de uma teoria fisiológica da *Gestalt*, mas também definiria as instâncias da *Gestalt* física (neste caso, neurológica). Se fôssemos bem-sucedidos em descobrir tais *Gestalts* físicas, poderíamos derivar os princípios necessários para um resultado geral satisfatório do nosso estudo original. Se há *alguns* casos de *Gestalt* na física, mesmo esses poucos exemplos serão suficientes para guiar a investigação subsequente. Segue que essa vereda especial – isto é, de instâncias individuais de processos de *Gestalt* no sistema nervoso à física – deve nos levar a avenidas ainda mais largas, orientando-nos, eventualmente, de volta à biologia, e assim permitir um tratamento físico mais abrangente não somente dos processos de *Gestalt* nervosos, mas dos processos orgânicos de modo geral.

E Koffka (1975, p.136-7) acrescenta: "Não reivindicamos para a organização psicofisiológica qualquer peculiaridade que não pertença às organizações físicas [...]".

Se o estabelecimento de processos de forma no domínio inorgânico, ou seja, no domínio da física, afasta tanto o perigo de hipóteses mecanicistas e empiristas quanto o perigo de hipóteses vitalistas e intelectualistas no que concerne ao estudo do funcionamento nervoso (SC, p.49, 99-100, 138), a identificação, ou mesmo redução das formas fisiológicas às formas físicas, anula toda a riqueza e todas as possibilidades ligadas à inteligibilidade dessa nova categoria: a de forma. O fenômeno de autodistribuição encontrado no funcionamento nervoso pode ser expresso por ela. E a existência de fenômenos de autodistribuição na física é a ocasião para que os integrantes da escola de Berlim postulem a identidade desses fenômenos fisiológicos e físicos em detrimento da originalidade das estruturas biológicas. Se, por um lado, o princípio de isomorfismo põe em paralelo as características dos processos fisiológicos e as dos processos conscientes, no modo de um paralelismo funcional, já mencionado no presente trabalho, a aproximação com a física, por outro, desarticula completamente, para Merleau-Ponty, a possibilidade de um emprego frutuoso da noção de forma. Levado às últimas consequências, o princípio de isomorfismo unifica os processos psíquicos, fisiológicos e físicos, fundando-os sobre estes últimos. "A

A PRIMAZIA DO CORPO PRÓPRIO **137**

integração da matéria, da vida e do espírito é obtida pela sua redução ao denominador comum das formas físicas", escreve Merleau-Ponty (SC, p.146; p.210). As críticas de Merleau-Ponty a esse isomorfismo radical no seio da escola de Berlim vão muito além disso. De modo geral, elas caminham na mesma direção da constatação feita por Husserl (2001a, p.16, 107) acerca da psicologia de modo geral, ou seja, ao fato de ela operar sempre no campo dos "eventos naturais do mundo" e, portanto, ao fato de ela incluir-se reiteradamente entre as "ciências naturais".

A teoria da forma pensa ter resolvido o problema das relações entre a alma e o corpo e o problema do conhecimento perceptivo descobrindo processos nervosos estruturais que, de um lado, tenham a mesma forma do psíquico e, de outro, sejam homogêneos às estruturas físicas. Nenhuma reforma da teoria do conhecimento seria pois necessária, e o realismo da psicologia como ciência natural seria conservado de modo definitivo. (SC, p.145; p.209-10)

Em outro trecho, o filósofo comenta:

Em vez de nos perguntarmos que espécie de ser pode pertencer à forma e, revelada na própria pesquisa científica, que crítica ela pode exigir dos postulados realistas da psicologia, nós a colocamos entre os acontecimentos da natureza, a usamos como uma causa ou uma coisa real, e, assim, não pensamos mais segundo a "forma". (SC, p.147; p.212)

Contrariamente às aspirações iniciais da escola de Berlim, a análise filosófica da noção de forma não foi realizada, sem o que ela permaneceu sujeita aos postulados realistas da psicologia e a uma "filosofia das substâncias". Gostaríamos de reproduzir ainda outro trecho, escrito por Merleau-Ponty, que expressa a veemência de suas críticas, ao mesmo tempo que seu apego ao estruturalismo que o desenvolvimento da inteligibilidade da noção de forma promete deixar eclodir.

Numa filosofia que renunciasse de fato à noção de substâncias, poderia haver um único universo, que seria o universo das formas: entre

138 DANILO SARETTA VERISSIMO

as diferentes espécies de formas investidas de direitos iguais, entre as relações físicas e as relações implicadas na descrição do comportamento, não se poderia nem sequer supor uma relação de derivação ou causalidade, nem, consequentemente, exigir modelos físicos que sirvam para sustentar no ser as formas fisiológicas ou psíquicas. Ao contrário, nos psicólogos dos quais falamos, o problema das relações entre o físico, o fisiológico e o psíquico continua posto sem nenhuma preocupação com o caráter estrutural dessas distinções e nos termos em que a psicologia sempre o colocou. (SC, p.144; p.208)

É sob a pluma de Merleau-Ponty que a noção de forma é conduzida, pouco a pouco, a uma filosofia da forma. Essa progressão possui um marco concreto, uma "evolução terminológica" (Bernet, 2008), sobre a qual Merleau-Ponty não se explica, mas que aponta a reorientação teórica do filósofo em relação às pesquisas da psicologia da *Gestalt*: a categoria de "forma" é substituída pela de "estrutura". Já menciona-mos a relativização de tipo biológica a que a psicologia da forma fora submetida ao longo de *A estrutura do comportamento*. É nesse contexto que Bimbenet (2004) manifesta-se acerca do caráter não homogêneo que as palavras "forma" e "estrutura" adquirem ao longo da obra. Essa alteração terminológica não faz alarde, mas ajuda a instalar no texto o sentido da intenção de Merleau-Ponty: ultrapassar a metafísica materialista (SC, p.143) da escola de Berlim. As hierarquizações pro-postas pelo filósofo, primeiro, em relação às formas do comportamento, segundo, entre as ordens física, vital e humana, longe de representar um propósito compendiador, possuem um caráter antirreducionista. Trata-se não apenas de contrapor-se à restrição das estruturas da vida animal e da vida humana às estruturas físicas, mas de afirmar que a natureza fenomenal e sensível da estrutura não nos envia nem ao co-nhecimento de um ser em-si nem a um produto de uma consciência naturante. O mecanicismo e o intelectualismo, o materialismo e o vitalismo, convergem para a privação das estruturas de qualquer de-terminação original (cf., por exemplo, SC, p.169). O caráter equívoco da constatação da existência de formas na física consiste no fato de que, se, por um lado, passa-se a admitir a qualidade e a duração no universo

A PRIMAZIA DO CORPO PRÓPRIO **139**

físico, pensa-se, por outro, poder "encontrar estruturas no seio de uma natureza considerada em-si [...]" (SC, p.151). É o "sentido vivo" da noção de estrutura que está em jogo aqui, segundo Merleau-Ponty, o seu valor dialético e apenas concebível como objeto de percepção. Não se trata de uma eventualidade se é do universo das coisas percebidas que a teoria da *Gestalt* conquista o modelo da noção de forma. É que a forma "não existe à maneira de uma coisa" instalada no universo físico e, portanto, não pode ser tomada como "fundamento ontológico" da própria percepção (SC, p.155-7). Dando um passo teórico a mais, Merleau-Ponty afirma que a estrutura é um "objeto de consciência" cujo sentido é atrelado à possibilidade de "pensar o mundo percebido".

> A reintrodução na ciência moderna das estruturas perceptivas mais inesperadas, longe de já revelar, num mundo físico em si, as formas da vida ou mesmo do espírito, testemunha apenas que o universo do naturalismo não pôde se fechar nele mesmo e que a percepção não é um acontecimento da natureza. (SC, p.157; p.226)

O filósofo nos reenvia, portanto, à perspectiva transcendental, mas nos convida, ao mesmo tempo, a não abandonar uma espécie de "naturalismo estruturalista" (Bernet, 2008). A ambiguidade da noção de forma, ou de estrutura, que, se, por um lado, não se deve a processos superiores que aderem à matéria, não se deve, por outro, a uma estruturação em-si de um mundo fora de nós, é justamente o que permite a Merleau-Ponty transitar entre o empírico e o transcendental. O filósofo apega-se à estrutura como "junção de uma ideia e de uma existência indiscerníveis" (SC, p.223; p.319).

Uma "forma original de consciência"

Ao longo de grande parte de *A estrutura do comportamento*, Merleau-Ponty guiou-se pela perspectiva metodológica do "espectador estrangeiro". O conhecimento reflexivo do homem foi posto entre parênteses e foi às consequências da "representação científica do seu

140 DANILO SARETTA VERISSIMO

comportamento" que o filósofo se ateve, desnudando as insuficiências e contradições do mecanicismo. Nesse contexto, a análise do comportamento animal foi central. Ainda mais pelo fato de ela permitir que se revelasse o significado da percepção sem que se tivesse que pressupor, como aparelho sustentador desse significado, a existência de uma consciência para-si (Furlan, 2001b). A noção de consciência que pouco a pouco se constitui nas análises de Merleau-Ponty sobre o comportamento, sobretudo a partir da consideração do comportamento simbólico e da ordem humana, busca distanciar-se de toda espécie de dualismo que emerge da consideração de um sujeito epistemológico e dos seus objetos de conhecimento.

Os argumentos de toda psicologia que põe a consciência como uma coisa que surge da agregação de elementos sensoriais, ou seja, como um objeto da natureza, são impotentes ante a necessidade de uma análise interior da percepção. Toda percepção pressupõe um movimento de distanciamento em relação à coisa percebida, movimento que coincide com a apreensão de um sentido da coisa. Pretendem os psicólogos clássicos que a "significação do percebido" possa ser explicada pela análise da "massa de dados" sensoriais, adicionada a projeção de imagens sobre essa "massa bruta". Mas resta sempre a necessidade de explicar a coordenação dessa atividade de projeção. Alguma instância deve coordená-la. Voltamos ao problema colocado por Husserl (2001a). Nenhuma analogia retirada do mundo real é capaz de dar conta da relação entre representante e representado para a consciência. A "cópia" do objeto real percebido figura como um "elemento real" perceptivo, uma "realidade natural psicológica" que deve funcionar como imagem para uma outra. Isso pressupõe uma consciência da cópia que, se, por sua vez, for tomada como outro elemento real de percepção, um outro "objeto-imagem", deverá ser sucedida por um outro ato intencional e assim indefinidamente. Ademais, cada um desses modos de consciência demanda a distinção entre objeto real e objeto imanente, o que nos reenvia ao problema que se pensava resolver por meio de uma consciência formada pela associação dinâmica de elementos sensoriais e de imagens. "A imagem mental do psicólogo é uma coisa", afirma Merleau-Ponty (SC, p.214; p.307), "falta entender o que é a consciência dessa coisa". O

A PRIMAZIA DO CORPO PRÓPRIO 141

ato de visão não pode ser explicado pelas análises anatomofisiológicas do olho, do cérebro e nem mesmo pelo "psiquismo" dos psicólogos. O ato de conhecimento distingue-se da ordem dos eventos naturais; ele é a "tomada de posse dos acontecimentos" por meio do sentido que esse ato faz emanar deles. Nessa direção, "a percepção escapa à explicação natural e admite apenas uma análise interior" (SC, p.215; p.308). A coisa real não age sobre o espírito, ela se manifesta a ele por meio de um sentido, por meio de uma "articulação inteligível" que emana, por certo, da estrutura que caracteriza o objeto. E o objeto, como fenômeno, existe para uma "consciência naturante" que "funda interiormente" a sua estrutura. Assim, se tudo o que nos cabe é o acesso à "significação de coisa", ao levarmos essa constatação ao seu limite, podemos até dizer que é a própria coisa que atingimos na percepção. Esse modo de compreensão da percepção, que é a fórmula kantiana, resulta, para Merleau-Ponty, em uma teoria intelectualista da percepção, que dá o tom com que o kantismo resolve as questões das relações entre a alma e o corpo, deixando a sua abordagem para aqueles que se mantêm no nível do "pensamento confuso". O corpo é então mantido na dimensão estrita de uma natureza tomada como mundo objetivo. Ora, essa consciência naturante é capaz de reconhecer a influência que as leis naturais exercem sobre ela, na medida em que os eventos perceptivos dependem de fenômenos corporais. Assim, Merleau-Ponty identifica a primeira tarefa que a filosofia criticista deve cumprir: o estabelecimento de uma "forma geral de consciência" que nada deva às contingências corporais. Caso contrário, ela encontrar-se-ia na desconfortável situação de conceber uma consciência que é, ao mesmo tempo, forma universal do mundo e condicionada por ele. É exatamente essa tarefa que Kant cumpre na *Estética transcendental*, restando o trabalho de não deixar hiatos entre as formas apriorísticas da sensibilidade e as categorias apriorísticas do entendimento. A percepção é conceituada, então, como uma "variedade de intelecção" (SC, p.213-7). É em outra direção que Merleau-Ponty se dirige, pondo em xeque o primado da consciência representativa.

O filósofo admite que "o objeto da biologia é impensável sem as unidades de significado que uma consciência nele encontra e nele vê

142 DANILO SARETTA VERISSIMO

se desenvolver" (SC, p.175; p.251-2) e que a abordagem da vida já implica, com efeito, a "consciência da vida". Mas o protótipo dessa consciência capaz de acessar a expressividade de toda ordem de comportamento Merleau-Ponty encontra-o, inicialmente, na descrição da percepção infantil. Bimbenet (2002, 2004) explora a importância reservada pelo filósofo à infância ao longo de toda a sua obra. A filosofia de Merleau-Ponty é um projeto de retorno à experiência em estado nascente, à experiência antes da sua objetivação tardia pela ciência e anterior às elaborações do intelectualismo filosófico. Tal experiência coincide com um fundamento na ordem transcendental da constituição, aquilo sem o que a ciência e filosofia não seriam possíveis. O fato é que, na obra de Merleau-Ponty, essa anterioridade lógica aparece, frequentemente, sob o estatuto empírico de uma anterioridade cronológica. A experiência infantil pode passar por essa experiência em estado nascente e que ainda não foi objetivada. Trata-se de uma experiência que realiza uma "redução espontânea", um retorno fenomenológico ao passado do pensamento objetivo.

Se a percepção infantil já se distingue claramente da percepção animal, como já mostravam alguns dos autores sobre os quais se baseava Merleau-Ponty, como Buytendijk (1928), Köhler (1927) e Guillaume (1937), ela se distingue, também, do modelo de consciência tomado como parâmetro de avaliação de todo tipo de ação, a saber, a consciência reflexiva, a consciência que julga, que aglutina fatos de consciência elementares, ou ainda, a consciência estruturada de modo a enformar o mundo segundo uma organização espacial e temporal *a priori*. A criança não se volta a "objetos de natureza", no sentido em que a expressão possui no contexto dos comportamentos amovíveis, ou seja, a objetos que façam parte de um *Umwelt* cujas propriedades são fixadas pelos *a priori* biológicos. Tampouco, volta-se para qualidades puras desses objetos ou ao seu caráter de *coisa*, ao que nele possa haver de invariável e de "verdadeiro". A percepção infantil é, antes, voltada para as "intenções humanas" presentes no seu ambiente e a objetos como "realidades experimentadas". A relação inicial da criança com a mãe funda-se no gestual e na fisionomia dessa mãe, apreendidos sem que tenhamos que fazer referência a elementos que devem ser

A PRIMAZIA DO CORPO PRÓPRIO **143**

percebidos e, então, aglomerados num conjunto provido de um sentido geral. A "significação humana" de um sorriso não depende de "signos sensíveis", ela é antes o suporte estrutural da contribuição invisível de suas partes, que são dificilmente separáveis da fisionomia total. Quanto aos objetos que circundam a criança, é certo que muitos deles não são ligados ainda à sua utilização como instrumentos definidos para certas ações. No entanto, isso não implica sua consideração em termos de objeto do tipo "coisa", composto por determinadas qualidades puras. É antes ao sentido afetivo do objeto que se liga a atividade da criança. Além disso, Merleau-Ponty nos lembra que essa atividade é, desde cedo, mediada por um outro instrumento humano: a linguagem. A categoria verbal, juntamente com a categoria afetiva, exerce um papel considerável no mundo percebido infantil. O filósofo afirma que não é a semelhança entre os objetos que os reúne sob uma mesma palavra, mas, antes, que é a sua designação sob um mesmo signo verbal que os une como objetos semelhantes. Daí a seguinte colocação do filósofo:

> Assim, mesmo quando se dirige a objetos naturais, é ainda através de certos objetos de uso, as palavras, que a percepção incipiente os visa, e a natureza talvez seja apreendida inicialmente apenas como o mínimo de encenação necessário para a representação de um drama humano. (SC, p.182; p.261-2)

Segundo Merleau-Ponty, os aspectos descritivos da percepção incipiente exigem que nos voltemos para uma "forma original de consciência". Se o mundo humano que circunda a criança através da presença dos adultos e de outras crianças, através da linguagem que lhe é dirigida desde o início, através dos instrumentos utilizados por aqueles que a cercam, contam no seu mundo, *existem* para ela, isso se deve ao fato de que a criança descobre nos atos e nos objetos "a intenção da qual são o testemunho visível" (SC, p.184; p.265). E se o bebê, que notoriamente não é portador de uma consciência do tipo kantiana, que organiza a experiência a impor aos objetos as "condições da existência lógica" e de uma existência física regular e articulada, age no mundo humano, possui um mundo humano, é porque essa "forma original

144 DANILO SARETTA VERISSIMO

de consciência", da qual emerge a racionalidade adulta, existe de fato, projeta intenções que geram o mundo da criança, e, portanto, ela deve ser levada em conta e nos encaminhar a uma ideia de consciência "profundamente modificada". Se a noção empirista de associação de elementos sensoriais e de estados de consciência foi devidamente ultrapassada, é necessário que ultrapassemos, também, a atividade mental de julgamento como "princípio de todas as coordenações", estrutura *a priori* organizadora dos conteúdos sensíveis.

> O desejo poderia se reportar ao objeto desejado, o querer ao objeto querido, o temor ao objeto temido, sem que essa referência, mesmo que nunca deixe de implicar um núcleo cognitivo, se reduza à relação da representação ao representado. Os atos de pensamento não seriam os únicos a ter um significado, a conter em si a presciência daquilo que procuram; haveria uma espécie de reconhecimento cego do objeto desejado pelo desejo e do bem pela vontade. É através disso que o outro pode ser dado à criança como polo de seus desejos e temores antes do longo trabalho de interpretação que o deduziria de um universo de representações, que conjuntos sensoriais confusos podem ser contudo muito precisamente identificados como pontos de apoio de certas intenções humanas. (SC, p.187; p.269)

A vida da consciência vai além da posse de representações e do exercício do julgamento. "A consciência", completa Merleau-Ponty (SC, p.187; p.270), "é mais uma rede de intenções significativas, por vezes claras para elas mesmas, por vezes, ao contrário, mais vividas que conhecidas". A consciência se define, sobretudo, pela referência a um objeto, seja ele amado, temido ou representado; a consciência representativa é apenas uma das formas que pode assumir a consciência.

É na perspectiva vivida do meu corpo atual, situado, que significações intersubjetivas, que objetos como "unidades ideais", podem emergir (SC, p.230-2).

> Essa massa sensível na qual vivo quando olho fixamente um setor do campo sem procurar reconhecê-lo, o "isto" que minha consciência visa sem palavras não é um significado ou uma ideia, apesar de poder servir de ponto de apoio a atos de explicitação lógica e de expressão verbal. Já

A PRIMAZIA DO CORPO PRÓPRIO 145

quando nomeio o percebido ou quando o reconheço *como* uma cadeira ou como uma árvore, substituo a prova de uma realidade fugidia pela subsunção a um conceito e mesmo, já quando pronuncio a palavra "isto", remeto uma existência singular e vivida à essência da existência vivida. Mas esses atos de expressão ou de reflexão visam a um texto originário que não pode ser desprovido de sentido. O significado que encontro num conjunto sensível já lhe era aderente. Quando "vejo" um triângulo, descreveríamos muito mal minha experiência dizendo que concebo ou compreendo o triângulo a partir de certos dados sensíveis. O significado é encarnado. É aqui e agora que percebo esse triângulo como tal, enquanto a concepção o apresenta para mim como um ser eterno, cujo sentido e propriedades, como dizia Descartes, nada devem ao fato de eu percebê-lo. (SC, p.228; p.327 – grifo do autor)

A percepção à qual se dirige Merleau-Ponty não é a percepção sustentada por uma consciência intelectual que tem o mundo como objeto de inúmeros atos de julgamento. Trata-se antes, para o autor, de retornar à percepção da qual realmente temos experiência, a percepção que não atinge o objeto em todas as suas possibilidades de apresentação sensível, mas que, antes, visa a elas sem possuí-las. Estamos, portanto, aquém da distinção entre sensibilidade e inteligência. Não preenchemos com atos intelectuais as lacunas deixadas pelo perspectivismo da percepção. O horizonte da percepção se estende para além do que me é dado como possibilidade pelo perímetro visual. Os móveis que se localizam atrás de mim enquanto escrevo contam no meu horizonte perceptivo atual, assim como os outros cômodos da casa, assim como a continuação da paisagem da qual tenho vista da janela, assim, talvez, como a cidade em que vivo atualmente (SC, p.229-32). Tais observações, que devemos a Merleau-Ponty e, em última instância, a Husserl, que originalmente tematizou a "intencionalidade de horizontes" (Moura, 2007), podem ser aproximadas da nossa questão central, a função simbólica; é o que faz Bimbenet (2004). Segundo o autor, a noção de atitude categorial pode apresentar-se como noção privilegiada para, a partir de uma dimensão antropológica, pensarmos a abertura da "percepção atual sobre os horizontes indefinidos das percepções potenciais" (ibidem, p.197).

Reexame do problema da função simbólica

De modo geral, as análises de Merleau-Ponty acerca da noção de estrutura e da percepção infantil não deixam indene o problema da função simbólica. Somos levados a reexaminar o significado da sua presença em *A estrutura do comportamento*. A atitude categorial, ou função simbólica, parece ser um tema passível de mal-entendidos. Se, por um lado, é uma "consciência naturada" que pouco a pouco emerge dos estudos de Merleau-Ponty acerca do comportamento, por outro, o tema da atitude categorial dá margem a uma dimensão que "escapa à natureza" e nos conduz, paradoxalmente, a uma "consciência naturante" (ibidem, p.153). A versão merleau-pontiana da redução fenomenológica, ou seja, a abertura ao "sujeito encarnado", exige a superação tanto de uma subjetividade que seja fruto de operações naturais, ou intramundanas, quanto de uma subjetividade absoluta, desligada do mundo (Barbaras, 1998, p.41-2). Na fase inicial da sua carreira, período que compreende suas duas primeiras obras, Merleau-Ponty busca manter um caminho intermediário entre esses dois polos. O fato é que o esforço para liberar a subjetividade do primeiro polo pode aproximá-la, involuntariamente, do segundo polo, o da consciência reflexiva. A atitude categorial constitui, em *A estrutura do comportamento*, um instrumento teórico emprestado de Goldstein e empregado, primeiramente, na crítica ao pensamento atomista e causal na compreensão do espaço corporal. Dos estudos sobre a afasia, o comportamento categorial emerge como a dimensão responsável pelo caráter cognitivo, lógico, e ligado ao possível, presente tanto na expressão verbal, que pressupõe a subsunção do dado sensível a um conceito, quanto na ação humana. A semântica da atitude categorial é uma semântica carregada de intelectualismo. Se, a partir do método do "espectador estrangeiro", a percepção, a emoção e a inteligência podem ser descritas como "estruturas de conduta", o psiquismo apreendido "de fora", e, em última instância, a consciência apreendida como "um tipo particular de comportamento", esses resultados permanecem objetos para uma consciência. Merleau-Ponty (SC,

A PRIMAZIA DO CORPO PRÓPRIO 147

p.199; p.286) comenta: "nós a encontramos [a consciência] em toda parte como lugar das ideias, e em toda parte ligada como integração da existência". Com efeito, a semântica da atitude categorial invade essa noção de consciência apenas pressuposta a todo instante e à qual resta a Merleau-Ponty a delimitação de um estatuto coerente com o seu enraizamento nas "dialéticas subordinadas".

Malgrado o cunho intelectualista aderente à noção de atitude categorial, sua utilização por Merleau-Ponty é coerente com o posicionamento estruturalista adotado ao longo de *A estrutura do comportamento*. Primeiramente, é importante destacar que já em Goldstein (1983) os fenômenos do comportamento categorial e da sua perturbação patológica são considerados sempre em relação ao "organismo total" e à situação na qual ele é observado. As capacidades de significar e de "adotar a perspectiva do possível" manifestam-se não apenas no caso em que assumimos uma atitude reflexiva, mas também quando agimos, sentimos, percebemos, desejamos etc. (ibidem, p.22-8). O que distingue a postura teórica de Goldstein é, justamente, a consideração e a explicitação do caráter totalitário, estrutural e qualitativo de toda operação orgânica. Merleau-Ponty, ao analisar o fenômeno de Babinski, mostra que é toda a organização corporal humana que se encontra tocada pelo surgimento do sistema nervoso superior. É o comportamento como um todo que adquire um novo sentido. A capacidade de significar e de investir o mundo de virtualidade se expressa em toda ação do organismo humano. Devemos lembrar que esse movimento de encarnação da função simbólica já se esboçava nos estudos sobre a afasia de Jackson e de Head. Como Gelb e Goldstein tornaram evidente, se o exercício normal da linguagem envolve uma estrutura conceitual e abstrata, é o todo do comportamento que deixa de dispor dessa estrutura nos casos de lesão cerebral. A patologia modifica o homem em sua essência, como dizem os autores, e imprime uma nova significação ao comportamento, doravante menos organizado e mais apegado aos aspectos concretos do meio circundante. O sentido original do comportamento humano em relação ao comportamento animal também é delimitado sob um estatuto corporal. No homem, a maleabilidade das estruturas proprioceptivas é estendida às estru-

148 DANILO SARETTA VERISSIMO

turas exteroceptivas. Há um investimento de reciprocidade entre as coisas e o corpo. O corpo é investido nas coisas e as coisas investidas no corpo. É por isso que o corpo humano, mesmo o nosso próprio corpo, eventualmente, pode ser tratado como uma coisa, e é por isso que podemos mover os objetos a partir de uma perspectiva corporal. É a atividade humana como um todo que se encontra voltada para a identificação entre o significante e o significado, entre a expressão e o expresso, para além de sentidos biológicos estritos.

A liberdade da qual goza o homem em relação aos sinais, o fato de os signos significarem independentemente da concretude e da atualidade do espaço e do tempo vitais, faz aparecer "ciclos de comportamento" originais, sempre em correlação com a originalidade do meio que o homem cria para si. O objeto com o qual lidamos não é um objeto funcional, mas um "objeto de uso" e já implicado numa rede de intenções humanas, como mostra a análise da percepção infantil. A natureza física e viva é, para o homem, espontaneamente, natureza a ser transformada. Esse processo não cessa; a natureza, tomada no sentido ecológico, bem como a natureza social e cultural, é alvo constante, para o bem e para o mal, da atividade transformadora humana. Aliás, Merleau-Ponty sublinha o fato de que as estruturas sociais e culturais são, essencialmente, mutáveis. Elas apenas são o que são por meio de uma atividade que cria, que muda, que transfigura o mundo incessantemente. Assim, elas não podem ser senão no modo de algo passageiro. É por isso que Merleau-Ponty emprega o termo "trabalho" ao endereçar-se à ação propriamente humana.[5] Buytendijk (1928) descreve o complexo processo de nidificação por parte das abelhas Mégachile. O autor comenta que, no verão, nas proximidades dos seus ninhos, podemos encontrar diversas folhas marcadas por recortes ovais e redondos. Isso porque essas abelhas constroem os ninhos no interior de troncos e caules ocos. Cada célula é forrada lateralmente por pedaços

---

5 Bimbenet (2004) sinaliza o fato de que, no tocante à dialética situação percebida--trabalho, foi sempre ao primeiro termo que Merleau-Ponty dedicou seus maiores esforços. Um "pensamento da técnica" não encontrou jamais um lugar privilegiado em sua obra. Contudo, uma exploração da questão da técnica à luz da filosofia de Merleau-Ponty parece possível e até mesmo necessária.

A PRIMAZIA DO CORPO PRÓPRIO **149**

ovais de folhas e fechada na parte superior pelos pedaços redondos, que se adaptam adequadamente ao formato dos troncos e caules. A precisão e a rigidez desse instinto de construção causam espanto. Quanto aos chimpanzés, vimos que os "objetos de natureza" podem encontrar, dentro de certos limites, novos valores funcionais, mas que passam a ser aderentes ao objeto. É por isso que Merleau-Ponty não confere a esse uso fixo do objeto o sentido de um instrumento pleno. É a variabilidade de usos que somos capazes de conferir a um determinado objeto que faz dele um instrumento, e isso só será possível se o objeto puder ser visado a partir da sua "estrutura coisa". Uma mesma "coisa" pode ser utilizada para diversos fins. Além disso, somos capazes de criar instrumentos cujo único fim é criar outros instrumentos.

> Esse poder de escolher e de variar os pontos de vista permite-lhe [ao homem] criar instrumentos, não sob a pressão de uma situação de fato, mas para um uso virtual e, em particular, para criar outros. O sentido do trabalho humano é pois o reconhecimento, para além do meio atual, de um mundo de coisas visível para cada Eu sob uma pluralidade de aspectos [...]. (SC, p.190; p.273)

A continuação desse trecho atrela o trabalho humano à noção de atitude categorial: "Todos esses atos da dialética humana revelam a mesma essência: a capacidade de se orientar com relação ao possível, ao mediato, e não com relação a um meio limitado – o que chamamos, acima, com Goldstein, a atitude categorial" (SC, p.190; p.274). A negação do meio já implicada no trabalho que o constrói é o correlato da prefiguração, na percepção vivida, de um "universo", de "verdades" que somos capazes de estabelecer, afirma Merleau-Ponty (SC, p.191).

Não duvidamos que alguns leitores possam aproximar essas considerações a um humanismo metafísico, à ideia de uma humanidade sustentada pela emergência da capacidade simbólica, e que, nessa direção, se desliga, de algum modo, da vida. Conforme palavras mais tardias do próprio Merleau-Ponty (2003), a interpretação de um texto filosófico admite várias atitudes por parte do leitor. Para nós, é de metafísica que trata aqui Merleau-Ponty, mas de uma metafísica

150 DANILO SARETTA VERISSIMO

aberta a partir do problema da percepção, sobretudo aberta a partir de um modo distinto de tratá-lo. É porque a consciência é consciência de coisas que ela se desconhece. Isso fica claro a partir das alternativas clássicas que a filosofia gerou em torno do problema da percepção. Tentou-se engendrar a percepção a partir do próprio mundo ao qual temos acesso por meio dela. É o que faz o realismo: funda uma realidade em si que é projetada no sujeito perceptivo, centro de elaboração de uma realidade secundária, esta, representação do mundo (SC, p.204-5). Entre os eventos exteriores, a massa orgânica e o pensamento, ou representação, pressupõe-se uma exterioridade recíproca, que, de acordo com a análise causal, permite que um seja explicado por meio do outro. Mas como, a partir do movimento de moléculas, constrói-se uma representação do mundo? Esse é um problema insolúvel. Conforme as palavras de Bergson (1970a), não se pode compreender como uma matéria disforme pode agir sobre um pensamento imaterial. A tentativa contrária inverte o sentido dessa ação projetiva. Parte-se das estruturas apriorísticas da consciência à enformação de um mundo, que não deixa de ser um mundo representado, sob o qual repousa a realidade mundana em si. A "espessura sensível" da coisa é reduzida a uma "rede de significações" e a percepção a uma relação de conhecimento entre sujeito e objeto (ibidem, p.239). Tanto a interpretação realista da percepção quanto a sua forma idealista constituem, aos olhos de Merleau-Ponty (SC, p.223), "erros motivados". Uma e outra tomam o mundo objetivo por tema de análise, a primeira para fazer dele a causa da percepção, a segunda para tomá-lo como fim imanente da consciência. Isso porque é exatamente um mundo completo, estável e real que temos diante de nós, a despeito do caráter assumidamente perspectivo da nossa presença no mundo. Os objetos aparecem para nós por meio de "esboços perceptivos" (Husserl, 2001a, passim). O livro que tenho diante de mim expõe apenas três das suas seis faces e, no entanto, é a um objeto completo que viso. Aquelas antinomias clássicas são frutos dessa estrutura ambígua da experiência perceptiva (SC, p.236) e de um modo objetivo de tratá-la. Quanto ao papel reservado ao corpo nessas abordagens antinômicas da percepção, ambas tratam-no como

A PRIMAZIA DO CORPO PRÓPRIO 151

objeto. Uma faz dele um objeto privilegiado: o corpo real ou anatômico é o agente intermediário entre o mundo objetivo e a consciência, concebida de modo mais ou menos embaraçoso, como uma espécie de tradução dos acontecimentos cerebrais (Bergson, 1970a, p.175). A outra reenvia a antinomia da percepção – o fato de ela constituir um evento interior dependente de eventos exteriores, eventos que não podem ser conhecidos senão por uma consciência – à dimensão do "pensamento confuso", como apontado por Descartes, e que leva em conta a experiência da passividade, ou seja, a experiência dos eventos naturais de ordem corporal ligados à percepção.

O "germe da universalidade", fundamento de todo conhecimento, encontra-se na coisa mesma, que percebemos diretamente, sem que o corpo apresente-se como um objeto intermediário entre nós e o mundo (SC, p.236; Merleau-Ponty, 1996b, p.114). É o corpo que percebe; somos nosso corpo. Mas esse fato fundamental não aparece senão pela suspensão do movimento natural que, vimos, leva a consciência a se negligenciar em prol da coisa completa. A interrupção desse movimento natural implica a suspensão das teses realistas e idealistas da percepção, para que a relação entre os esboços perceptivos, ou os perfis da coisa, e a própria coisa possa ser desvelada aquém dos prejuízos clássicos. Essa alteração da atitude natural, preconizada por Husserl, constitui a redução fenomenológica. Esse "mundo dado de antemão", o mundo que encontramos na vida da atitude natural, é sustentado por uma vida que não se deixa investigar senão por meio da suspensão dessa atitude, da suspensão das validações explícitas ou ocultas que nos lançam a um mundo de objetos com os quais nos ocupamos. A interrupção desse movimento natural nos libera desse "mundo pré-dado". É à correlação entre o mundo e a consciência de mundo que temos, assim, acesso, diz Husserl (1976, p.172), e ao movimento pelo qual a subjetividade opera a "validação do mundo". Somos, portanto, deslocados para aquém do mundo natural. Não se trata mais de interpretá-lo, visto que toda interpretação se dá no terreno de um mundo já dado.[6]

---

6 No período em que escrevera *A estrutura do comportamento*, Merleau-Ponty apenas iniciava sua apropriação da fenomenologia husserliana. Em *Fenomenologia da*

A versão merleau-pontiana da redução fenomenológica direciona a problemática da correlação entre o mundo e a consciência de mundo para o corpo fenomenal, que, "dotado de uma estrutura original", como nos faz ver Merleau-Ponty já ao longo do seu primeiro trabalho, oculta-se, na atitude natural, como agente entre nós e o mundo, apesar de não sê-lo. Já vimos que a noção de *Gestalt* advém do mundo percebido. A percepção vivida representa um fenômeno de estrutura, em que o espaço percebido depende da organização do conjunto do campo, das trocas dinâmicas entre figura e fundo. A *Gestalt* é uma "organização espontânea do campo sensorial" (Merleau-Ponty, 1998, p.25), organização que pode se mostrar mais ou menos estável, mais ou menos articulada. No âmbito da escola de Berlim, a partir do princípio de isomorfismo, essa noção propagou-se para todo um campo psicofísico, mais ainda, propagou-se para o campo dos processos nervosos. Os limites epistemológicos da psicologia da forma foram contornados por Merleau-Ponty pela aproximação ao estruturalismo organicista de Goldstein. Nesse contexto, a percepção passou a ser tomada por "momento da dialética viva" de organismos concretos. Os organismos voltam-se para estruturas de mundo, mais ou menos aderentes aos *a priori* biológicos. Mas não é só isso: os organismos, eles mesmos, constituem uma *Gestalt*. Doravante, a autorregulação do campo engloba a totalidade do organismo. Goldstein (1983), num capítulo dedicado à psicologia da *Gestalt*, questiona a ambiguidade da noção de forma. Segundo ele, a escola de Berlim não esclarece a natureza do privilégio da autorregulação do campo perceptivo em direção a certas estruturas em detrimento de outras. Se esse privilégio não é concedido nem por processos superiores nem por uma estrutura *a priori* do mundo em si, como ele pode ser concebido? Em que medida podemos considerar

---

percepção, a bibliografia primária referente ao autor alemão é consideravelmente alargada. Ainda assim, no texto que ora nos ocupa, é à redução fenomenológica da "última filosofia de Husserl" que Merleau-Ponty (cf. SC, p.236) se refere. Assim, tomamos a liberdade de nos basear em considerações presentes em *A crise das ciências europeias e a fenomenologia transcendental*, obra que agrupa textos do último Husserl. A propósito do percurso de Merleau-Ponty em relação à obra de Husserl, ver Saint Aubert (2005).

A PRIMAZIA DO CORPO PRÓPRIO 153

uma estruturação *a priori* do mundo? Merleau-Ponty admite a ambiguidade da noção de forma (SC, p.138); segundo ele, é justamente essa imprecisão que lhe atribui um caráter heurístico no embate com as filosofias realistas e idealistas. A forma é outra coisa que a soma de partes. Também, não é a ideia de significação que atrai Merleau-Ponty na noção de forma. Tomamos a liberdade de citar integralmente uma passagem há pouco mencionada:

> O que há de profundo na "Gestalt" da qual partimos não é a ideia de significado, mas a de *estrutura*, a junção de uma ideia e de uma existência indiscerníveis, o arranjo contingente pelo qual os materiais passam, diante de nós, a ter um sentido, a inteligibilidade em estado nascente. (SC, p.223; p.319 – grifo do autor)

O sentido das estruturas perceptivas não é um sentido lógico, mas um sentido sensível. É o que Merleau-Ponty busca afirmar por meio dessa consideração terminológica (Bernet, 2008). É o sentido sensível da "natureza do corpo vivo", sua "unidade interior", que "distingue um gesto de uma soma de movimentos" (SC, p.175), o que vimos emergir das análises do filósofo acerca do "significado do lugar na substância nervosa". O corpo vivo é uma *Gestalt*.[7] As funções do comportamento dependem da massa nervosa não como aglomerado de células dispostas num espaço geométrico, mas como conjunto de territórios ligados, inextricavelmente, ao quadro total da atividade orgânica. É por isso que nenhuma função comportamental pode ser localizada segundo parâmetros atomistas e que, no entanto, a substância nervosa é, em cada ponto, insubstituível. Sua subtração acarreta

---

7 Como afirma Embree (2006), Merleau-Ponty mostrará interesse pela noção de forma ao longo de toda sua carreira. Nas notas de trabalho de *O visível e o invisível*, a questão do corpo como *Gestalt* é formulada nos seguintes termos: "Meu corpo é uma *Gestalt* e ele é copresente em toda *Gestalt*. Ele é uma *Gestalt*; também e acima de tudo ele é significação densa, ele é carne [...]. E ao mesmo tempo ele é componente de toda *Gestalt*. A carne da *Gestalt* [...] é o que responde à sua inércia, à sua inserção em um 'mundo', aos seus prejuízos de *campo*. A *Gestalt*, portanto, implica a relação de um corpo perceptivo a um mundo sensível, isto é, transcendente, de horizonte, vertical e não perspectivo" (Merleau-Ponty, 2006b, p.255).

154 DANILO SARETTA VERISSIMO

alteração da atividade orgânica, com diminuição das suas capacidades funcionais. No funcionamento normal, a especificidade das partes é "sublimada" em prol de uma "nova significação" da atividade nervosa, em prol de um "conjunto funcional". Esse é o sentido da atitude categorial, ou função simbólica. Trata-se da expressão de uma nova estruturação orgânica, capaz de instituir uma dialética entre o organismo humano e o meio de vida original em relação a outras estruturas de comportamento encontradas na ordem vital. Merleau-Ponty (SC, p.143; p.207) afirma: "matéria, vida e espírito devem participar de modo desigual da natureza da forma, representar diferentes graus de integração e constituir, enfim, uma hierarquia em que a individualidade se realiza cada vez mais". A ideia de sublimação das especificidades da matéria nervosa é aplicada por Merleau-Ponty também no que se refere à integração dessas três ordens de estrutura. O corpo humano possui uma "história constitutiva" viva, mas sublimada. Ele possui um sentido biológico distinto do que encontramos no organismo animal. No homem, a energia vital é integrada num "conjunto novo" que a "suprime enquanto força biológica" (SC, p.194). Recorremos a um trecho do texto de Merleau-Ponty (SC, p.195; p.280-1):

> Um homem normal não é um corpo portador de certos instintos autônomos, anexado a uma "vida psicológica" definida por certos processos característicos – prazer e dor, emoção, associação de ideias – e encimado por um espírito que exporia seus atos próprios nessa infraestrutura. O advento das ordens superiores, à medida que se realiza, suprime como autônomas as ordens inferiores e dá aos processos que as constituem um significado novo. Por isso falamos de uma ordem humana, mais do que de uma ordem psíquica ou espiritual. A distinção tão frequente do psíquico e do somático tem seu lugar em patologia, mas não pode servir para o conhecimento do homem normal, isto é, integrado, já que nele os processos somáticos não se desenvolvem isoladamente e são inseridos num ciclo de ação mais vasto. Não se trata de duas ordens de fatos exteriores uma à outra, mas de dois tipos de relação, o segundo integrando o primeiro. Entre o que chamamos de vida psíquica e o que chamamos de fenômenos corporais, o contraste é evidente quando temos em vista o corpo considerado parte por parte e momento por momento. Mas mesmo

A PRIMAZIA DO CORPO PRÓPRIO **155**

a biologia, como vimos, se refere ao corpo fenomênico, ou seja, a um centro de ações vitais que se estendem num segmento de tempo, respondem a certos conjuntos concretos de estímulos e fazem que todo o organismo colabore. Nem mesmo esses modos de comportamento subsistem tal e qual no homem. Reorganizados por sua vez em conjuntos novos, os comportamentos vitais desaparecem como tais. É o que significam, por exemplo, a periodicidade e a monotonia da vida sexual nos animais, sua constância e suas variações no homem.

A consciência prova – nos vários sentidos que esse verbo possa encontrar: o de demonstrar, de experimentar, de sofrer – sua "inerência a um organismo" continuamente. E é para diferenciar essa inerência estrutural de uma inerência substancial que Merleau-Ponty (SC, p.224; p.321) faz apelo à filosofia de Hegel: "os momentos que o espírito parece ter atrás dele, ele os traz também em sua profundidade presente". As dialéticas subordinadas do sistema físico e das condições topográficas, e do organismo e do seu meio estão presentes como história viva do corpo, do mesmo modo que as etapas do desenvolvimento de um adulto são assumidas e transformadas sem que se possa pretender que os estados arqueológicos do homem maduro não estejam presentes nele. Estão, mas não como sistemas isolados, e sim como etapas dialéticas ultrapassadas e reorganizadas numa atitude nova diante do mundo. Merleau-Ponty vislumbra no campo da patologia esboços da nossa história filogenética e ontogenética. Jackson, no campo das afasias, e Freud, no campo das neuroses e psicoses, expuseram a "iminência" desses estados arqueológicos nos casos de desintegração do comportamento devida à lesão cerebral ou a experiências traumáticas.

A vida à qual o animal deve adaptar-se não possui o mesmo sentido para o homem (SC, p.188), do mesmo modo que a corporeidade animal não é a mesma que a corporeidade humana. E, se, para expressar essa distinção, recorre-se ao termo "espírito" ao se falar do homem, entre vida e espírito só é possível uma distinção funcional, e não substancial. O espírito não é algo que adere à natureza vital dando origem ao homem, diz Merleau-Ponty. "O homem não é um animal racional",

156 DANILO SARETTA VERISSIMO

comenta o autor (SC, p.196). É por isso que a perturbação da atitude categorial não deixa indene o comportamento sexual do paciente. Por sua vez, o animal não pode ser reduzido ao "animal máquina" de Descartes. Seu entrelaçamento vivo com o mundo contraria as interpretações mecanicistas do comportamento. Mas, se quisermos falar em inteligência animal ou, mesmo, em consciência animal, o fato é que essas expressões não devem designar o mesmo que designam no tocante ao homem. É o que aprendemos a partir da leitura que Merleau-Ponty realiza dos trabalhos de Buytendijk e de Köhler. O filósofo, num texto publicado originalmente em 1947, faz o seguinte comentário a respeito das pesquisas do psicólogo gestaltista:

> Se *A inteligência dos símios superiores* prova alguma coisa, é que não se saberia falar de inteligência no animal no sentido que se entende no homem. O livro convidava os psicólogos a compreender as condutas segundo sua lei de organização interna, ao invés de procurar nelas o resultado de uma combinação de processos simples e universais. (Merleau-Ponty, 1996b, p.103-4)

O trabalho de Köhler, não deve ser lido como um exercício de antropologia naturalista, diz ainda o autor. Não é o fato de que o animal, como o homem, possui uma *Gestaltung* que deveria sobressair, mas, sim, o contraste entre a *Gestaltung* animal e a *Gestaltung* humana (Merleau-Ponty, 1996b, p.104; 2002b, p.39-40). É nesse quadro teórico que o humanismo metafísico pode ser ultrapassado. A vida animal anuncia a vida humana, consideração que não implica nem a redução do homem a um animal racional nem a redução do animal a um ser privado da inteligência e do espírito humanos (Barbaras, 2008, p.154-5).[8]

---

8 Barbaras (2008) afirma que Bergson não ultrapassara verdadeiramente a ideia, advinda do humanismo metafísico, de uma humanidade estrangeira à vida.

A PRIMAZIA DO CORPO PRÓPRIO 157

*

Se Masuda (1993) lê na filosofia da estrutura, operada por Merleau-Ponty e que garante uma unidade própria ao homem, a chave para uma "cisão profunda" entre a animalidade e a humanidade, nós lemos nessa mesma filosofia da estrutura a recuperação da *natureza* no homem. Mas o autor abre outra discussão central para nosso estudo: a percepção, que Merleau-Ponty delimita, no último capítulo de *A estrutura do comportamento*, como o núcleo das suas questões em filosofia, parece supor a função simbólica. "O homem, o sujeito perceptivo humano, não contraíra uma enorme dívida em relação ao *símbolo* e a cadeia axiológico-semântica que ela comanda?", pergunta Masuda (1993, p.236 – grifo do autor). Afinal, para Merleau-Ponty, a forma simbólica do comportamento humano corresponde à "multiplicidade perspectiva" que "libera os estímulos" da sua ancoragem atual e do seu valor funcional-biológico, e atribui ao corpo humano o poder de significação (SC, p.133). A questão de Masuda possui uma dupla implicação: em primeiro lugar, a afirmação da importância que a semântica da atitude categorial adquire ao longo de *A estrutura do comportamento*; em segundo lugar, ela lança uma interrogação acerca da assimilação dessa semântica no trabalho seguinte de Merleau-Ponty, *Fenomenologia da percepção*. Em sua primeira obra, Merleau-Ponty parece incorrer nas dificuldades da passagem do ponto de vista exterior ao ponto de vista interior. Que estatuto dar ao comportamento simbólico quando passamos à perspectiva da experiência interior da consciência perceptiva? Malgrado o fato de a atitude categorial ter sido apresentada pelo filósofo – como esperamos ter mostrado – em ato, ou seja, como vivência corporal, na perspectiva interior a semântica do símbolo aproxima-nos de uma "consciência naturante" (Bimbenet, 2000, p.47-8). O que decorria de uma descrição concreta do comportamento e da sua análise ideal, transplantado-se para a dimensão interior da consciência perceptiva, pode configurar uma abstração: a ideia de que uma função simbólica sustenta o caráter objetivante da percepção. Na posição do "espectador estrangeiro", na qual Merleau-Ponty manteve-se durante a maior parte de *A estrutura do comportamento*, o problema do perspectivismo da percepção aparece na distinção estrutural entre o "perspectivismo simples" do animal, atado ao seu *Umwelt*, e a "multiplicidade perspectiva" expressa no comportamento humano. Na medida em que a percepção passa a ser interrogada do ponto de vista do sujeito perceptivo, a "inerência vital" e a "intenção racional" são encontradas na vida intencional como um todo (cf., por exemplo, PhP, p.65). O "surgimento de um mundo verdadeiro e exato", assim como a "finitude da percepção" e a opacidade da coisa percebida, é ancorado na nossa "inerência a um ponto de vista" (PhP, p.350). O objeto absoluto é preparado no "mais profundo" recanto do sujeito perceptivo (PhP, p.376). Tudo se passa como se aqueles dois perspectivismos fossem, então, interiorizados na existência humana (Bimbenet, 2008). Podemos, nesse contexto, manter a função simbólica como dimensão da percepção?

PARTE III
A FUNÇÃO SIMBÓLICA NA
FENOMENOLOGIA DA PERCEPÇÃO

6
O CORPO HABITUAL

Nos capítulos anteriores, vimos que Merleau-Ponty, em *A estrutura do comportamento*, identifica a função simbólica, primeiro, com o fator cuja inflexão corresponde à perturbação fundamental no caso de certos quadros neuropatológicos, segundo, com o traço distintivo da corporalidade humana. Tomemos a função simbólica, nesse primeiro trabalho, como um instrumento teórico que ganhara lugar a partir da crítica ao pensamento causal no estudo do comportamento e cuja utilização vale a Merleau-Ponty uma passagem razoavelmente segura a um gênero de análise compreensivo no que diz respeito à corporalidade vista do exterior. Doravante, na *Fenomenologia da percepção*, é na perspectiva da consciência que o corpo próprio será abordado, e, nessa perspectiva, a função simbólica, como instrumento de análise, não permanecerá intacta.

Sobre a noção de consciência na *Fenomenologia da percepção*

Já foi dito que Merleau-Ponty, ao iniciar a *Fenomenologia da percepção*, não se ocupara imediatamente da consciência transcendental. Toda a introdução do livro, que abrange quatro capítulos, é dedicada a

162 DANILO SARETTA VERISSIMO

fazer ver a irredutibilidade da subjetividade a fenômenos particulares e exteriores uns aos outros, como os que encontramos nas diversas reedições do pensamento empírico ao longo da história da filosofia e da psicologia, e, ao mesmo tempo, a sinalizar a sua "inerência histórica" (PhP, p.69), por seu turno contra as expressões intelectualistas na filosofia e na psicologia da percepção.

A filosofia e a psicologia empíricas fazem do sujeito perceptivo o lugar de ocorrência de fatos mentais, cujas moléculas constitutivas mais elementares são as sensações. Da associação entre essas moléculas mentais, devida à sua semelhança ou à sua contiguidade espacial e temporal, ou mesmo a processos intelectuais, visto que a simples associação não dá conta de explicar nossa percepção efetiva, nasceria nossa percepção, cópia do mundo exterior, polo subjetivo de uma realidade em si. O preceito fundamental que dá coerência à cadeia de acontecimentos que vai dos estímulos físico-químicos emanados do mundo exterior, passando por nossos órgãos sensoriais e demais estruturas nervosas, aos fatos sensoriais que são produzidos na consciência, é a hipótese de que haja conformidade entre os estímulos e as sensações, de que haja "uma correspondência pontual e uma conexão constante entre o estímulo e a percepção elementar" (PhP, p.14). Essa "hipótese de constância"[1] é expressão do que Merleau-Ponty considera como o esquecimento da experiência perceptiva em favor do objeto ao qual ela nos abre, mais especificamente em favor do percebido tomado segundo o pensamento objetivo do mundo. Há uma ciência acerca do mundo que o tem por soma de objetos que, por sua vez, são compostos por fragmentos de matéria, o que se traduz por uma concepção do espaço como conjunto de pontos exteriores uns aos outros (PhP, p.10). O fato é que a determinação do mundo em si fora transportada diretamente para o estudo

---

1 A expressão "hipótese de constância" é atribuída por Merleau-Ponty (PhP, p.14) a Köhler. Voltamos a frisar que a encontramos, também, em Gurwitsch (2002), que, aliás, apresenta uma discussão bastante clara e precisa acerca do papel que era atribuído ao princípio de constância na percepção no interior da dinâmica teórica das teorias empíricas, bem como do efeito renovador que o "sacrifício" da hipótese de constância trouxera ao desenvolvimento das doutrinas "modernas", tais como a psicologia da forma.

A PRIMAZIA DO CORPO PRÓPRIO **163**

do fenômeno perceptivo, dando ensejo a teorizações que desfiguravam a nossa experiência vivida da percepção. A "sensação pura", categoria perfeitamente análoga às partículas materiais que a física e a química encontram nos objetos, não é nada do qual possamos ter experiência – aliás, essa é uma observação igualmente válida em relação aos elementos atômicos da matéria, com a diferença de que, em grande medida, as concepções materialistas do mundo instrumentalizam o cientista para o trabalho sobre o objeto físico, enquanto, no tocante à subjetividade, mais a dissimulam do que a revelam (PhP, p.12). Encontramo-nos aqui em face de embaraços teóricos semelhantes ao que vemos na fisiologia, quando esta tenta situar o seu objeto, o comportamento, no mundo, e acaba, também, por dissimulá-lo, nesse caso por detrás da ideia de arco reflexo, que deriva cada elemento da reação orgânica a partir de um elemento da situação objetiva na qual o organismo se encontra (PhP, p.13).

A antítese intelectualista das teorias da percepção e, em última instância, da subjetividade partilha com o empirismo a necessidade de um mundo objetivo e determinado, à diferença que esse mundo não é identificado como causa da percepção, mas, sobretudo, como seu fim imanente (PhP, p.39). Merleau-Ponty mostra-nos que, no intelectualismo, "a percepção é um julgamento" (PhP, p.42), ver é pensamento de ver, conforme um modo de expressão próprio aos primórdios da análise reflexiva. Os dados advindos da sensibilidade corporal são a ocasião para uma "interpretação de signos", para atos de reflexão e de construção de uma representação do mundo. O que nos leva a uma constatação paradoxal, que une de modo essencial o empirismo e o movimento antagônico a ele, a saber, que a hipótese de constância continua sendo pressuposta pelo intelectualismo psicológico (PhP, p.40, 42, nota 1; Gurwitsch, 2002). É na trilha das sensações, tomadas aqui como dados não percebidos e dispersos, que a imaginação, a memória, o julgamento e a representação podem ser identificados como funções psíquicas responsáveis pelo amálgama perceptivo do qual temos a experiência consciente. E se esse amálgama não é definitivo, mas, antes, cambiável, isso se deve às mudanças de interpretação que sustentam a percepção, mesmo que tais mudanças não obedeçam a um ato voluntário – o que, aliás, implica uma grande dificuldade teórica

164 DANILO SARETTA VERISSIMO

para o intelectualismo, na medida em que se vê obrigado a dar conta do fato de que o pensamento escapa a si mesmo. É por isso que um cubo desenhado num papel pode ser visto de duas maneiras distintas; se os elementos sensíveis da figura são constantes, é no espírito (intelectualismo filosófico) ou na atividade cognitiva (intelectualismo psicológico) que deve ser procurada a explicação do fenômeno. Mas, se é assim que as coisas se passam, em termos de julgamento, de onde vem nossa certeza de perceber? Afinal, na vida ordinária, não dizemos que cremos ver algo, mas, sim, que vemos as coisas. Além disso, os doentes que sofrem de alucinações são capazes de distingui-las de suas percepções efetivas. Merleau-Ponty (PhP, p.385-6; p.448-9) comenta: "Se os doentes dizem tão frequentemente que lhes falam por telefone ou pelo rádio, é justamente para exprimir que o mundo mórbido é factício, e que lhe falta algo para ser uma 'realidade'". As alucinações escapam à densidade da coisa percebida; a maior parte delas se constitui de fenômenos efêmeros, sensações vagas de pontos brilhantes, silhuetas, sussurros. Se se trata de um objeto definido, como a visão de um animal ameaçador, é antes o seu estilo ou a sua fisionomia que é representada (PhP, p.392-3).[2] Por sua vez, as coisas com as quais nos ligamos adquirem "espessura" a partir da compressão que caracteriza o nosso tempo vivido; assim como o outrora e o porvir coexistem na experiência do presente, as perspectivas possíveis da coisa se comprimem na presença "carnal" do objeto. Contudo, a debilidade da alucinação não impede que haja a "impostura alucinatória", ou seja, a adesão do doente a esse mundo mórbido. Ora, abaixo desse mundo constituído e objetivo, do qual trata o intelectualismo, há um mundo pré-objetivo com o qual nos unimos numa "comunicação vital" (PhP, p.394). Para Merleau-Ponty, é o estudo dessa ligação primordial que pode nos levar a uma compreensão tanto do fenômeno perceptivo quanto do processo alucinatório. Precisemos essa análise por meio das próprias palavras do filósofo:

---

2 Vale destacar que, nos trechos em que se utiliza de aspectos descritivos do fenômeno alucinatório, Merleau-Ponty faz uso, sobretudo, das obras de Minkowski e de Straus.

A PRIMAZIA DO CORPO PRÓPRIO 165

Embora a alucinação não seja uma percepção, há uma impostura alucinatória e é isso que não compreenderemos nunca se fizermos da alucinação
uma operação intelectual. É preciso que a alucinação, por mais diferente
que ela seja de uma percepção, possa suplantá-la e existir para o doente
mais do que suas próprias percepções. Isso só é possível se a alucinação e
a percepção são modalidades de uma única função primordial pela qual
dispomos em torno de nós um ambiente de uma estrutura definida, pela
qual nós nos situamos ora em pleno mundo, ora à margem do mundo.
A existência do doente está descentrada, ela não se consuma mais no
comércio com um mundo áspero, resistente e indócil que nos ignora, ela
se esgota na constituição solitária de um meio fictício. *Mas essa ficção só
pode valer como realidade porque no sujeito normal a própria realidade é
alcançada em uma operação análoga.* (PhP, p.394; p.458 – grifo do autor)

Se essa operação fosse um ato de síntese operado por uma consciência constituinte, não se poderia compreender por que o mundo e o
sujeito não convivem numa coincidência plena, por que não vivemos
nas "articulações mais secretas" de ambos e por que, ao contrário,
vivemos na "espessura de um presente" (PhP, p.275). Ademais, seria
difícil compreender como essa consciência reflexiva deixar-se-ia aderir
a uma ilusão construída por ela mesma paralelamente à sua obra com
valor de realidade. A alucinação apenas é possível porque a consciência
não se possui plenamente.

Quando a fenomenologia husserliana constrói-se sobre a verificação
de que toda consciência é consciência de alguma coisa, constatação que,
conforme as palavras de Moura (2007, p.9), à primeira vista "parece
a exposição, muito solene, de uma irritante banalidade", e quando,
no campo da pesquisa empírica inspirada por essa fenomenologia, a
psicologia da *Gestalt* afirma que uma figura sobre um fundo é o dado
sensível mais simples ao qual podemos ter acesso, que o "alguma coisa"
perceptivo encontra-se sempre como parte de um "campo perceptivo",
trata-se, por um lado, de contrapor-se a essa ciência objetiva da subjetividade, que pulveriza o objeto e faz dos seus elementos, elementos
da consciência, enquanto o objeto, sensível como um todo, é objeto
para a consciência, e, por outro lado, de contrapor-se a toda forma

166 DANILO SARETTA VERISSIMO

de intelectualismo, que se relaciona, não com o mundo, mas com representações "plenas e determinadas" do mundo. Toda forma de causalidade psicológica, bem como de intelectualismo, pressupõe "a operação primordial que impregna o sensível de um sentido [...]" (PhP, p.43). Essa operação, Merleau-Ponty nos convida a encontrá-la entre as alternativas do "naturado" e do "naturante", num plano de fundo que, para ele, constitui uma "vida de consciência pré-pessoal" (PhP, p.241) que sustenta toda investida analítica sobre a percepção. Não há um caos de sensações que deva ser organizado seja por fenômenos associativos, seja por fenômenos mnêmicos ou, ainda, por fenômenos intelectuais. O mundo já se apresenta a nós em forma, as coisas que vemos já configuram unidades inseridas em determinados contextos perceptivos; vemos, ouvimos e tocamos não sensações, mas fisionomias e estruturas da paisagem, da palavra, do objeto (PhP, p.22 et seq.). A crítica da hipótese de constância possui o valor de uma redução fenomenológica, ou seja, de suspensão da ideia de mundo partilhada pelo senso comum e pela ciência, e, nessa medida, nos abre um "campo fenomenal" que demanda uma circunscrição clara (PhP, p.66).

O primeiro ato filosófico seria então retornar ao mundo vivido aquém do mundo objetivo, já que é nele que poderemos compreender tanto o direito como os limites do mundo objetivo, restituir à coisa sua fisionomia concreta, aos organismos sua maneira própria de tratar o mundo, à subjetividade sua inerência histórica, reencontrar os fenômenos, a camada de experiência viva através da qual primeiramente o outro e as coisas nos são dados, o sistema "Eu-Outro-as coisas" no estado nascente, despertar a percepção e desfazer a astúcia pela qual ela se deixa esquecer enquanto fato e enquanto percepção, em benefício do objeto que nos entrega e da tradição racional que funda. (PhP, p.69; p.89-90)

A dureza ou a rugosidade de um objeto implicam "uma certa maneira de me unir ao fenômeno e de comunicar-me com ele" (PhP, p.367; p.425).[3] As coisas se passam de modo análogo no tocante à percepção

---

3 Sobre isso, ver também Merleu-Ponty (2002b, p.26-9). Nas páginas indicadas, Merleau-Ponty, apoiando-se em Sartre, realiza uma bela análise da unidade

A PRIMAZIA DO CORPO PRÓPRIO 167

de um comportamento qualquer. Os signos que se esboçam diante de nós são retomados por uma espécie de sintonia anterior à subsunção intelectual. Não apreendemos uma ideia que seja responsável pela unidade do comportamento, mas sim a própria animação do sujeito que nos é dada em "carne e osso" e como que por uma "comunicação prévia com uma certa atmosfera" (PhP, p.370; p.430). Nosso próprio corpo é apreendido com esse caráter antepredicativo, e grande parte do esforço de Merleau-Ponty se dá, justamente, no sentido de mostrar que a unidade do nosso corpo não se distingue – e, com efeito, é a fonte – da unidade temporal, da unidade do mundo e da própria unidade que constituímos com os outros e com as coisas. Ora, o que é, então, o sujeito perceptivo se ele experimenta essa cumplicidade de sentido com o mundo, e não apenas com ele, mas com os outros sujeitos que ele encontra no mundo e, antes de tudo, com o seu próprio corpo? Certamente, ele não pode ser identificado com o *cogito* da tradição cartesiana, com um Eu retirado do "sistema da experiência". Se Descartes afirmava que não é o olho que vê, mas, sim, a alma, para Merleau-Ponty trata-se de recobrar um certo sentido da afirmação de que vemos com nossos olhos. Isso sem deixar de lado o fato de que temos a "experiência de nós mesmos", a experiência de uma "presença efetiva de mim a mim" (PhP, p.X; p.13). Se a visão é visão de algo é porque ela pode apreender--se como visão de algo, caso contrário ela não seria visão de nada, e nisso reside a verdade do gesto cartesiano de retorno a um Eu. Mas essa apreensão de nós por nós mesmos não é límpida e absoluta, assim

---

dos objetos, tendo como plano de fundo a unidade dos nossos sentidos, tema que voltará a ser abordado no próximo capítulo deste livro. Segue um extrato do texto: "O mel é um fluido lento; ele possui, mesmo, certa consistência, ele se deixa segurar. A mão viva, exploradora, que cria dominar o objeto, encontra-se atraída por ele e grudada no ser exterior. [...] O mel é doce. Ora, o doce, 'doçura indelével, que permanece indefinidamente na boca e sobrevive à deglutição', é, na ordem dos sabores, essa mesma presença grudenta que a viscosidade do mel realiza na ordem do tocar. Dizer que o mel é viscoso e dizer que ele é doce são duas maneiras de dizer a mesma coisa, a saber, uma certa relação da coisa conosco, ou uma certa conduta que ela nos sugere ou nos impõe, uma certa maneira que ela possui de seduzir, de atrair, de fascinar o sujeito livre que se encontra confrontado com ela" (ibidem, p.26-7).

168 DANILO SARETTA VERISSIMO

como não o é o fenômeno perceptivo; ela é repleta de "ambiguidade
e de obscuridade" (PhP, p.423, 432). Voltemo-nos, mais uma vez, às
palavras de Merleau-Ponty (PhP, p.485; p.568-9):

[a] consciência última não é um sujeito eterno que se aperceba em uma
transparência absoluta, pois um tal sujeito seria definitivamente incapaz
de decair no tempo e não teria portanto nada de comum com nossa experiência – ela é a consciência do presente. No presente, na percepção, meu
ser e minha consciência são um e o mesmo, não que meu ser se reduza ao
conhecimento que dele tenho e esteja claramente exposto diante de mim –
ao contrário, a percepção é opaca, ela põe em questão, abaixo daquilo que
eu conheço, meus campos sensoriais, minhas cumplicidades primitivas
com o mundo –, mas porque aqui "ter consciência" não é senão "ser em..."
e porque minha consciência de existir confunde-se com o gesto efetivo de
"ex-situação". É comunicando-nos com o mundo que indubitavelmente
nos comunicamos com nós mesmos.

Conforme Merleau-Ponty (PhP, p.462 et seq.), o *cogito* cartesiano
é um "*cogito* falado", ou seja, um *cogito* já condicionado pelo poder
objetivante da linguagem e que deixa atrás de si, intocada, a visão
pré-objetiva que temos das nossas motivações, da nossa situação
no ambiente natural e social, enfim, da nossa existência. É apenas
visando ao que já lhe é conhecido, exatamente pelo fato de ser fruto
de um processo de fixação de sentido, que esse pensamento visado
por Descartes pôde ser tomado como o pensamento último. A análise
cartesiana da consciência deixou de fora a sua dimensão silenciosa,[4]
afirma Merleau-Ponty, aquela em que, justamente, as palavras e tudo
que nos cerca adquirem um sentido, e que pode, por isso mesmo, ser
comparada à consciência infantil, anterior à linguagem (PhP, p.463)
e ao pensamento objetivo, mas nem por isso incapaz de produzir uma
luz sobre si mesma.

Para além do *cogito* falado, aquele que está convertido em enunciado e
em verdade de essência, existe um *cogito* tácito, uma experiência de mim

---

4 Sobre o "silêncio da consciência originária", ver PhP (p.X).

A PRIMAZIA DO CORPO PRÓPRIO **169**

por mim. Mas essa subjetividade indeclinável só tem sobre si mesma e sobre o mundo um poder escorregadio. (PhP, p.462; p.541)

Essa subjetividade, presente abaixo do *cogito* pensante, revela-se como "inerência ao mundo" (PhP, p.464) e, antes disso, como corpo no mundo, como "corpo-cognoscente" (PhP, 467). É nesse sentido que Merleau-Ponty ressalta o fato de que, por detrás das pesquisas da "psicologia moderna" sobre a linguagem, desvela-se uma "presença motora da palavra" que não se confunde com representação ou conhecimento da palavra, na acepção intelectualista dos termos. Trata-se, antes, de observar a inflexão corporal presente tanto no ato de percepção quanto no ato de expressão linguísticas. Aprender uma palavra não implica o seu processamento analítico, que a tornaria disponível em termos ideatórios e, depois, motores, mas, sim, a sua "assunção" pela "potência motora" (PhP, p.462) que somos. As palavras e tudo o mais com o que nos deparamos no mundo possuem contexto, são apresentadas a nós em situações investidas, antes de tudo, de um valor vital. Na percepção, tomada aquém do "prejuízo do mundo objetivo" empirista ou intelectualista, infraestrutura instintiva, ou inerência vital, e superestrutura cognoscente, ou intenção racional, caminham juntas. Se o *cogito* tácito de que fala Merleau-Ponty é incapaz de se possuir absolutamente é porque ele é corporalidade, um "saber latente e habitual do mundo" fundado sobre uma "tradição perceptiva", e porque esse "lugar da natureza", que é o nosso corpo, nos abre o tempo. Nosso presente é preenchido por um horizonte de passado e de futuro. Impossível a coincidência comigo mesmo quando o "vazio do futuro" se anuncia perenemente. Do mesmo modo, se cada ato perceptivo nos abre uma "pretensão à objetividade", sustentada pelos horizontes perceptivos retidos e projetados, no mesmo instante a sucessão temporal preenche a percepção com perspectivas vindouras que oferecem espessura ao objeto percebido, tornando-o ao mesmo tempo opaco e inesgotável (PhP, p.275-9). Nesse sentido, podemos dizer, com Barbaras (1998, p.118), que a consciência constituinte é antes o que resta constituir, que ela se nos apresenta como "o horizonte teleológico da existência

170 DANILO SARETTA VERISSIMO

corporal [...]" e não como a fonte absoluta de todo saber e, mais ainda, do próprio ser.[5]

Pois bem, realizada essa introdução, na qual novamente incorremos nos riscos de uma sinopse, acompanhemos Merleau-Ponty, bem como seus cúmplices da filosofia e das ciências do homem, no estudo deste "trabalho já feito" (PhP, p.275) que é o da ligação corporal que estabelecemos com o mundo. É nessa perspectiva que encontraremos a chave da crítica operada pelo filósofo à função simbólica na *Fenomenologia da percepção*.

O corpo habitual e o corpo atual

A exemplo da discussão sobre a função simbólica em *A estrutura do comportamento*, pode-se dizer que, na *Fenomenologia da percepção*, nosso tema recebe um primeiro tratamento indireto, o qual será abordado aqui a título de análise preliminar, que nos auxiliará a demarcar precisamente nossos problemas e os caminhos para o desenvolvimento do nosso estudo. Assim, retomaremos as discussões de Merleau-Ponty

---

5 Vale comentar que Barbaras (1998, 2001) realiza uma importante demarcação da dualidade que, segundo ele, permanece sendo pressuposta na *Fenomenologia da percepção*. Para o autor, o interior desta obra é marcado por uma "tensão" nunca desfeita completamente entre consciência e objeto, entre sujeito e natureza; a noção de *cogito* tácito surge, justamente, como expressão dessa dualidade, como tentativa de dar conta do fato, revelado pela nossa experiência, de que, simultaneamente, temos contato com o nosso ser e com o ser do mundo (cf. Barbaras, 1998, p.120; PhP, p.432). A consciência encarnada, se não se possui, também não escapa a si mesma. Segundo Barbaras, essa ambiguidade baseia-se na admissão da noção de consciência, o que impede maiores avanços na abordagem do problema da corporalidade. "Parece que um pensamento rigoroso do corpo próprio deve renunciar à categoria de consciência: mais do que negação interna à consciência, o corpo deve ser retomado como *negação da própria consciência*. Finalmente, o mérito da *Fenomenologia da percepção* terá sido o de pôr em evidência, de alguma forma à sua revelia, a incompatibilidade profunda entre os traços descritivos do corpo próprio e a filosofia da consciência que busca recolhê-los [...]" (Barbaras, 1998, p.123 – grifo do autor). Será apenas em *O visível e o invisível* que encontraremos a abordagem do corpo próprio fora dos liames da distinção entre consciência e objeto, afirma o autor.

A PRIMAZIA DO CORPO PRÓPRIO **171**

acerca do fenômeno do membro fantasma e da anosognose, e, para tanto, nos basearemos nos estudos de Lhermitte (1998), que proveram uma parte significativa dos dados sobre os quais Merleau-Ponty animou suas investigações.

Lhermitte fala em "ilusão" ou "alucinação" dos amputados ao iniciar suas discussões sobre os membros fantasmas, fenômenos referidos desde há muito na história da filosofia e da medicina, que foram foco de análises por parte de Descartes, por exemplo, e que passaram a ser estudados de modo sistemático, a partir de meados do século XIX, por neurologistas e psiquiatras como Guéniot, Weir-Mitchell, Charcot, Henry Head, Pick, Schilder, Katz e Menninger-Lerchenthal. Os membros fantasmas são fenômenos comuns nos amputados e referem-se ao fato de que, malgrado a supressão de um membro do corpo em virtude de acidentes ou patologias diversas, os pacientes continuam a senti-lo de modo mais ou menos fiel à presença do membro "real" de outrora. Segundo o relato dos pacientes, muitos deles, ao realizarem movimentos involuntários, ainda contam com o membro amputado. Este, no mais das vezes, possui um lugar no espaço e uma posição bem definida, geralmente semelhante à posição em que se encontrava momentos antes da amputação. Contudo, essa espacialidade do membro fantasma não obedece às leis da física e da fisiologia. Ele pode ser sentido a alguns centímetros do coto, "solto no ar", ou, por exemplo, no caso de uma amputação de todo o braço, a mão fantasma pode ligar-se diretamente ao coto, situado na altura do ombro. Sensações desagradáveis no membro fantasma, penosas afetivamente, e, por vezes, bastante dolorosas são as queixas mais comuns por parte dos pacientes. Lhermitte insiste na importância de diferenciar as dores localizadas no membro fantasma das dores localizadas nas extremidades do coto, estas normalmente relacionadas à irritação dos filamentos nervosos seccionados. Segundo o autor, os pacientes não se enganam jamais a respeito da localização da dor. O mais usual é que tais manifestações dolorosas localizadas no membro fantasma, e que podem ser contínuas ou intermitentes, sejam caracterizadas menos por uma condição aguda do que por uma condição por vezes difícil de definir e que se aproxima mais de um desconforto íntimo. Os pacientes queixam-se,

172   DANILO SARETTA VERISSIMO

também, de contrações e espasmos, de formigamentos, de dormência, de sensações de estiramento da pele e dos tendões, além de sensações de aquecimento ou de resfriamento dos membros ausentes. É interessante notar que a ocorrência desse gênero de sensações acentua a imagem do membro fantasma, a sua presença espacial e, mesmo, motora para o paciente. De modo análogo, levando-se em conta que a presença do membro fantasma possui, frequentemente, uma "história caprichosa", marcada por intermitências e revivescências, Lhermitte frisa o fato de que, sob a influência de uma emoção, de um exercício, ou da aproximação de algum objeto, a imagem fantasma ausente pode reaparecer.

Quanto à anosognose, trata-se de um diagnóstico que parece nos encaminhar aos antípodas do fenômeno do membro fantasma, não fosse o caráter de negação de um acontecimento orgânico que une as duas manifestações patológicas. Na anosognose, cujas primeiras descrições remontam aos trabalhos de Anton e de Babinski, o fenômeno essencial, como diz Lhermitte (1998, p.129), é a ignorância "sistemática e voluntária" da paralisia ou da paresia[6] dos membros, isso apesar da integridade das capacidades psíquicas críticas dos pacientes. Estes não se esforçam para utilizar os membros paralisados e parecem, mesmo, se desinteressar por eles. Vem daí nossa afirmação anterior, relativa ao antagonismo desse quadro em relação ao do membro fantasma. Enquanto os pacientes amputados parecem contar com os membros que não existem mais, os anosognósicos parecem desligar-se de membros que efetivamente permanecem presentes. Lhermitte (1998, p.129) apresenta-nos o trecho de uma entrevista clínica estabelecida com um paciente que sofria de paralisia dos membros superior e inferior esquerdos:

"Mostre-nos a mão esquerda". É a mão direita que o doente apresenta. Corrigimo-lo: "Mas não é a mão esquerda que você me mostrou, repito, faça-me ver a mão esquerda", e, mais uma vez, é a mão direita que nos é estendida. Ainda, se apresentamos a nosso paciente sua própria mão esquerda, ele não a reconhece como sua e a toma por uma mão estrangeira. "Não, esta não é minha mão", repete ele obstinadamente.

---

6 Paralisia parcial, no jargão médico.

A PRIMAZIA DO CORPO PRÓPRIO 173

Outro paciente, portador de hemiplegia esquerda, acrescida de hemianestesia total e hemianopsia esquerda, declara que, de tempos em tempos, uma mão estranha vem repousar sobre seu peito, o que o deixa irritado e ansioso, dado que ele teme que ela lhe faça algum mal. Lhermitte acrescenta que esse paciente não fazia qualquer alusão ao lado paralisado do seu corpo, como se essa parte não existisse mais. Outro paciente tomava sua mão esquerda paralisada por uma "longa serpente". "'Não sei de onde isso vem', dizia ele, 'ela é tão longa e tão desprovida de vida quanto uma serpente morta'" (ibidem, p.130). Já uma paciente de 72 anos de idade, bastante desorientada, quando em seu leito chegava a afirmar que o lado esquerdo do seu corpo pertencia a outra pessoa, deitada ao seu lado.

Duas grandes questões percorrem o texto de Lhermitte: uma delas refere-se a discussões acerca das origens psicofisiológicas dos fenômenos do membro fantasma e da anosognose, a outra ao estabelecimento de uma compreensão desses fenômenos calcada na noção de esquema corporal. A discussão acerca da origem desses fenômenos patológicos, por sua vez, gira, também, em torno de dois polos: as hipóteses de origem nervosa periférica e as hipóteses de origem nervosa central. A aplicação de estímulos elétricos não dolorosos no coto pode ser suficiente para reavivar um membro fantasma extinto há alguns anos, e o bloqueio medicamentoso ou cirúrgico das vias nervosas que partem do coto pode levar ao desaparecimento das dores no membro fantasma ou, até mesmo, interromper a "alucinação" do amputado. Há até mesmo estudos que buscam relacionar o estímulo de partes específicas do coto a sensações em segmentos bem definidos do membro fantasma (ibidem, p.57, 84, 89-90). Resultados como esses reforçam a "teoria periférica da ilusão dos amputados", teoria que, como frisa Lhermitte, remonta às observações e análises de Descartes. Segundo ela, a ilusão dos amputados deve-se, essencialmente, à permanência de excitações advindas dos nervos ligados às extremidades do coto, seja em virtude de simples estímulos fisiológicos naturais, seja em virtude de irritações patológicas comuns na região das amputações. Assim, desde que se impeçam os estímulos advindos dessa região de ganhar a medula espinhal e o cérebro, o membro fantasma, expressão psicológica desses

174 DANILO SARETTA VERISSIMO

estímulos físicos, deve cessar. Além do fato de essa causalidade teórica não ser verificada *ad litteram*, há fatos que corroboram uma hipótese neurofisiológica central e, em diversos e significativos aspectos, uma hipótese psicológica. Num sujeito amputado do braço, a contração do músculo deltoide, localizado na região do ombro, coincide com a ilusão de movimento do dedo polegar fantasma. Contudo, no corpo humano íntegro, não há qualquer ligação fisiológica entre a contração do deltoide e os movimentos de extensão e de flexão do polegar, o que impede de se indicar aquela contração como condição fisiológica da ilusão. Lhermitte, a partir de um estudo de Henry Head, relata o caso de um paciente cuja perna fantasma desaparecera após o surgimento de uma lesão cerebral severa localizada no lobo parietal oposto ao do membro amputado. Além disso, lesões cerebrais podem ocasionar o aparecimento de membros fantasmas sem que tenha havido amputação do membro duplicado. A hipótese periférica é ainda menos sustentável quando se trata de explicar o ressurgimento do membro fantasma a partir de circunstâncias que recordam o sujeito da perda de uma parte do seu corpo. Além disso, os relatos de pacientes mostram que os acidentes e as afecções que atingiram o membro "real" têm influência na qualidade do membro fantasma. Um combatente, que tivera o braço direito lacerado durante um ataque, apresenta um membro fantasma que reproduz a atitude do membro "real" no instante do traumatismo. Noutro caso, uma mulher, tendo percebido que seu motorista dirigia-se ao encontro de um muro, instintivamente, levantara sua mão à altura do rosto como medida de proteção. O acidente, efetivamente, se produzira e os ferimentos no braço da mulher levaram a uma amputação acima do cotovelo. Dois meses após a cirurgia, ela comenta: "Sofro [...] desde o despertar [da cirurgia], sinto minha mão comprimida contra o muro; sinto o rasgo da pele. Sinto meus ferimentos. E, desde então, essas dores não me deixaram mais" (ibidem, p.100). Intervenções medicamentosas e cirúrgicas na região do coto não fizeram desaparecer as dores. Diante de dados como esses, a teoria periférica mostra-se insuficiente (ibidem, p.86-7, 90, 99). Muitos dentre os neurologistas e psiquiatras aos quais Lhermitte (1998, p.61, 88, 101) se refere, profundamente influenciados pela psicologia atomista, preferiram acentuar

A PRIMAZIA DO CORPO PRÓPRIO 175

a importância de "associações mnésicas motoras", de "imagens de representação de movimento" ou, ainda, de "imagens táteis e visuais", que, como aquelas que se encontrariam na origem dos movimentos e das sensações corporais normais, seriam a sustentação psicofisiológica da ilusão dos amputados. Isso explicaria a "impostura alucinatória", bem como a consciência que possuem os pacientes de não moverem ou de não perceberem um membro autêntico. Se um paciente, cuja mão foi amputada somente dois anos após ser afligido por um ferimento, declara que seu membro fantasma aparecia-lhe dotado de uma coloração azulada e pálida, "como morto", é porque convivera com a imagem de uma mão entregue à gangrena, imagem que teria sido impressa no seu *sensorium* de modo contundente (ibidem, p.76, 99). No tocante à anosognose, a contenda entre hipótese periférica e hipótese central não é tão significativa. Aos autores da época, parecia evidente a relação causal entre lesões cerebrais e os sintomas sobre os quais se sustentava o quadro do anosognósico. Uma linha argumentativa que foi esboçada em algumas poucas passagens do texto de Lhermitte, e que, como veremos, foi desenvolvida por Merleau-Ponty, faz referência ao processo de negação e de aceitação da mutilação ou da deficiência. Baseando-se em outros autores, Lhermitte (1998, p.73) relata a existência de casos em que se observou a diminuição sucessiva do membro fantasma, "cujo sentimento evapora-se para desaparecer definitivamente com o consentimento do paciente em aceitar a mutilação". A despeito da mutilação evidente do corpo, diz o autor, a imagem que temos dele é bastante resistente. A amputação física não atinge com a mesma eficiência "a estrutura de nosso espírito", diz ele. A resignação diante da perda da integridade do corpo deve vencer forças "subconscientes" que continuam a velar pela integralidade corporal. Em outro trecho, baseando-se em Walther Riese, Lhermitte (1998, p.146) comenta:

[...] a desorganização da imagem de si e sua reorganização, cujo produto é a criação de um membro ilusório, resultam da perturbação da grande função de adaptação que rege nossas condições de existência. É porque ele não se resigna a uma mutilação brusca ou "catastrófica" que o amputado guarda durante tantos anos a imagem viva do membro que perdera, e é

176 DANILO SARETTA VERISSIMO

num desejo de completude que é necessário buscar a origem dos fantasmas que observamos nos doentes atingidos por lesões cerebroespinhais especialmente desorganizadoras.

A "amputação psíquica" observada nos anosognósicos também pode ser compreendida como uma estratégia de enfrentamento da deficiência, uma forma de manutenção da integridade corporal. Nesse caso, a negação de uma parte do corpo leva consigo as manifestações palpáveis da deficiência.

Antes de tudo, Lhermitte considera os fenômenos do membro fantasma e da anosognose como patologias da nossa "imagem corporal". Essa noção é construída pelo autor sobre concepções profundamente marcadas pelo atomismo e pelo associacionismo clássicos. É assim que ele afirma que nossa "representação do corpo" é edificada pouco a pouco e por "fragmentos", desde a primeira infância, passando pela adolescência, até que se alcance a precisão da imagem corporal do adulto. Os "elementos" dessa imagem, ou representação, são "impressões, sensações e percepções sensíveis que o sujeito recolhera ao longo de sua vida" (ibidem, p.23). Dessa forma, quanto mais rico for o rol de impressões e de percepções a que tenha sido exposto o organismo, mais bem constituída será sua imagem corporal. O mesmo raciocínio sustenta a precisão e a resistência de certas partes do corpo à mutilação. Os pulsos, as mãos e os pés, e, nessas partes, o polegar, o dedo indicador e o hálux, constituem os pontos de origem de uma vasta quantidade de estímulos perceptivos e, portanto, possuiriam uma forte "representação sensório-motora". Os estímulos perceptivos advindos desses membros seriam responsáveis pela organização de "sistemas psicológicos" estáveis, compostos de "engramas cerebrais" mais variados e mais vivos. E se esses são os segmentos do membro ausente mais bem representados na consciência, consequentemente, eles constituem as sedes preferenciais dos processos dolorosos associados aos membros fantasmas (ibidem, p.71, 94, 107). Em suma, para Lhermitte, a imagem que temos do nosso corpo é composta por traços de dados sensíveis que, ao gosto da teoria clássica do paralelismo psicofisiológico, são armazenados em pontos definidos da massa cerebral na forma de engramas, cujos

A PRIMAZIA DO CORPO PRÓPRIO 177

correspondentes, em termos psicológicos, são os mnêmias, que se encontram nas "franjas" da nossa consciência (ibidem, p.170, 241). Para o autor, o estudo da imagem que temos da nossa "personalidade física", da nossa corporalidade, enfim, o estudo do nosso esquema corporal, é o que melhor pode esclarecer os fenômenos do membro fantasma e da anosognose.

Nosso esquema corporal, afirma Lhermitte, é dinâmico, é a resultante de forças em ação constante, e, mais do que uma representação, ou ideia, o esquema corporal comporta uma história de nossas vivências sensíveis e motoras, daí, também, sua resistência, sua estabilidade, mesmo em presença de alterações da nossa morfologia. Ele comporta, até mesmo, a história dos objetos, das ferramentas e dos instrumentos que manipulamos (ibidem, p.143). Um cego habituado ao uso da bengala sente a aspereza do solo não com sua mão, mas com a extremidade do seu instrumento, assim como um cirurgião faz do seu bisturi um órgão de contato. Nessa perspectiva, o membro fantasma representa a "persistência de uma parte do nosso esquema corporal" (ibidem, p.125), e a anosognose, ao contrário, uma "mutilação do esquema corporal" (ibidem, p.133). Mas não como se se tratasse de uma matemática psicofisiológica, em que, na anosognose, subtrai-se uma parte da imagem de si, enquanto no caso do membro fantasma, apesar da perda, a equação se mantivesse sustentada nos mesmos componentes psicofisiológicos de outrora. Lhermitte, em diversos momentos do seu texto, põe em relevo o fato de que tais manifestações patológicas implicam uma distorção do esquema corporal. É assim que os pacientes amputados fazem relatos sobre membros deformados e em posições bizarras, e alguns anosognósicos chegam a atribuir partes de seus corpos a personalidades estrangeiras.

Para Merleau-Ponty, a questão que se põe a respeito do membro fantasma e da anosognose não é a que os situa entre teorias periféricas e teorias centrais, mas a que interpela o que há no interstício das explicações fisiológicas e das explicações psicológicas desses fenômenos patológicos. Se é possível, por um lado, aventar hipóteses que explicam o membro fantasma pela permanência de representações visuais, táteis e cinestésicas atreladas ao membro "real", ou atrelando-o à vida afetiva dos pacientes, não é possível, por outro, ignorar os efeitos observa-

178 DANILO SARETTA VERISSIMO

dos sobre a ilusão dos amputados a partir de intervenções médicas focalizadas nos condutores sensitivos ligados ao coto. Assim, declara Merleau-Ponty (PhP, p.91-2; p.116-7 – grifo do autor):

> É preciso compreender então como os determinantes psíquicos e as condições fisiológicas engrenam-se uns nos outros: não se concebe como o membro fantasma, se depende de condições fisiológicas e se a este título é o efeito de uma causalidade em terceira pessoa, pode *por outro lado* depender da história pessoal do doente, de suas recordações, de suas emoções ou de suas vontades. Pois, para que as duas séries de condições possam em conjunto determinar o fenômeno, assim como dois componentes determinam uma resultante, ser-lhes-ia necessário um mesmo ponto de aplicação ou um terreno comum, e não se vê qual poderia ser o terreno comum a "fatos fisiológicos" que estão no espaço e a "fatos psíquicos" que não estão em parte alguma, ou mesmo a processos objetivos como os influxos nervosos, que pertencem à ordem do em si, e a *cogitationes* tais como a aceitação e a recusa, a consciência do passado e a emoção, que são da ordem do para si. [...] O membro fantasma não é o simples efeito de uma causalidade objetiva nem uma *cogitatio* a mais. Ele só poderia ser uma mistura dos dois se encontrássemos o meio de articular um ao outro o "psíquico" e o "fisiológico", o "para si" e o "em si" e de preparar entre eles um encontro, se os processos em terceira pessoa e os atos pessoais pudessem ser integrados em um meio que lhes fosse comum.

Merleau-Ponty vislumbra esse meio comum na noção de ser no mundo, e aqui tem início, ao menos de modo mais explícito, uma trama conceitual que, conforme as precisas indicações de Saint Aubert (2005),[7] remonta a Merleau-Ponty leitor de Gabriel Marcel. Trata-

---

7 Ao comentar a "influência precoce" que os escritos de Gabriel Marcel exerceram sobre Merleau-Ponty, Saint Aubert (2005, p.79) escreve: "Se a *existência* encontra seu arquétipo na existência *sensível*, esta encontra o seu no corpo vivido, *meu corpo*, ser sensível por excelência ao qual Gabriel Marcel consagra as últimas páginas de seu artigo [*Existence et objectivité*] – '*sou meu corpo*'". Ainda no tocante a esse tema, em outro trecho Saint Aubert (2005, p.98) afirma: "A impressão precoce de Gabriel Marcel, assim como o contexto crítico no qual Merleau-Ponty recebe seu pensamento, irão condicionar, senão deformar, sua futura relação com a empresa de Husserl e com aquela de Heidegger, em particular na sua compreen-

A PRIMAZIA DO CORPO PRÓPRIO 179

-se, a partir daí, para o nosso filósofo, de instalar-se no contexto das filosofias da existência e de, nessa perspectiva, fundar a existência na existência sensível, no corpo vivido. Trata-se, portanto, de, conforme a linguagem marceliana, conjugar nosso ser com o ser corpo. Antes de mais nada, a abordagem do homem como ser no mundo implica considerá-lo num momento anterior às abstrações do pensamento objetivo, quais sejam, as dicotomias entre o fisiológico e o psíquico, entre a matéria e o espírito, entre o determinismo e a liberdade absolutos. Segundo Merleau-Ponty (PhP, p.105; p.131), a união da alma e do corpo "se realiza a cada instante no movimento da existência". O autor nos convida a retomar algumas importantes aquisições do seu livro anterior, *A estrutura do comportamento*, principalmente o fato de que o comportamento animal é orientado e dotado de um sentido (PhP, p.92-3; SC, p.39-40). O animal move-se não em função de um projeto teleológico, tampouco em função de processos mecânicos, mas para alimentar-se, para fugir de um predador, para buscar o acasalamento. O animal dirige-se ao seu *Umwelt* lançando mão de suas potencialidades sensório-motoras, e, no caso de uma mutilação, como quando um besouro tem uma pata cortada, a substituição imediata dessa pata a partir de um rearranjo funcional do ato de locomoção revela que o inseto permanece ligado ao seu mundo e agindo nele conforme suas potências atuais. Isso fica ainda mais evidente diante do fato de que essa reorganização funcional não ocorre caso a pata encontre-se apenas atada. Nesse caso, o "membro preso não é substituído pelo membro livre porque continua a contar no ser animal, e porque a corrente de atividade que vai em direção ao mundo ainda passa por ele" (PhP, p.92; p.117). A situação demanda do animal uma conjugação motora "como as primeiras notas da melodia pedem um certo modo de resolução [...]" (PhP, p.93; p.118), e é justamente essa conivência pré-objetiva entre situação e comportamento que explica o fenômeno da substituição.

---

são da carne, da intencionalidade, mas também daquilo que a *Fenomenologia da percepção* denomina a 'existência' (sem jamais definir verdadeiramente o conceito, no entanto, recorrente, e ainda menos esclarecer segundo qual sábia dosagem o autor valeu-se dela segundo Marcel e Heidegger) e os últimos escritos o 'ser'".

180 DANILO SARETTA VERISSIMO

Tomando de empréstimo uma ideia expressa por Bimbenet (2004), diremos, então, que o conceito de ser no mundo faz-se herdeiro do trabalho conceitual realizado em *A estrutura do comportamento* e que possibilita a inscrição da intencionalidade em nossa natureza a partir da redefinição desta última em função das noções de comportamento e de forma; assim, em conformidade com os capítulos anteriores do presente trabalho, a existência humana opera não "a transmutação da matéria em pensamento [...]", mas "uma sublimação das significações imediatas em significações autônomas, de um viver anônimo em um viver pessoal" (ibidem, p.106). A vida em primeira pessoa não nos retira da dimensão do ser no mundo. Se o nosso mundo, assim como o do animal, não se resume a uma soma de estímulos, tampouco ele pode ser tomado como um "ato de consciência".

É por ser uma visão pré-objetiva que o ser no mundo pode distinguir-se de todo processo em terceira pessoa, de toda modalidade da *res extensa*, assim como de toda *cogitatio*, de todo conhecimento em primeira pessoa – e que ele poderá realizar a junção do "psíquico" e do "fisiológico".(PhP, p.95; p.119)

É nesse sentido que Merleau-Ponty afirma que a negação da mutilação, no caso do membro fantasma, e a recusa da deficiência, no caso da anosognose, não se referem a "decisões deliberadas", a um posicionamento premeditado. O autor comenta:

A vontade de ter um corpo são ou a recusa do corpo doente não são formuladas por eles mesmos, a experiência do braço amputado como presente ou a do braço doente como ausente não são da ordem do "eu penso que...". (PhP, p.96; p.121).

Dois fatores são destacados por Merleau-Ponty no momento de justificar esses fenômenos patológicos à luz da noção de ser no mundo. Primeiramente, o fato de que o Eu, centro dessas recusas, é um "Eu engajado em um certo mundo físico e inter-humano" (PhP, p.97; p.121), engajamento garantido pelo corpo. Por meio do corpo próprio, exercemos nossa "inerência" a um mundo repleto de pequenas tarefas

A PRIMAZIA DO CORPO PRÓPRIO 181

cotidianas, de grandes projetos e de coisas e de pessoas que desejamos.

E esse nosso engajamento não é facilmente interrompido; a negação da deficiência consiste, justamente, na expressão da estabilidade desse "movimento natural" que nos mantém em comunicação com as coisas: "Ter um braço fantasma é permanecer aberto a todas as ações das quais apenas o braço é capaz, é conservar o campo prático que se tinha antes da mutilação" (PhP, p.97; p.121-2). A referência de Lhermitte (1998) à resistência de nossa imagem corporal em relação às destruições morfológicas ganha, assim, com Merleau-Ponty, um contorno existencial. O segundo fator a que gostaríamos de nos reportar traz à baila o fenômeno da percepção. Nossas intenções perceptivas e práticas, afirma Merleau-Ponty (PhP, p.97), no instante em que se dirigem ao mundo, são sobrepujadas pelos objetos, que nos aparecem como anteriores e exteriores a elas. Tudo se passa como se mantivéssemos uma comunicação com um mundo objetivo, separado de nós. Ora, diz-nos Merleau-Ponty, esse paradoxo da percepção encontra-se presente no trato dos assuntos relativos ao corpo próprio. O autor comenta: "No caso que nos ocupa, a ambiguidade do saber se reduz ao fato de que nosso corpo comporta como que duas camadas distintas, a do *corpo habitual* e a do *corpo atual*" (PhP, p.97; p.122 – grifos nossos). Para o amputado, a quem certos objetos deixaram de ser manejáveis, não é mais possível falar em objetos "manejáveis para mim", mas sim de objetos "manejáveis em si". O mesmo é válido em relação ao movimento do membro fantasma, situação que explicita um corpo habitual "como fiador do corpo atual" (PhP, p.98; p.123). Nesse caso, e apenas de modo mais evidente, a experiência imediata mostra comportar um "aspecto de generalidade" e de impessoalidade. Esse distanciamento sempre possível é o que caracteriza o homem. Se o animal vive em estado de êxtase no seu meio, o homem não possui seu campo de ação inteiramente tomado pelas respostas que dá às situações que vivencia. E se é possível dizer que o animal encontra-se perpetuamente abandonado ao ser orgânico, enquanto o "homem concretamente considerado não é um psiquismo unido a um organismo, mas este vaivém da existência que ora se deixa ser corporal e ora se dirige aos atos pessoais" (PhP, p.104; p.130), é preciso tomar em consideração que "a

182 DANILO SARETTA VERISSIMO

existência mais integrada" comporta sempre esse corpo habitual. Ou seja, se fosse possível falar de uma dimensão puramente orgânica da nossa existência, já seríamos obrigados a tratar de um corpo que esboça sempre uma experiência dotada de generalidade. É nesse sentido que compreendemos a menção de Merleau-Ponty (PhP, p.92) à noção de "recalque orgânico", que devemos ao neurologista e psicanalista Paul Schilder, e é por isso, também, que nosso filósofo utiliza, sem constrangimentos, a ideia de "complexo inato" (PhP, p.99). Schilder (1968, p.54-5), ao investigar fenômenos patológicos como a anosognose, fala em "mecanismo de defesa sobre uma base orgânica" ou "mecanismo do esquecimento fundado sobre perturbações orgânicas da memória", processo semelhante ao desejo inconsciente da psicanálise, mas ainda mais enraizado, diz ele, por instituir-se sobre uma lesão cerebral. Daí a adoção das expressões "recalque orgânico" e "inconsciente orgânico". O autor afirma que nenhuma atitude consciente ou inconsciente produz-se "no ar". Elas se situam no corpo. Processos de recalque psicológico, como os observados nos casos de anestesia histérica, não destroem, mas inutilizam certas estruturas orgânicas implicadas na imagem do nosso corpo (ibidem, p.95). Esse processo é ainda mais evidente quando uma "atitude orgânica" é a base reconhecida do fenômeno patológico: "O paciente que tem necessidade de esquecer uma metade de seu corpo acrescentará rapidamente um desejo inconsciente e consciente à necessidade primitiva. As atitudes dos níveis mais profundos provocam aquelas situadas em níveis menos profundos" (ibidem, p.56-7). É essa conjugação de necessidades orgânicas e psíquicas que o autor encontra nos pacientes que, não percebendo uma metade do seu corpo, dirigem seu olhar incessantemente para o lado oposto. A ideia de complexo inato é utilizada por Merleau-Ponty também em estreita relação com a noção psicanalítica de recalque. Para o filósofo, o recalque é profundamente atrelado à estrutura temporal da nossa existência. O recalque resume-se à estratificação do tempo pessoal. Em virtude de um impasse em qualquer dimensão da nossa experiência, um presente adquire um "valor de exceção" e destitui os outros de atualidade. Esse presente deslocado não sobrevive como lembrança ou representação; ele não é da ordem do juízo. Merleau-

A PRIMAZIA DO CORPO PRÓPRIO 183

-Ponty (PhP, p.98; p.124) comenta: "A experiência traumática não subsiste a título de representação, no modo da consciência objetiva e como um momento que tem sua data; é-lhe essencial sobreviver como um estilo de ser e em um certo grau de generalidade". Deparamo--nos, novamente, com o advento do impessoal e do geral no sentido de oposição à vivência daquilo que é atual. A patologia mental põe a nu a "estrutura temporal do ser no mundo"; mais especificamente, ela torna evidente o quão larga é a experiência temporal aberta pela nossa corporalidade. Juntemos, então, essas considerações com as seguintes palavras de Merleau-Ponty (PhP, p.99; p.125 – grifo do autor):

Assim como se fala de um recalque no sentido estrito quando, através do tempo, mantenho um dos mundos momentâneos pelos quais passei e faço dele a forma de toda a minha vida – da mesma maneira pode-se dizer que meu organismo, como adesão pré-pessoal à forma geral do mundo, como existência anônima e geral, desempenha, abaixo de minha vida pessoal, o papel de um *complexo inato*. Ele não existe como uma coisa inerte, mas esboça, ele também, o movimento da existência.

Nosso organismo aparece, pois, no texto de Merleau-Ponty, como aquilo que subsiste sob a nossa "existência pessoal" e que, ao mesmo tempo, adere ao que há de atual e de geral no momento vivido. Ele é o responsável pela "estrutura temporal da nossa experiência", pela transposição da "dispersão dos instantes", e, nesse sentido, como existência biológica sublimada, faz-se presente em todo ato pessoal, voluntário, ou carregado de dimensões usualmente consideradas psíquicas e culturais. Merleau-Ponty (PhP, p.101; p.126) resume bem o assunto ao dizer que "o anonimato de nosso corpo é inseparavelmente liberdade e servidão".

É o que Binswanger (1971), outra referência importante para o filósofo, se esforçou para mostrar em seus trabalhos. No texto em que analisa o caso da moça afônica, referido por Merleau-Ponty na *Fenomenologia da percepção*,[8] Binswanger (1971) interessa-se pelo

---

8 Cf. o capítulo intitulado "O corpo como ser sexuado".

corpo vivido, única instância em que as perturbações de sua paciente podem adquirir inteligibilidade, diz ele, e que se distingue do corpo estudado pelo fisiologista e pelo fisiopatologista. O caso abordado pelo autor refere-se a uma paciente que, interditada por sua mãe, não pudera consumar a partilha de sua vida com o companheiro amado e que, diante dessa frustração, desenvolvera quadros sintomáticos sucessivos: num primeiro momento, perda de apetite e do sono, náuseas e dores estomacais; depois, acessos de soluço e, por fim, a afonia, sintoma que já apresentara em duas ocasiões ao longo da sua vida, quando se encontrara ameaçada por eventos traumáticos mais concretos, no caso, abalos sísmicos. O autor pergunta então: como o corpo vivido adquire importância psicológica e psicopatológica? Em que consiste a manifestação dessa "consciência corporal" (ibidem, p.132)? Diante da interdição materna, a paciente retira-se da vida cotidiana, ela passa a habitar um terreno entre a vida e a morte, e, nessa situação, a esfera corporal adquire uma nova significação. Ou, antes, a corporeidade, nesse quadro, desvela sua presença, habitualmente anônima, "horizonte mudo" e "plano de fundo indeciso", de forma original. Reprimido o mundo comum, doravante desprovido de sentido, a corporeidade torna-se um refúgio angustiante, único campo de expressão possível.

> O corpo vivido continua aqui "funcionando sozinho", e isso de uma maneira rebelde desde que não regida nem guiada por um sentido próprio, e, nessa revolta, ele se encarrega também da função da linguagem, ele torna-se, no sentido mais amplo do termo, o órgão verbal dessa revolta. (Binswanger, 1971, p.135).

> Se nossa existência abre-se sempre a certas "direções significativas", como o "tornar-se largo ou estreito, pleno ou vazio, claro ou obscuro [...]" (ibidem, p.136), no caso clínico em questão está em jogo a adoção de posturas de "aceitação", de "absorção", de "assimilação", bem como de "recusa", de "resistência", de "expectoração". É a linguagem falada, diz Binswanger, que dissocia a expressão em expressão corporal, psíquica ou espiritual, quando no campo fenomenal, na esfera da existência, o que temos é uma "forma unitária vivida" de expressão.

A PRIMAZIA DO CORPO PRÓPRIO 185

Voltaremos ao problema do corpo e da linguagem em outro momento deste trabalho. Por ora, importa revelar o fato de que o nosso presente é o presente do nosso corpo e que, conforme as palavras de Merleau--Ponty (PhP, p.101; p.126), "a ambiguidade do ser no mundo se traduz pela ambiguidade do corpo, e esta se compreende por aquela do tempo". Nessa direção, resta dizer que, como enfatiza Merleau--Ponty (PhP, p.191), a doença e a saúde não implicam atos voluntários de vontade, elas não correspondem a "modalidades da consciência", mas pressupõem um "passo existencial". O esvaecimento dos sintomas neuróticos, assim como o desaparecimento do membro fantasma, exige a interrupção da "renúncia à ação verdadeira" e da "fuga no autismo" não a partir de um ato decisório, mas de uma nova "atitude existencial", a partir de uma reflexibilização do ser no mundo, desse "diafragma interior que [...] determina aquilo que nossos reflexos e nossas percepções poderão visar no mundo, a zona de nossas operações possíveis, a amplidão de nossa vida" (PhP, p.95; p.119).

Portanto, o que os fenômenos do membro fantasma e da anosognose expressam, assim como os sintomas neuróticos estudados por Binswanger, é que, primeiro, há uma constância do corpo, o que Merleau-Ponty buscou expressar fazendo menção a um "corpo habitual". Ou seja, essas experiências-limite da corporeidade deixam à mostra a "pretensão à objetividade" (PhP, p.277) já em ação na experiência que temos do nosso próprio corpo de modo independente de atos de juízo, de atos de conhecimento objetivo de si e do mundo. Independente, também, como nos lembra Straus (2000, p.421), da prioridade da consciência de si cartesiana, o que desvela um "modo pré-lógico de comunicação no qual a realidade [e, antes disso, nosso corpo] é provada imediatamente". Ademais, em vista dessa objetividade corporal, os fenômenos patológicos abordados no presente capítulo parecem se colocar nos antípodas das perturbações do comportamento abstrato.[9] Em segundo lugar, o fisiológico e o psíquico são reintegra-

---

9 Nossos dizeres são sincrônicos ao que afirma Lhermitte (1998), após comentar a incapacidade de certos doentes, vítimas de lesões corticais, para a realização de movimentos "dissociados" e comandados pela volição, mas que continuam aptos

186 DANILO SARETTA VERISSIMO

dos na existência e deixam, assim, de distinguir-se como ordem do em si e ordem do para si, respectivamente, para se revelarem "ambos orientados para um polo intencional ou para um mundo" (PhP, p.103; p.129). Se antes, em *A estrutura do comportamento*, a objetividade nascida da corporeidade humana assentava-se sobre a função simbólica, na *Fenomenologia da percepção*, trata-se de afastar-se do "pensamento cego e simbólico" (PhP, p.236) e fala-se, pois, em "pretensão à objetividade", calcada na temporalidade e nunca realizada completamente. Se é verdade que temos uma experiência constante e estável da nossa corporeidade, do mundo natural, cultural e social, é verdade, também, que essa experiência é inesgotável justamente em função da espessura do presente vivido. Tocamos, assim, numa das questões centrais que, doravante, estarão permeando o problema da função simbólica, qual seja, a "tematização temporal do ser no mundo". As considerações de Masuda (1993) caminham nessa mesma direção. Para o autor, da primeira à segunda obra de Merleau-Ponty, observa-se uma "inversão de valores" no tocante à função simbólica, que se vê "privada de seu estatuto de fundamento" (ibidem, p.237). Isso ficará claro a partir do próximo capítulo, em que abordaremos o exercício diligente de Merleau-Ponty para descrever o comportamento humano em termos de intencionalidade corporal.

---

a executar "movimentos expressivos automáticos". O autor escreve: "Parece, portanto, que o estado desses sujeitos possa ser considerado como o oposto dos amputados dotados de um membro fantasma ilusório, o qual se move segundo sua vontade e se mostra capaz de executar os gestos e os movimentos mais claramente definidos" (ibidem, p.141).

7
A FUNÇÃO SIMBÓLICA DIANTE DO PRIMADO DO CORPO

Ao empreender um estudo detalhado acerca da *espacialidade do corpo próprio e da motricidade*, em um capítulo homônimo da *Fenomenologia da percepção*, Merleau-Ponty volta ao campo da psicopatologia, dessa vez para discutir a distinção devida, principalmente, a Goldstein entre movimentos concretos e movimentos abstratos. O filósofo prescinde, então, da noção de função simbólica como meio de compreensão dos fenômenos patológicos trazidos à baila no capítulo, do mesmo modo que prescinde das formas de explicação causal deles. A função simbólica será, então, identificada a análises de cunho intelectualista. Em termos mais abrangentes, é a ideia de "intencionalidade motora" que interessa a Merleau-Ponty caracterizar, inclusive, atribuindo à sua inflexão as patologias da ação humana. Vale destacar que outro dispositivo teórico-antropológico ganha relevo no desenrolar das análises do filósofo: a noção de esquema corporal.

Movimentos concretos, movimentos abstratos e o esquema corporal

No terreno da motricidade, Goldstein, a partir do estudo de casos patológicos, entreviu uma dissociação semelhante à que foi destacada

188 DANILO SARETTA VERISSIMO

no terreno da linguagem. Se a fala do afásico limita-se a um manejo concreto da linguagem, enquanto no normal conserva-se a sua utilização abstrata, a postura teórica estrutural-organicista do autor revela também no campo da ação a oposição entre a atitude concreta e a atitude abstrata. Um paciente poderá mostrar-se perfeitamente capaz de jogar bolas em caixas localizadas a diferentes distâncias de si, mas não será capaz de, conforme a inquisição médica, avaliar qual a caixa mais próxima e qual a caixa mais distante. Outro paciente será capaz de apontar corretamente para a fonte emissora de um som qualquer, mas se mostrará incapaz de realizar qualquer afirmação sobre a direção da origem do som. Isso porque tais declarações requerem uma apreensão abstrata das relações espaciais, além de uma compreensão verbal dessas relações. Outras limitações dos pacientes referem-se à incapacidade de assumir uma atitude compatível com uma situação "meramente possível". Os doentes podem utilizar corretamente uma chave para abrir uma porta, mas não podem, na ausência da porta, mostrar como se utiliza uma chave. Do mesmo modo, um paciente não é capaz de mostrar como se bebe algo caso seu copo esteja vazio (Goldstein; Scheerer, 1971).

A desorientação espacial também foi um dos aspectos destacados por Woerkom (1919) ao relatar o estudo de caso referente a um paciente registrado como afásico. Malgrado a integridade das funções perceptivas do doente, que reconhecia formas e objetos, e era capaz de utilizá-los adequadamente, e que reconhecia as distâncias, dado que se desviava com sucesso dos obstáculos e era capaz de pegar com segurança aquilo que lhe interessava, era patente, também, seu embaraço diante da necessidade de traçar as direções principais de orientação (acima, abaixo, direita, esquerda). Diante da solicitação de levar a mão direita sobre a mão esquerda, e vice-versa, o paciente enganava-se constantemente. Se, sentado ao lado do doente, o médico interpunha entre eles uma régua e solicitava a ele que colocasse uma moeda ora do próprio lado, ora ao lado do clínico, o paciente mostrava o quanto vaga lhe parecia a ideia de "dois lados". Tanto que, diante de pedaços de papel, uns recortados em forma de quadrado, outros em forma de coração e outros em forma de círculo, apesar de

A PRIMAZIA DO CORPO PRÓPRIO 189

reconhecer as formas, o doente era incapaz de dispor os papéis dois a dois, um ao lado do outro. Ele também não podia dizer se, ao descer uma escada, se encaminhava para baixo ou para cima. Em exercícios com labirintos, em que o paciente deveria, com um lápis, marcar o caminho traçado, no momento de um impasse, ele se mostrava bastante embaraçado, visto que não era capaz de se orientar para o caminho inverso. Outro exemplo marcante é o fato de que, querendo mostrar ao médico uma distância compatível a um metro, o paciente afastava suas mãos a uma distância de apenas 30 centímetros, apesar de saber que um metro corresponde a 100 centímetros. Woerkom reúne esses sintomas como limites intelectuais, mais precisamente como expressões de uma perturbação nas "faculdades de projeção" do sujeito. Este encontrava-se em condições de exercer o movimento "na sua forma mais simples", a saber, como reação a excitações exteriores, contudo mostrava-se incapaz de realizá-lo com base em "funções intelectuais mais elevadas". O doente perdera a capacidade de projetar um "sentido geométrico" no ambiente que o cerca. O autor vai mais adiante e faz a única menção em seu texto à somatognose: "A perturbação espacial concerne igualmente ao seu próprio corpo – ele perdeu o esquema (a imaginação) de seu corpo e não sabe projetar as sensações das quais ele fora capaz de reconhecer a localização" (ibidem, p.118). É interessante destacar, também, que Woerkom identificara, no mesmo paciente, a perturbação da noção de tempo. As ideias de antes e depois foram abolidas, e o doente era incapaz de recompor as etapas sucessivas de pequenas histórias infantis, mesmo após inúmeras repetições por parte do médico.

Lhermitte et al. (1925) realizaram estudos dedicados à investigação da apraxia. A propósito dos sintomas apresentados por dois pacientes apráxicos, esses autores falam em "impotência motora", independentemente de fenômenos paralíticos, que pode afetar desde movimentos elementares, como o de opor o polegar ao dedo mínimo, até movimentos mais complexos e voltados a alguma meta, como inserir uma carta em um envelope. De modo geral, os autores identificam uma ruptura entre representações espaciais, em grande parte preservadas nos doentes, e certos movimentos voluntários. Daí a hipótese anatomofisioló-

gica de que a apraxia seria uma "alteração parcial da inteligência [...]
condicionada pela ruptura das conexões entre os centros intelectuais
de elaboração das noções espaciais e aqueles da motricidade voluntária [...]" (ibidem, p.599). Um dos pacientes, apesar de reconhecer
nitidamente o sentido dos termos "direita", "esquerda", "adiante",
"atrás", "acima" e "abaixo", executa com dificuldade a ordem de elevar
o braço direito para cima; o braço permanece semiflexionado, mas o
doente o considera estendido. Noutro exame, ele se mostra incapaz de
posicionar uma régua no sentido vertical ou de posicionar duas réguas
em paralelo ou em cruz. Além disso, o doente não consegue dispor de
palitos de fósforo de modo a formar um triângulo ou um quadrado,
apesar de reconhecer bastante bem essas figuras.

Em um estudo posterior, Lhermitte e Trelles (1933) apresentam
considerações que representam avanços na compreensão da apraxia.
É fato que, de modo geral, essa patologia continuava sendo definida
conforme a tradição, como fica patente na seguinte passagem:

> [...] a apraxia permanece aquilo que ela é em realidade: uma perturbação do
> movimento voluntário específico, uma alteração da conduta, do compor-
> tamento motor, da direção da atividade motora tanto mais marcante por
> tratar-se de movimentos expressivos de um pensamento, de um sentimen-
> to ou tradutores de símbolos, alteração que contrasta com a conservação
> da atividade reflexa e instintiva [...]. (Lhermitte; Trelles, 1933, p.416)

Os autores, contudo, deram ênfase considerável àquele aspecto
apenas mencionado no texto de Woerkom (1919): o da ligação entre
"nosso eu corporal" e o espaço. Conforme um relato de caso, sob comando um paciente mostrava-se incapaz de abrir a boca, de estender
a língua ou de coçar a barba. O doente dizia ao médico: "Compreendo
bem o que o senhor quer me dizer, mas não posso fazê-lo" (Lhermitte; Trelles, 1933, p.419). O mesmo paciente, observam os autores,
apresentava inalterada a capacidade de representação espacial. Ele
podia representar um itinerário complicado, perceber sem equívocos a
disposição de objetos, bem como a sua forma, por exemplo. Contudo,
apresentava dificuldade para indicar com exatidão o ponto em que

fora tocado pelo médico no lado esquerdo do seu corpo. O paciente era mesmo incapaz de representar esse lado do corpo, chegando a dizer que o perdera completamente, apesar da adequação do seu estado psicológico geral. Exames do seu "sentido geométrico" também revelaram dados significativos. Malgrado sua capacidade normal de reconhecer as figuras mais variadas, o paciente era incapaz de, após observar o médico construir as letras A, H e V com pedaços de madeira, realizar a mesma tarefa. Exemplos como esses levaram os autores a deslocar sua atenção para o problema da "representação do próprio corpo", da "personalidade física" ou do "eu físico". Grande parte dos seus pacientes apresentava um evidente comprometimento da noção que possuíam sobre o próprio corpo, ou seja, da "somatognose", fator indispensável, segundo Lhermitte e Trelles (1933), para a execução do movimento voluntário adaptado. Os autores começavam a notar uma proporcionalidade entre os sintomas apráxicos e a desorganização do esquema corporal.

Merleau-Ponty insere-se nessas discussões a partir da análise de estudos apresentados, principalmente, por Goldstein (1923 apud PhP; 1931 apud PhP). Um de seus doentes não era capaz de realizar movimentos abstratos, ou seja, aqueles movimentos desprovidos de um sentido efetivo, tal como movimentar os braços ou flexionar ou estender um dedo a pedido do observador. Ele também não se mostrava capaz de indicar a parte do seu corpo tocada pelo médico. Contudo, realizava a contento os "movimentos necessários à vida": pegava em seu bolso um lenço e assoava-se, pegava um fósforo e acendia uma lâmpada, levava sua mão à parte do corpo picada por um mosquito etc. Dentre essas situações, as que mais chamam a atenção de Merleau-Ponty referem-se à relação do doente com seu próprio corpo. Um doente a quem se propõe a tarefa de apontar seu próprio nariz apenas é bem-sucedido se se permite que ele vá além e pegue o nariz. Ele também não será capaz de tocar o próprio nariz caso o deva fazer por meio de uma régua.

> É preciso admitir então que "pegar" ou "tocar", mesmo para o corpo, é diferente de "mostrar". Desde seu início, o movimento de pegar está

192 DANILO SARETTA VERISSIMO

magicamente em seu termo, ele só começa antecipando seu fim [...]. E é preciso admitir que um ponto de meu corpo pode estar presente para mim como ponto a pegar sem me ser dado nessa apreensão antecipada como ponto a mostrar. Mas como isso é possível? Se sei onde está meu nariz quando se trata de pegá-lo, como não saberia onde ele está quando se trata de mostrá-lo? Sem dúvida, é porque o saber de um lugar se entende em vários sentidos. (PhP, p.120-1; p.151)

O espaço corporal exige uma retomada do problema da espacialidade em geral. Isso porque não apenas a sua espacialidade é original, mas ela também se encontra na origem de todos os espaços (PhP, p.171). Mas comecemos por acompanhar Merleau-Ponty em suas discussões sobre a espacialidade do corpo próprio. "Se meu braço está posto sobre a mesa, eu nunca pensaria em dizer que ele está *ao lado* do cinzeiro do mesmo modo que o cinzeiro está ao lado do telefone", comenta o filósofo (PhP, p.114; p.143 – grifo do autor). As partes do corpo não se encontram associadas como um mosaico de células ou de órgãos justapostos espacialmente, mas apresentam uma relação original entre elas, o que faz dele algo irredutível aos objetos com os quais nos deparamos no mundo. Há uma sinergia corporal que nos impede de traçar caminhos anatômicos bem definidos para os inúmeros fenômenos que fazem parte da nossa natureza. É o que se apresenta no caso da aloquiria, fenômeno invocado por Merleau-Ponty logo no início do capítulo "A espacialidade do corpo próprio e a motricidade". Na aloquiria, vemos um indivíduo privado de sensibilidade numa parte qualquer de seu corpo localizar numa parte sã, e por vezes simétrica do espaço corporal, as sensações devidas à excitação daquela primeira região. Assim, se é o seu pé direito o membro privado de sensibilidade, o sujeito poderá relatar dores mais acima, na perna, ou mesmo no pé esquerdo (Head, 1893; Schilder, 1968; Lhermitte, 1998). Nesse caso, podemos falar, como Schilder (1968), em "transferência de sensações"? A que instância conferir o poder de alterar o "valor espacial" das estimulações? Seria essa alteração devida a contingências mecânicas e associacionistas, ou dever-se-ia a uma "consciência global" que teríamos do nosso próprio corpo? Novamente, vemo-nos colocados

A PRIMAZIA DO CORPO PRÓPRIO **193**

por Merleau-Ponty (PhP, p.114-7) diante da alternativa clássica entre o empirismo e o intelectualismo, dessa vez no tocante a um outro dispositivo teórico-antropológico, a noção de esquema corporal, que interessa ao filósofo desenvolver. O autor admite que podemos conhecer a posição de nossos membros por meio de um esquema corporal que os envolve, mas afirma também:

[...] a noção de esquema corporal é ambígua, como todas as que surgem nas reviravoltas da ciência. Essas noções só poderiam ser inteiramente desenvolvidas por meio de uma reforma dos métodos. Elas são primeiramente empregadas então em um sentido que não é o seu sentido pleno, e é seu desenvolvimento imanente que demole os métodos antigos. (PhP, p.114; p.144)

É assim que Merleau-Ponty vislumbra três sentidos da noção de esquema corporal, sendo o terceiro deles aquele que lhe interessa desenvolver. A ideia de esquema corporal remonta, inicialmente, à atmosfera atomista e associacionista que dominava a neuropsicologia nascente do século XIX. É a partir desse contexto teórico que Head e Holmes (1911, p.187, 189) falam de um modelo postural, um "esquema", que, criado a partir de imagens visuais e motoras, direcionaria a apreensão de "cada grupo fresco de sensações" advindas do movimento corporal e que, por sua vez, colaborariam na reedição dinâmica do próprio esquema. Em verdade, os autores falam em "esquemas", no plural. Haveria um esquema relativo à nossa postura, um esquema relativo à superfície do nosso corpo etc., ou seja, uma série de "modelos organizados de nós mesmos" e fundados sobre impressões sensoriais armazenadas no córtex cerebral. Vimos, no capítulo anterior, que Lhermitte (1998), ao abordar os fenômenos do membro fantasma e da anosognose, pautava-se em uma noção de imagem corporal[1] ainda devedora dessas noções associacionistas. Conforme Merleau-Ponty (PhP, p.115; p.144), para todos os efeitos a "representação fisiológica

---

1 Lhermitte (1998) e Schilder (1968) não faziam nenhuma diferenciação clara entre as expressões "esquema corporal" e "imagem corporal"; as expressões em questão parecem mesmo ser sinônimas nos trabalhos desses autores.

194 DANILO SARETTA VERISSIMO

[do esquema corporal] só podia ser então um centro de imagens no sentido clássico". O autor diz ainda:

> Falando do esquema corporal, primeiramente só se acreditava introduzir um nome cômodo para designar um grande número de associações de imagens, e se desejava exprimir apenas que essas associações eram estabelecidas fortemente, e estavam sempre prontas para operar. (PhP, p.115; p.144)

Um segundo sentido da noção de esquema corporal, nascido de uma evolução espontânea revelada na utilização efetiva dessa noção pelos psicólogos,[2] desloca-a de ideais intelectualistas, que tendem a promover a unidade espaçotemporal, intersensorial e sensório-motora do corpo a uma condição de possibilidade das associações sensoriais fortuitas, para uma aproximação com a noção de forma, no sentido da psicologia da *Gestalt*. Mas, comenta Merleau-Ponty (PhP, p.116), "não basta dizer que meu corpo é uma forma", um todo que diz mais do que a soma de suas partes. Voltemo-nos a suas palavras:

> Se, no anosognósico, o membro paralisado não conta mais no esquema corporal do paciente, é porque o esquema corporal não é nem o simples decalque nem mesmo a consciência global das partes existentes do corpo, e porque ele as integra a si ativamente em razão de seu valor para os projetos do organismo. Frequentemente, os psicólogos dizem que o esquema corporal é *dinâmico*. Reconduzido a um sentido preciso, este termo significa que meu corpo me aparece como postura em vista de uma certa tarefa atual ou possível. E com efeito sua espacialidade não é, como a dos objetos exteriores ou a das "sensações espaciais", uma *espacialidade de posição*, mas uma *espacialidade de situação*. (PhP, p.116; p.145-6 – grifos do autor)

---

2 De acordo com Verissimo e Furlan (2006), a psicologia, para Merleau-Ponty, lida com as suas contradições internas e apresenta um desenvolvimento espontâneo. Sua instabilidade entre a objetividade e a subjetividade leva-a a uma constate revisão das relações entre esses dois polos. Com efeito, observa-se um aprofundamento contínuo da psicologia em direção a uma melhor circunscrição dos seus objetos de estudo. Nesse sentido, os pesquisadores da área são considerados atores de uma constante autocrítica, árbitros dos conflitos entre as perspectivas realista e intelectualista.

A PRIMAZIA DO CORPO PRÓPRIO **195**

O autor nos apresenta, portanto, aquele que entende ser o sentido verdadeiro profícuo da noção de esquema corporal e, assim, nos apresenta, também, o que caracteriza, a seu ver, a espacialidade do corpo próprio. O espaço corporal implica "a instalação das primeiras coordenadas" e a orientação incessante para o mundo, para as tarefas, para os outros, e "o 'esquema corporal' é finalmente uma maneira de exprimir que meu corpo está no mundo" (PhP, p.117; p.147). O espaço objetivo pressupõe a orientação corporal; o "acima", o "abaixo", o "ao lado" só possuem sentido com base numa corporalidade instalada no mundo. Se Merleau-Ponty (PhP, p.117; p.146) afirma que o espaço corporal "é a obscuridade da sala necessária à clareza do espetáculo [...]", é justamente com o intuito de asseverar o caráter intencional do corpo próprio. Nesses termos, o "sistema prático" formado pelo espaço corporal e pelo espaço exterior destaca o "objeto como meta da nossa ação" (PhP, p.119) e *a própria ação como realização da espacialidade do corpo*. Assim, é no estudo da motricidade que Merleau-Ponty espera elaborar uma primeira descrição do corpo próprio, descrição essa que compreenderá, ainda, um modo original de pensar o "fermento dialético" presente no próprio espaço corporal e capaz de objetivá-lo.

A perturbação patológica fundamental

Os relatos de caso de Goldstein mostram pacientes que se saíam razoavelmente bem na execução de atividades corriqueiras do dia a dia. O próprio Schneider, doente a que já fizemos referência, mantinha com sucesso sua atividade artesanal de fabricação de carteiras (Goldstein, 1923 apud PhP). Os pacientes podem ser capazes de pentear os cabelos, acender um cachimbo, por exemplo, ou mesmo percorrer grandes itinerários. Contudo, quando se trata de realizar atividades destituídas desse caráter concreto e efetivo, por exemplo, as atividades demandadas nas situações de exame médico, e que Goldstein denominara "movimentos abstratos", o paciente ou falha ou lança mão de subterfúgios, que, a exemplo das discussões sobre a

196 DANILO SARETTA VERISSIMO

afasia, mostram-se particularmente importantes para a compreensão da patologia. Solicitado a localizar um ponto do seu corpo tocado pelo médico ou a descrever a posição em que o clínico posicionara passivamente seu braço, o paciente vê-se em necessidade de realizar uma série de movimentos preparatórios que o conduzirão a uma resposta correta ou aproximada. Tudo se passa como se o doente procurasse a parte do seu corpo interessada no exame. A simples prescrição de mover o braço, sem qualquer ordem adicional, exige que alguns pacientes movam diversas partes do corpo, ao que se seguem alguns movimentos imprecisos dos membros superiores, que acabam por ser "encontrados" e dão chance à consecução da tarefa com maior precisão. Se se trata de levantar o braço, primeiramente o doente deve "encontrar" sua cabeça, indício do "acima". A exemplo do paciente de Lhermitte e Trelles (1933), esses doentes compreendem adequadamente o sentido da solicitação médica, caso contrário não seriam capazes de perceber a imperfeição dos seus movimentos nem identificar o gesto solicitado em meio aos vários deslocamentos esboçados. Isso implica dizer que a ordem médica possui uma "significação intelectual" para eles, mas não uma "significação motora" (PhP, p.128). Essa constatação é a chave da crítica de Merleau-Ponty aos modelos compreensivos dedicados a delimitar a função que teria sido perturbada nos doentes, incluindo-se a noção de função simbólica. Vejamos, então, mais de perto esses modelos, bem como as críticas do filósofo a eles.

Primeiramente, Merleau-Ponty apega-se aos trabalhos iniciais de Gelb e Goldstein (1950) acerca das deficiências de Schneider para denunciar a estreiteza do método indutivo e do pensamento causal na psicologia. A origem do quadro patológico apresentado por Schneider, já comentamos em outro capítulo, é uma lesão na região occipital do córtex cerebral. Os primeiros exames realizados no paciente indicaram um comportamento "razoavelmente normal", contudo sua percepção visual mostrava-se claramente prejudicada, e o paciente fora classificado como "cego psíquico": "Concluímos, portanto que sua dificuldade era puramente visual, ainda que de algum modo que não aparecia sob circunstâncias comuns" (ibidem, p.316). O paciente era incapaz de apreender imediatamente formas totais. Diante de uma linha reta de cinco centímetros, ele era apenas capaz de afirmar sua direção, mas não de considerá-la reta. Um triângulo era descrito como algo "largo em baixo e estreito em cima". Vários objetos eram reconhecidos por ele apenas por meio de inferências baseadas nos seus poucos aspectos que lhe chamavam a atenção. Assim, um dado era reconhecido graças aos pontos pretos sobre superfícies brancas.

Um quadro, que representava uma estrada a se perder no horizonte, era "explicado" com base na inferência de que árvores deixavam um vão livre na parte central da gravura, e que esse vão bem poderia ser uma estrada. Seu método de leitura era particularmente interessante. A visualização das letras era acompanhada de movimentos da cabeça ou de uma das mãos. Os autores deram-se conta de que o paciente reescrevia por meio desses movimentos aquilo que seus olhos viam e era apenas com base nesses movimentos que ele era capaz de ler. Na verdade, Schneider lia seus movimentos corporais. Apenas eles configuravam uma percepção atual e capaz de indicar o sentido daquilo que ele via nos livros. Ora, levando-se em conta toda a extensão, pouco a pouco estabelecida, do quadro patológico de Schneider, especialmente suas perturbações motoras, ao considerarmos os métodos indutivos de análise científica, poderíamos ser levados a crer que os movimentos abstratos, incluindo-se o movimento de mostrar (*Zeigen*), dependem, fortemente, das funções de representação visual. Concluir-se-ia, daí, que os movimentos concretos, preservados no doente, dever-se--iam aos dados cinestésicos e táteis. Teríamos, assim, uma perfeita distinção entre movimentos concretos e abstratos, entre *Greifen* (movimento de pegar) e *Zeigen*, além de uma atribuição específica e com valor causal a cada um deles relativa aos dados sensoriais que os animariam. Mas, se tal conclusão fosse justa, como compreender as perturbações do movimento abstrato e do *Zeigen* em pacientes cujo quadro patológico não envolve a perturbação da percepção visual? Conforme o comentário de Merleau-Ponty, não se pode dizer que a alteração visual torna impossível o ato de designação, mas, sim, que a impossibilidade da atitude do *Zeigen* faz dos dados visuais elementos de reações imperfeitas. O autor vê nessa discussão a oportunidade de reafirmar que a indução, como "recenseamento de fatos" e processo

198 DANILO SARETTA VERISSIMO

explicativo pautado na designação de "antecedentes constantes e incondicionados" não chega a nenhuma conclusão nas matérias de estudo da psicologia (PhP, p.130-40). Diferentemente do que se passa na física, os fatores com os quais o psicólogo trabalha, como "representações visuais" e "representações táteis", não são isoláveis e passíveis de avaliações referentes às suas variações correlativas. Gelb e Goldstein (apud PhP, p.138) entreviram no estudo de casos de perturbação da percepção visual a possibilidade de isolamento do que seria a "experiência tátil reduzida à si mesma". Mas, se um tal raciocínio possui alguma validade, ele se expõe aos paradoxos que ele mesmo gera. Pois, se na experiência normal é impossível falar de "experiência tátil pura", é porque tratamos de uma "experiência integral", em que as diferentes contribuições sensoriais não podem ser precisamente demarcadas. Assim, na patologia, mesmo se pudéssemos falar de uma desorganização circunscrita da função visual, veríamos que é a experiência total do sujeito que se vê modificada. É o próprio sentido do comportamento que se encontra alterado, sentido que não se reduz a uma função de variáveis visuais, táteis ou cinestésicas, mas que é, antes, pressuposto na definição dessas variáveis hipotéticas.

Se o comportamento é uma forma em que os "conteúdos visuais" e os "conteúdos táteis", a sensibilidade e a motricidade só figuram a título de momentos inseparáveis, ele permanece inacessível ao pensamento causal, ele só é apreensível por um outro tipo de pensamento – aquele que surpreende seu objeto no estado nascente, tal como ele aparece àquele que o vive, com a atmosfera de sentido na qual ele está então envolvido, e que busca introduzir-se nessa atmosfera para reencontrar, atrás dos fatos e dos sintomas dispersos, o ser total do sujeito, se se trata de um normal, o distúrbio fundamental, se se trata de um doente. (PhP, p.139-40; p.170-1)

É a instabilidade entre um pensamento permeado de pressupostos da psicologia clássica e um pensamento de "inspiração concreta", tal como o encontrado na psicologia da *Gestalt*, que Merleau-Ponty identifica nas primeiras publicações de Gelb e Goldstein. A evolução das análises dos autores é tomada pelo filósofo como um admirável

A PRIMAZIA DO CORPO PRÓPRIO 199

exemplo do progresso espontâneo que ocorre no seio da psicologia.[3] Schneider também carecia de "consciência do espaço corporal", o que também era relacionado pelos autores às deficiências relativas ao "conhecimento visual". Continuando a discussão iniciada há pouco, é interessante notar que, em meio a autores que abordaram a noção de esquema corporal, encontramos o mesmo pensamento de tipo indutivo e causal colocado em relevo por Merleau-Ponty a propósito de Gelb e Goldstein. É ainda mais interessante observar que, no tocante ao esquema corporal, também foram privilegiadas, em linguagem empirista, as qualidades sensíveis visuais. Head e Holmes (1911) comentam casos de pacientes que perderam a capacidade de reconhecer sua postura corporal e que permanecem baseando-se em imagens visuais remanescentes da própria postura. Se posicionarmos o braço doente de um paciente neurológico de uma maneira qualquer e permitirmos que ele o veja, e, depois, com seus olhos fechados, alterarmos a posição do membro, o paciente dirá, com base numa "figura mental" constante, que seu braço continua na primeira posição. Schilder (1968, p.47), comentando os estudos de Gelb e Goldstein (1950), destaca a presença de "um fator ótico no modelo postural do corpo sem o qual a localização tátil é impossível". O autor faz referência, também, à ilusão japonesa, situação na qual cruzamos as mãos e entrelaçamos os dedos, e nos vemos em dificuldade para mover um dedo qualquer sob comando. Segundo Schilder (1968, p.47), nessa situação somos tomados por uma "agnosia ótica concernente ao nosso corpo [...]" e somos levados a apelar a impressões táteis e cinestésicas. Lhermitte (1998), seguindo essa tradição teórica, também enfatizou a importância das "representações visuais" na dinâmica da imagem corporal. Além disso, ao considerar a apraxia a partir de perturbações da somatognose, Lhermitte e Trelles (1933) deram destaque a estudos que enfatizavam o "papel de primeiro plano" que as perturbações da percepção e das representações visuais possuem na desorganização da atividade motora diferenciada.

---

3 À margem do texto, em notas de rodapé, Merleau-Ponty (PhP, p.132, 138-9, 143-4) realiza uma pequena análise histórica da evolução teórica que se observa nos trabalhos de Gelb e Goldstein.

A Merleau-Ponty interessa a "revisão geral das categorias ingênuas" do pensamento psicológico, tais quais a de "impressão visual", a de "representação visual", e, de modo mais geral, a ideia de conteúdos de consciência isoláveis, correspondentes a órgãos de sentido anatomicamente distinguíveis e a fontes de estímulos físico--químicos também isoláveis no mundo objetivo. Os estudos sobre os quais se pauta o filósofo, malgrado o fato de admitirem, de um modo ou de outro, tais categorias tradicionais, colocam-nas em xeque e problematizam "a maneira pela qual o sujeito faz aquilo que o circunda ser para ele mesmo, seja como polo de atividade e termo de um ato de captura ou de expulsão, seja como espetáculo e tema de conhecimento" (PhP, p.133; p.164). Aos olhos de Merleau-Ponty (PhP, p.133; p.164), o único modo de coordenar as perturbações motoras apresentadas na cegueira psíquica, na apraxia e nas síndromes cerebelares envolve definir "o fundo do movimento e a visão, não por um estoque de qualidades sensíveis, mas por uma certa maneira de ordenar ou de estruturar a circunvizinhança". O filósofo põe em causa um "campo motor" cujo estreitamento configura, de maneira geral, os quadros patológicos que observamos. Na doença, está em jogo uma função mais profunda que a visão, o tato, ou a coordenação de ambos, algo que Merleau-Ponty (PhP, p.136) chama de "área vital do sujeito", nossa "abertura ao mundo", a qual assegura que mesmo aqueles objetos que não se encontram em nosso campo visual contem para nós, façam parte do nosso "universo motor". A consideração de representações visuais, impressões táteis e ações motoras implica a fragmentação da unidade do comportamento. Se nas síndromes cerebelares, que não envolvem uma alteração primária da percepção visual, encontramos alterações motoras semelhantes às dos pacientes classificados entre as cegueiras psíquicas, a saber, o comprometimento dos movimentos abstratos e do gesto de designação, é porque a percepção visual já pressupõe a função de projeção que se manifesta nessas atividades motoras. Aqueles fragmentos do comportamento total são apenas artifícios da ciência cuja fragilidade heurística fora bem estabelecida por Merleau-Ponty. Vejamos agora as considerações do filósofo acerca da noção que nos interessa particularmente no presente trabalho, a função simbólica.

A PRIMAZIA DO CORPO PRÓPRIO 201

Retomada crítica da função simbólica

Merleau-Ponty, na *Fenomenologia da percepção*, continua admitindo a distinção, nascida em meio às pesquisas da neuropsicologia do início do século XX, entre o comportamento concreto e o comportamento abstrato. Vimos suas críticas às tentativas explicativas voltadas à perturbação do comportamento abstrato ainda inspiradas em ideais empiristas, e podemos acrescentar que essas críticas não devem espantar o leitor já ambientado ao trabalho do filósofo desde *A estrutura do comportamento*.

Contudo, no tocante às tentativas explicativas pautadas na noção de função simbólica, as críticas de Merleau-Ponty deixam entrever mais claramente o rigor filosófico que lhe interessa imprimir à sua investigação. O movimento abstrato permanece uma marca da "produtividade humana" (PhP, p.130), da transformação da relação natural do corpo e da circunvizinhança, ou seja, de uma relação baseada em tarefas urgentes e vitais. A corporalidade propriamente humana expressa-se com veemência no movimento abstrato, que, conforme as palavras de Merleau-Ponty (PhP, p.129; p.160), "cava, no interior do mundo pleno no qual se desenrolava o movimento concreto, uma zona de reflexão e de subjetividade, [...] sobrepõe ao espaço físico um espaço virtual ou humano". O filósofo classifica de "centrípeto" o movimento concreto e de "centrífugo" o movimento abstrato, visto que "o primeiro ocorre no ser ou no atual, o segundo no possível ou no não-ser; o primeiro adere a um fundo dado, o segundo desdobra ele mesmo seu fundo" (PhP, p.129; p.160). Há uma atividade construtiva do fundo sobre o qual a iniciação cinética se dá no movimento abstrato, uma organização do mundo, a impressão das linhas de força que nos orientam nele. Mas uma ressalva da maior importância faz-se necessária aqui. Certas passagens do texto de Merleau-Ponty parecem apresentar uma ambiguidade, que, em realidade, afigura-se como um sinal do quão tênue é a linha entre o que o filósofo mantém-se disposto a aceitar no tocante à distinção entre o comportamento concreto e o comportamento abstrato e o que se encontra no campo que pretende criticar (PhP, p.127-30). Afinal, essa distinção possui um cunho substancial, funcional, ou existencial? Que caráter possuem

202 DANILO SARETTA VERISSIMO

as "faculdades de projeção" destacadas por Woerkom (1919), como condição de possibilidade do movimento abstrato? Mais uma vez, Merleau-Ponty faz-nos ver a instabilidade das ciências que se ocupam do comportamento entre o empirismo e o intelectualismo. Afirma o autor (PhP, p.140; p.171):

Se o distúrbio não deve ser referido aos conteúdos, seria preciso ligá-lo à forma do conhecimento; se a psicologia não é empirista e explicativa, ela deveria ser intelectualista e reflexiva. Exatamente como o ato de nomear, o ato de mostrar supõe que o objeto, em vez de estar próximo, agarrado e tragado pelo corpo, seja mantido à distância e se exponha diante do doente.

Se não se fala mais em causas do comportamento abstrato, aventa-se sua condição de possibilidade, e então o ato de designação, o *Zeigen*, e o movimento abstrato pressupõem o exercício da atitude categorial, a capacidade de subsunção da "existência instantânea" ao seu conceito, a "consciência da meta". O comportamento abstrato pode, mesmo, mostrar-se independente de um objeto existente, o que dá o sentido pleno do seu caráter "centrífugo"; ele "desenha no espaço uma intenção gratuita" (PhP, p.140; p.172). O corpo passa, então, a ser sede de uma "potência de objetivação", de uma "função simbólica", ou de uma "faculdade de projeção", capaz de fazer da sensação individual um sinal para a generalidade, um caminho para certos "centros de significação", e capaz de potencializar a correspondência mútua entre os objetos, conforme a posição assumida por Cassirer (1972, p.256, 290). Reencontramo-nos, assim, ante a ideia de uma consciência intencional que vem sendo pensada desde Kant e cuja propriedade essencial, ao menos enquanto se mantém seu ranço kantiano, é a enformação da "matéria da experiência". O sujeito transcendental de Kant encerra uma distinção substancial entre o entendimento e a "sensação morta". O próprio Cassirer (1972, p.220-6) denuncia a manutenção dessa distinção substancial nas filosofias de Brentano e Husserl. Se Brentano, por um lado, assume que o ato psíquico não existe em si, de modo isolado, ele, por outro, fala da "inexistência intencional" em oposição à "existência real da coisa". Já Husserl, se, por um lado, aperfeiçoa o

A PRIMAZIA DO CORPO PRÓPRIO 203

pensamento de Brentano e estabelece que nenhuma analogia retirada do "mundo real" é capaz de iluminar a relação entre representante e representado, por outro ainda refere-se a uma *hylé* sensível e a uma *morphê* intencional. É a esse gênero de distinção que Merleau-Ponty (PhP, p.141) faz referência ao falar de uma consciência como "puro ato de significação". Retomando uma extensa tradição filosófica que, segundo ele, vai de Descartes, passando por Kant, até Husserl (PhP, p.141, nota 4), o autor menciona a caracterização de apenas duas formas de ser: o ser que se define "pelo ato de significar", e o ser como coisa, "a coisa sendo justamente aquilo que não conhece, aquilo que repousa em uma ignorância absoluta de si e do mundo [...]" (PhP, p.141; p.172). Segundo Merleau-Ponty, é essa distinção de ordem ontológica que parece repousar sob a distinção funcional entre movimentos concretos e movimentos abstratos, entre o *Greifen* e o *Zeigen*, e, mais ainda, entre a condição de normalidade e entre a condição patológica.

> Se o doente não existe mais como consciência, é preciso que ele exista como coisa. Ou o movimento é movimento para si, e agora o "estímulo" não é sua causa mas seu objeto intencional, ou então ele se fragmenta e se dispersa na existência em si, torna-se um processo objetivo no corpo, cujas fases se sucedem mas não se conhecem. O privilégio dos movimentos concretos na doença seria explicado pelo fato de eles serem reflexos no sentido clássico. (PhP, p.141-2; p.172-3)

Voltamos, portanto, à alternativa clássica entre o automatismo e a consciência, entre o fisiológico e o psíquico, alternativa que interessa a Merleau-Ponty ultrapassar. Barbaras (1998, 2001) comenta que o filósofo, na *Fenomenologia da percepção*, não conseguira desfazer-se completamente dos dualismos entre o sujeito e o objeto, que essas categorias continuam a ser pressupostas por ele, principalmente quando o corpo é definido como um ponto intermediário do movimento intencional da consciência.[4] Contudo, Merleau-Ponty (PhP,

---

4 Sobre detalhes das críticas de Barbaras à *Fenomenologia da percepção*, ver nota 5 do Capítulo 6 do presente trabalho. Ver também Barbaras (2001, p.25-6) e PhP (p.161, 169).

204 DANILO SARETTA VERISSIMO

p.144; p.174) mostra a amplitude de suas intenções filosóficas quando afirma o que segue: "Toda explicação fisiológica se generaliza em fisiologia mecanicista, toda tomada de consciência em psicologia intelectualista [...]". Não é possível fazer uma concessão apenas parcial à "explicação fisiológica", diz ele, ela se generaliza sempre. Afinal, como não pensar que o mesmo circuito nervoso que assegura o movimento concreto pode assegurar o movimento abstrato. Não é possível demarcar o limite da explicação fisiológica. Ora, o contrário também é verdadeiro. Se o objeto, em algum momento, pode passar de causa da reação motora a objeto intencional e motivar o ato de mostrar, como conceber um movimento completamente automático e que não seja "anunciado" à consciência? O problema aqui é o mesmo que fora colocado a propósito da compreensão do membro fantasma, e a solução proposta por Merleau-Ponty ainda é a mesma. Cabe o esforço de desvelamento de uma zona intermediária entre o psíquico e o fisiológico e que o filósofo denomina "existência". O *Zeigen* e o *Greifen* configuram duas "modalidades existenciais", "duas maneiras de se reportar ao objeto e dois tipos de ser no mundo", que apenas podem ser compreendidos na "dimensão do comportamento" (PhP, p.129, 142, 144).

Antes de avançarmos por essa via intermediária, concentremo-nos um pouco mais sobre o discurso intelectualista, pautado na noção de função simbólica. O ponto essencial da crítica merleau-pontiana a esse discurso refere-se à autonomia que a "ideação simbólica" (Cassirer, 1999) parece ganhar ainda no interior de uma dinâmica tradicional entre conteúdo e forma. Trata-se de abordar uma verdadeira inversão teórica (Forest, 2003) que ocorrera em meio ao progresso nos trabalhos de autores como Head, Gelb e Goldstein – vimos que Merleau-Ponty prefere falar numa instabilidade epistêmica constante no que se refere à produção teórica desses autores – e que nos leva a considerar, ainda, a relevante marca intelectual de Ernst Cassirer, autor que fez uso desse conhecimento empírico das neurociências e, também, influenciou o seu devir.

A PRIMAZIA DO CORPO PRÓPRIO 205

Cassirer e a consciência simbólica

Merleau-Ponty (PhP, p.148) classifica de ambíguas as relações que Cassirer (1972, p.229) estabelece entre matéria e forma por meio da noção de "pregnância simbólica", malgrado o fato de que este último a introduz justamente com a intenção de estabelecer uma relação recíproca entre matéria sensível e sentido. Com efeito, nosso filósofo identifica na filosofia de Cassirer uma tensão entre análises intelectualistas e análises fenomenológicas que seria preciso denunciar.[5] Ao longo do terceiro tomo de sua filosofia dedicada às formas simbólicas, Cassirer (1972, p.181) sustenta a ideia de que "a função simbólica remonta a uma camada da consciência bem mais profunda do que se supõe e se admite normalmente". O autor fala de um "Cosmos intelectual *sui generis*" já presente no mundo da percepção sensível, contrapondo-se, assim, à "'sublimação' intelectual da experiência que forma a superestrutura da ciência teórica" (ibidem, p.23), única à qual teria se limitado a crítica transcendental. O mundo marcado pelo intelecto não é o único no qual vive o homem, consideração que nos preserva de deixar de lado toda uma "província da consciência humana". Ela permite, ainda, que se reconheça a presença de "caracteres expressivos originais e imediatos" não apenas na experiência perceptiva do homem adulto, mas também na da criança e na dos animais, admissão que Cassirer (1972, p.23, 79-82) realiza com base nos estudos da "psicologia moderna", também representada em seu texto pelos gestaltistas Koffka e Köhler. O simbolismo é para o filósofo um fenômeno de representação, ou seja, na medida em que todo fenômeno perceptivo pressupõe a atividade simbólica, todo percebido nos reenvia a outra coisa. Por intermédio de um vivido de percepção, presente "aqui e agora", algo não dado torna-se visível. No mínimo, o vivido de percepção possui a potência de "significar" seu plano de fundo (ibidem, p.163, 266). O essencial, para o autor, é que

---

5 Merleau-Ponty (PhP, p.149; p.628) comenta: "Quando retoma a fórmula kantiana segundo a qual a consciência só poderia analisar aquilo de que ela fez a síntese, Cassirer retorna evidentemente ao intelectualismo, a despeito das análises fenomenológicas e até mesmo existenciais que seu livro contém, e das quais ainda iremos servir-nos".

206 DANILO SARETTA VERISSIMO

essa função de representação não seja relacionada nem a processos de cunho associativo nem a processos de cunho intelectual, da ordem do julgamento. Seu texto é repleto de passagens como:

> O que intervém aqui é ao contrário uma outra faculdade principal senhora da alma, irredutível à "percepção" simples como à atividade lógica e discursiva do entendimento, e que não se pode qualificar nem de puramente sensível nem de "racional". (Cassirer, 1972, p.170)

É justamente essa inerência do processo simbólico ao percebido que Cassirer busca expressar por meio da noção de "pregnância simbólica". Essa "articulação espiritual" é devida à organização imanente da percepção, diz o filósofo (ibidem, p.229).

Cassirer encontrou no campo da neuropatologia elementos que corroboravam suas formulações acerca do caráter representacional do fenômeno simbólico. Encontrou, sobretudo, argumentos que validavam sua caracterização da consciência sob o "império da função representativa". Os trabalhos de Gelb e Goldstein chegaram-lhe às mãos após a finalização dos dois primeiros tomos de A filosofia das formas simbólicas (ibidem, p.238-9). Tomando-se por base o fato de que o terceiro tomo da obra foi finalizado em 1927, cartas de Cassirer a Goldstein, datadas em 1925, mostram o quão admirado o filósofo se mostrava pela proximidade entre suas próprias questões teóricas e os problemas que vinham sendo tratados pelos neurologistas, e o quão interessado estava em estreitar ainda mais seus contatos com os autores (Cassirer, 1999). Em verdade, Cassirer e Goldstein possuíam laços familiares e frequentavam-se com certa constância. Tomado pela curiosidade intelectual voltada aos casos clínicos abordados pelo neurologista, Cassirer pôde, mesmo, conhecer alguns dos pacientes de Goldstein, inclusive o próprio Schneider, e constatar pessoalmente as disfunções relatadas em artigos científicos (Métraux, 1999).

Ficamos surpresos ao constatar que, em uma daquelas cartas, Cassirer já expressara sua insatisfação diante da ideia apresentada por Gelb e Goldstein em seus textos acerca do papel preponderante dos processos visuais na execução dos movimentos voluntários. Comenta o filósofo:

A PRIMAZIA DO CORPO PRÓPRIO 207

[...] a mim parece que as "representações ópticas" como tais ou as experiências de representar algo como dado [...] são muito menos cruciais do que a função inerente a essas experiências. A carência dessa função de "ideação simbólica" inibe a emergência do "projeto de atos motores". (Cassirer, 1999, p.666)

Cassirer retoma o assunto em sua obra dedicada à *filosofia das formas simbólicas* ao abordar as patologias da percepção espacial. O filósofo não nega a importância dos dados ópticos na construção do "sentido do espaço", todavia os considera condição necessária mas não suficiente nesse processo. De acordo com Cassirer (1972, p.276): "O espaço intuitivo não repousa sobre a presença exclusiva de certos dados sensíveis, ópticos em particular, mas pressupõe uma função primeira de 're-presentação'". Aliás, na discussão da percepção espacial, Cassirer apresenta-nos um claro exemplo do que vem a ser o ideário intelectualista presente em sua filosofia das formas simbólicas. O autor ratifica a dissociação operada no seio da patologia da percepção entre "espaço prático" e "espaço de representação". O primeiro teria por princípio "mecanismos motores adquiridos pelo exercício", o segundo, "uma livre supervisão abraçando o conjunto das direções possíveis" (ibidem, p.275), um esquema espacial abstrato. O reconhecimento de um "processo psíquico e espiritual" complexo perturbado nos casos patológicos implica, segundo Cassirer, uma concepção funcional, e não substancial. E o discernimento de um "denominador comum" que une a afasia, a agnosia e a apraxia não deve implicar uma faculdade originária, o que significaria hipostasiar a consciência simbólica como "poder transcendente" (Forest, 2003, p.35). O que a *filosofia das formas simbólicas* procura "não são pontos comuns no ser, mas pontos comuns no *sentido*", afirma Cassirer (1972, p.309).

É justamente sobre essa afirmação que Merleau-Ponty desenvolve sua crítica à consciência simbólica de Cassirer e, consequentemente, à sua dimensão empírica nas ciências do comportamento. A passagem da ordem do ser à ordem do sentido equivale à passagem da ordem da existência à ordem do valor, mudança que, para Merleau-Ponty (PhP, p.145), afirma a autonomia do sentido e do valor, e configura, portanto,

208 DANILO SARETTA VERISSIMO

uma abstração. A unificação das morbidades descritas na literatura médica que nos ocupa aqui implica, em última instância, a unificação de toda variedade de consciência – Merleau-Ponty pensa na consciência primitiva, na consciência infantil e na consciência de outrem – sob uma ideia substancial de consciência, que se ajusta perfeitamente à tradição do *cogito* cartesiano. De nada valem, portanto, aos olhos de Merleau-Ponty, as tentativas de afirmação da dimensão material da realização da consciência, como quando Cassirer (1972, p.95) refere-se às seguintes palavras de Hegel: "Os momentos que o espírito parece ter atrás de si, ele os possui também em sua profundidade presente". Essa mesma frase fora citada por Merleau-Ponty (SC, p.224; p.321) em *A estrutura do comportamento*, no momento em que o autor afirmava que "O comportamento superior conserva na profundidade presente de sua existência as dialéticas subordinadas [...]".[6] Aliás, em sua primeira obra, Merleau-Ponty, com base na mesma literatura utilizada por Cassirer, analisou exaustivamente o fato de que o lugar da substância nervosa central lesada imprime uma nuança notável e que caracteriza os diferentes quadros patológicos observados.

Quando em todos os casos se põe em causa a função simbólica, caracteriza-se bem a estrutura comum aos diferentes distúrbios, mas essa estrutura não deve ser destacada dos materiais em que a cada vez ela se realiza, se não eletivamente, pelo menos principalmente. (PhP, p.146; p.177)

---

6 Na *Fenomenologia da percepção*, Merleau-Ponty (PhP, p.277) fará ainda mais uma menção à frase de Hegel, dessa vez ao ocupar-se do caráter temporal da percepção. Masuda (1993) discute a citação dessa passagem de Hegel em *A estrutura do comportamento*, argumentando que, em virtude dela, não se deve excluir a possibilidade de que Merleau-Ponty tenha realizado a leitura de *A filosofia das formas simbólicas* antes de 1938 e que, consequentemente, tenha emprestado diretamente dali a noção de símbolo utilizada em sua primeira obra. Bimbenet (2004, p.110) também debate a utilização dessa mesma passagem por Merleau-Ponty, mas o faz interessado em discutir a divergência de sentido que o seu emprego em *A estrutura do comportamento* e na *Fenomenologia da percepção* revela.

A PRIMAZIA DO CORPO PRÓPRIO 209

Se as deficiências de Schneider não podem ser causalmente associadas às perturbações visuais devidas, particularmente, a uma lesão occipital, como se tivesse havido a destruição de certos conteúdos de consciência, tampouco se pode afirmar que os estilhaços de obus, responsáveis pelo seu ferimento, tenham atingido a consciência simbólica, ironiza Merleau-Ponty. Se a consciência se resumisse a uma função simbólica, diz o filósofo (PhP, p.158-9), ela poderia ser ou não ser, mas não tornar-se doente, modificar-se. Aliás, o autor comenta que esse tipo de abordagem metafísica, na medida em que dilui o que há de particular em cada patologia, desestimula o engajamento teórico de médicos e psicólogos, que acabam, então, encaminhando-se a concepções materialistas do problema.[7] Segundo o filósofo, a dialética entre forma e conteúdo deve ser pensada respeitando-se o fato de que, se a patologia ultrapassa os "conteúdos particulares", como a percepção visual, a capacidade simbólica do sujeito não é afetada que por meio dos "materiais privilegiados da visão" (PhP, p.147). Há um "passado absoluto da natureza" que determina a "despersonalização" própria à consciência perceptiva. Nosso corpo exprime uma "situação dada" que é sua ancoragem na vida, que configura ao mesmo tempo sua potência de subjetivação e sua fragilidade carnal, sua exposição à doença (PhP, p.159-60, 249, 275-6, 293-4). Nesses termos, não há uma potência de representação incondicionada que, de algum modo, instalar-se-ia na matéria da visão e animaria seus conteúdos perceptivos. Merleau-Ponty (PhP, p.147-8; p.178-9) expressa-se da seguinte maneira:

A relação entre matéria e forma é aquela que a fenomenologia chama de relação de *Fundierung*: a função simbólica repousa na visão como em um solo, não que a visão seja sua causa, mas porque é este dom da natureza

---

7 A análise de Bergson (1970b) acerca do desenvolvimento das teses paralelistas do século XIX caminha nessa mesma direção. Segundo o filósofo, as abordagens metafísicas do problema corpo-mente deixavam o fisiologista desamparado diante de suas questões. Como este apresentava recursos cada vez mais significativos para o estudo anatomofisiológico do cérebro, optava sempre, em vista disso, proceder como se o pensamento fosse tão somente uma função da atividade cerebral.

que o Espírito precisava utilizar para além de toda esperança, ao qual ele devia dar um sentido radicalmente novo e do qual todavia ele tinha necessidade não apenas para se encarnar, mas ainda para ser. A forma integra a si o conteúdo a tal ponto que, finalmente, ele parece um simples modo dela mesma, e as preparações históricas do pensamento parecem uma astúcia da Razão disfarçada de Natureza – mas, reciprocamente, até em sua sublimação intelectual o conteúdo permanece como uma contingência radical, como o primeiro estabelecimento ou a fundação do conhecimento e da ação, como a primeira apreensão do ser ou do valor dos quais o conhecimento e a ação jamais esgotarão a riqueza concreta e dos quais eles renovarão em todas as partes o método espontâneo.

Essa relação em "dupla direção", chamada *Fundierung*, encontra sua maior expressão na intuição fenomenológica da temporalidade. Se o presente do pensamento esboça uma "verdade eterna" na compactação do passado, do agora e do devir, a eternidade do verdadeiro não pode ser outra coisa senão a "sublimação do presente". A eternidade apenas pode *ser* se presentificada. E, todavia, não se pode afirmar o privilégio empírico do termo "fundante", no caso o presente, posto que o "fundado" é essencial para a sua manifestação.

Com efeito, Merleau-Ponty recoloca Cassirer em meio à tradição kantiana que este pensava não integrar. Se o intelectualismo de Cassirer não pode ser identificado a um "intelectualismo sumário", em que pensamento e atividade lógica são associados, mas antes a uma análise criticista que retoma o "fundamento da predicação" e que estabelece "o ato categorial pelo qual o pensamento investe o sujeito do sentido que se exprime no predicado" (PhP, p.150; p.181), Merleau-Ponty adverte-nos sobre o quão infecundo revela-se a distinção entre o uso empírico e o uso transcendental da categoria. Para o autor, o problema não é saber como o pensamento atual liga-se a um poder de síntese atemporal, mas como "o pensamento temporal amarra-se a si mesmo e realiza sua própria síntese" (PhP, p.150; p.181). É nesse sentido que Merleau-Ponty (PhP, p.451-2) afirma que o "ser-para-a-verdade" não se distingue do ser no mundo. Mas, a menos que se queira retornar aos embaraços da metafísica tradicional, nossa "participação no mundo" deve adquirir prioridade em termos metodológicos.

A PRIMAZIA DO CORPO PRÓPRIO 211

A função simbólica e o pensamento vivo

Somos, portanto, reenviados ao corpo próprio e à forma como ele dirige-se incessantemente ao mundo, ao modo com que ele é polarizado por suas tarefas, e à sua desenvoltura em meio a uma "espacialidade primordial", que se confunde ao seu próprio modo de ser corpo (Merleau-Ponty, 1994, p.173).

Goldstein (1983), interessado em refutar a compreensão mecânica do corpo próprio e da sua motricidade, comenta o "princípio da embreagem sucessiva" de Bethe. Trata-se de um princípio de coordenação mecânica variável conforme a situação e que seria aplicável à compreensão dos movimentos corporais. Goldstein (1983) explica-se fazendo referência a um esquema utilizado por Bethe e que serviria para demonstrar o preceito que regeria a movimentação da mão no ato de preensão. Pensemos em um fio Z cuja tração não agiria diretamente sobre as alavancas móveis w1-w4, mas que passaria, antes, por uma ponte móvel W e, em seguida, por duas outras pontes móveis W1 e W2. Supondo-se que a resistência necessária para mover as quatro alavancas w1-w4 seja a mesma, a tração de Z fará com que elas se movam conjuntamente, em um movimento sincrônico. Se uma das alavancas depara-se com uma resistência exterior, ela para, enquanto as outras continuam a se mover até que também encontrem alguma resistência, sucessiva ou simultaneamente. Se, então, tracionamos Z com uma força aumentada, as alavancas superarão a resistência exterior e retomarão o movimento. Transponha-se, pois, o esquema dessas quatro alavancas para a estrutura anatômica da mão, e, com os arranjos necessários, obtém-se uma mão artificial capaz de uma adaptação bastante variada. Goldstein (1983, p.83) é categórico ao afirmar a inaplicabilidade desse modelo mecânico "àquilo que se passa no organismo vivo". Quando pegamos um objeto, não há um impulso geral de fechamento da mão e que se prolongaria até que cada dedo se deparasse com uma resistência qualquer. Mesmo quando se trata de pegar um objeto desconhecido, nossa movimentação da mão já trai uma intenção de uso que desqualifica qualquer interpretação mecânica da atividade motora. A vivacidade da movimentação da

212 DANILO SARETTA VERISSIMO

mão é ainda mais evidente quando se trata de objetos com os quais já temos familiaridade. Nesse caso, o início da ação mostra-se graduada às singularidades deles. Goldstein (1983, p.84) comenta: "Antes mesmo de alcançar um objeto familiar, já o temos 'em mãos'".

Se não agimos no mundo como autômatos, também não o fazemos como seres cognitivos, quer num sentido associacionista quer num sentido propriamente intelectualista. Na maior parte do tempo, prescindimos de formulações explícitas acerca de nossas ações. Se nos dirigimos a uma escada rolante, que de longe notamos estar inoperante, é apenas quando damos o primeiro passo sobre ela que percebemos que havia ainda uma expectativa de sermos conduzidos pelos degraus móveis do aparelho. Qual seria a fonte dessa expectativa senão essa intenção corporal destacada por Goldstein e que visava a um objeto sobre o qual podemos apenas repousar, sem nos preocuparmos com o deslocamento ao longo do trajeto? Cabe aqui referência ao seguinte comentário de Merleau-Ponty (PhP, p.151; p.182):

> Meu apartamento não é para mim uma série de imagens fortemente associadas, ele só permanece como domínio familiar em torno de mim se ainda tenho suas distâncias e suas direções "nas mãos" ou "nas pernas", e se uma multidão de fios intencionais parte de meu corpo em direção a ele.

Não é apenas com base em exemplos marcadamente motores que Merleau-Ponty desenvolve sua crítica ao intelectualismo; o autor o faz também a propósito do campo especificamente intelectual. Schneider, lembra Merleau-Ponty (PhP, p.148; p.179), não é capaz de compreender analogias como "a pelagem é para o gato aquilo que a plumagem é para o pássaro", ou "o olho é para a luz e a cor aquilo que o ouvido é para os sons". A expressão metafórica "pé da cadeira" não lhe parece coerente. O paciente sente necessidade de expor essas frases e expressões a análises conceituais expressas. Daí, então, ele pode compreendê-las. Entretanto, os sujeitos sãos compreendem as analogias imediatamente, sem o recurso à análise, que, aliás, se solicitada, pode ser realizada não sem alguma dificuldade. Conforme Benary (1922 apud PhP), levando-se em consideração os "passos vivos

A PRIMAZIA DO CORPO PRÓPRIO **213**

do pensamento", deveríamos pressupor uma adequada capacidade de compreensão por parte do sujeito são mesmo quando este não apresenta uma formulação explícita satisfatória acerca de uma estrutura conceitual qualquer. Com efeito, as inferências e análises expressas são os recursos privilegiados pelos doentes para resolver grande parte dos embaraços diante dos quais se veem expostos (Gelb, 1933; Gelb; Goldstein, 1950; Goldstein, 1971a, 1971c; Goldstein; Scheerer, 1971). Merleau-Ponty (PhP, p.148; p.179) afirma:

> Em Schn., o que compromete o pensamento não é o fato de que ele seja incapaz de perceber os dados concretos como exemplares de um *eidos* único ou de subsumi-los a uma categoria, é ao contrário o fato de que ele só pode ligá-los por uma subsunção explícita.

O "pensamento normal" caracteriza-se pela apreensão imediata do sentido, da estrutura conceitual etc. Tomá-lo como uma atividade lógica, encarregada de deduzir um conceito ou categoria que coordene os elementos de uma proposição qualquer, corresponderia a compará-lo justamente com o procedimento que revela os "sintomas positivos" da condição patológica, ou seja, ao exercício funcional que ainda subsiste no doente neurológico. O modo como os pacientes lidam com os números é mais uma exemplo da desagregação do seu "mundo de pensamentos". Um paciente de Woerkom (1919), diante de dois conjuntos de varetas, um com quatro elementos, outro com cinco, é solicitado a dizer qual deles contém a maior quantidade de objetos. O paciente põe-se, então, a contar um a um os elementos, mostrando conhecer a sequência do nome dos números e esperando que o nome mais distante nessa série lhe desse a resposta do problema. A mesma estratégia é utilizada por um paciente de Goldstein (cf. Goldstein; Scheerer, 1971) que, inquirido sobre a maior grandeza relativa entre os números 7 e 4, põe-se a contar os dedos, buscando a resposta correta. Nesses casos, a ideia de quantidade não se encontra à disposição dos sujeitos, que recorrem a "receitas rituais" desprovidas do sentido de número. Nesses casos, o número maior é simplesmente aquele que vem depois na série dos números (PhP, p.155).

214 DANILO SARETTA VERISSIMO

É importante frisar que Merleau-Ponty articula percepção, motricidade e funções intelectuais em torno da "estrutura mundo", estrutura de caráter eminentemente temporal e cuja inflexão é o fator essencial nas condições patológicas estudadas pelo filósofo. Nossas ações, percepções e pensamentos se sedimentam não em termos substanciais, mas em termos temporais. A propósito das operações intelectuais, o autor afirma:

> [...] há um "mundo dos pensamentos", quer dizer, uma sedimentação de nossas operações mentais, que nos permite contar com nossos conceitos e com nossos juízos adquiridos como coisas que estão ali e se dão globalmente, sem que precisemos a cada momento refazer sua síntese. (PhP, p.151; p.182).

As operações intelectuais que somos capazes de realizar, quando não se encontram no centro de nossa consciência, permanecem, contudo, disponíveis, assim como, Merleau-Ponty lembra bem, uma segunda língua que conhecemos permanece ao nosso alcance e poderá ser reativada assim que tenhamos necessidade dela. E se a "a existência sempre assume o seu passado" (PhP, p.450) e encontra-se incessantemente voltada ao porvir, é nesse poder de fluência do comportamento que Merleau-Ponty identifica o ponto que, sujeito a inflexões, pode determinar, então, a rigidez do mundo do doente. E, aqui, entenda-se por "mundo" tudo aquilo com o que o sujeito possa se ligar e, pois, manter um diálogo intencional, sejam os objetos, outrem, a linguagem, seu próprio "panorama mental" de pensamentos e lembranças etc. O filósofo comenta: "é como um nivelamento do mundo que poderemos compreender ao mesmo tempo os distúrbios intelectuais, os distúrbios perceptivos e os distúrbios motores de Schn., sem reduzir uns aos outros" (PhP, p.152; p.183).

Na condição patológica, a familiaridade do doente com o mundo é rompida, a vivacidade do seu comércio com as coisas, com os outros e consigo mesmo é perdida, e o significado que brotava desse comércio de maneira espontânea e de modo a garantir a "fisionomia" do mundo (PhP, p.153) de agora em diante deve ser conquistado, e nunca com-

A PRIMAZIA DO CORPO PRÓPRIO 215

pletamente, a partir de esforços de interpretação do mundo. O doente passa a lidar com fragmentos daquela "significação primordial" de mundo organizados a partir de atos expressos de significação, sejam atos intelectuais explícitos, sejam atos involuntários que revelam sua tentativa de fazer do seu próprio corpo ou da situação na qual se encontra um "objeto de percepção atual" (PhP, p.125) ou habitual, diante do qual possam nascer os movimentos necessários à consecução da tarefa exigida. Para ele, as situações abstratas e fictícias devem ser convertidas em situações reais, e isso não porque o sujeito tenha sofrido uma alteração da função ou capacidade simbólica, que seria responsável pela sustentação de toda forma abstrata de ação e de pensamento, mas, sim, porque perdera a liberdade de se pôr em situação da qual gozava outrora, afirma Merleau-Ponty (PhP, p.157-8). Um paciente, solicitado a repetir a frase "A neve é negra", diz-se impossibilitado de fazê-lo. O médico, então, argumenta que frases como essa, *non-sens*, podem ser ditas mesmo que não atestem uma verdade. Finalmente, o paciente repete a frase, mas murmura logo em seguida: "Não, a neve é branca". Outro doente é capaz de escrever seu nome em um papel, mas não no ar. Esses pacientes, normalmente, são capazes de manter uma conversação durante o exame, mas, se o médico muda o tópico do diálogo, mostram-se desorientados, incapazes de compreender o que está sendo dito (Goldstein; Scheerer, 1971). Goldstein (1971a) afirma que Schneider não falava senão quando se dirigia a palavra a ele. Suas iniciativas verbais não eram mais que fórmulas prontas que ele decidira empregar em algumas situações, como a questão que fazia a seu filho sempre que este chegava da escola: "Comportou-se bem hoje?", perguntava o paciente de maneira pobre e estereotipada. O mesmo se dava no tocante à sexualidade (Steinfeld, 1927 apud PhP) O ato sexual nunca era iniciativa sua. Suas reações eram apenas locais e exigiam contato, visto que imagens e conversações de cunho erótico não lhe serviam como estimulação. E se o ato sexual fosse interrompido, o paciente não buscaria retomá-lo. Para Merleau-Ponty (PhP, p.160; p.192), situações como essas revelam as inúmeras tentativas empregadas pela consciência de modo a "tentar manter suas superestruturas quando seu fundamento desmoronou; ela imita suas operações costumeiras,

216 DANILO SARETTA VERISSIMO

mas sem poder obter sua realização intuitiva e sem poder mascarar o déficit particular que as priva de seu sentido pleno".

O estreitamento da experiência na patologia é enunciado por Merleau-Ponty mediante o recurso a uma nova expressão, a de "arco intencional", que nos reenvia ao contexto existencial da sua filosofia, e ao debate acerca da noção de intencionalidade. O autor escreve:

> [...] a vida da consciência – vida cognoscente, vida do desejo ou vida perceptiva – é sustentada por um "arco intencional" que projeta em torno de nós nosso passado, nosso futuro, nosso meio humano, nossa situação física, nossa situação ideológica, nossa situação moral, ou antes que faz com que estejamos situados sob todos esses aspectos. É este arco intencional que faz a unidade entre os sentidos, a unidade entre os sentidos e a inteligência, a unidade entre a sensibilidade e a motricidade. É ele que se "distende" na doença. (PhP, p.158; p.190)

O filósofo faz apenas mais uma menção a essa expressão, ao abordar as perturbações sexuais de Schneider e ao referir-se, então, às "raízes vitais da percepção, da motricidade e da representação [...]" (PhP, p.184; p.218), processos que repousariam, justamente, sobre esse "arco intencional" e que, no caso da experiência sã, teriam asseguradas sua "vitalidade" e a sua "fecundidade". O termo em questão fora emprestado de um estudo em psicopatologia de Franz Fischer, estudo que figura, também, entre a bibliografia utilizada por Minkowski (1995) em sua investigação sobre a psicopatologia do espaço e do tempo. Este último fala em "amplitude da vida"; mais especificamente, o autor comenta: "A vida que se sucede em volta de nós e da qual fazemos parte possui *amplitude*" (ibidem, p.373 – grifo do autor). Fora dos liames do espaço geométrico, Minkowski evoca uma "distância vivida". Do mesmo modo que há a duração vivida, tematizada por Bergson e pela fenomenologia, e que configura um todo no qual cada instante expressa os instantes anteriores e aqueles que estão por vir, há uma distância que nos separa, ou, ainda melhor, que nos une àquilo e àqueles que nos cercam. Cabe bem aqui a ideia gestaltista de estrutura figura-fundo. Nossa vida progride nesse interstício entre nós e o mundo, nesse

A PRIMAZIA DO CORPO PRÓPRIO 217

"espaço livre" em que não é possível uma demarcação entre o nosso corpo e o exterior; nossa vida se desenrola sobre um plano de fundo orgânico, social e cultural e se nutre da reversibilidade entre eles, e entre eles e ela. Essa distância que, ao mesmo tempo, nos separa e nos une ao ambiente constitui, segundo o autor, uma "esfera de desembaraço".[8] Em casos psicopatológicos, principalmente no caso de pessoas com diagnóstico de esquizofrenia, o autor identificara inúmeros sinais de empobrecimento psíquico que foram relacionados por ele, justamente, a perturbações da "distância vivida" ou da "amplitude da vida". A propósito dos delírios persecutórios de um dos seus pacientes, que era assistido também pelo cura de sua cidade, e que acreditava que ambos os cuidadores haviam se encontrado para conversar sobre ele, Minkowski (1995, p.376-7) afirma:

> Os poucos eventos, as poucas pessoas que subsistem, no seu psiquismo, munidas ainda de uma tonalidade afetiva, não são mais projetadas e não vêm mais se situar sobre aquilo que chamamos a distância vivida ou ainda a amplitude da vida, mas são como que aproximadas, como que condensadas, como que conglomeradas no espaço; dir-se-ia que eles são submetidos a uma força que procura fazer-lhes entrar uns nos outros, secar-lhes, juntar-lhes num único novelo, se é permitido tal expressão.

Merleau-Ponty, em outro momento da *Fenomenologia da percepção*, no capítulo em que aborda *o espaço*, refere-se mais atentamente às análises de Fischer e de Minkowski. O autor comenta então:

> Além da distância física ou geométrica que existe entre mim e todas as coisas, uma distância vivida me liga às coisas que contam e existem para mim, e as liga entre si. Essa distância mede, em cada momento, a "amplidão" de minha vida. (PhP, p.331; p.384)

O recurso de Merleau-Ponty (PhP, p.337) às descrições e às análises do "espaço antropológico" visa explorar "a solidariedade do homem e do mundo" que se dá aquém do espaço físico e geométrico e aquém

---

8 Em francês, *sphère de l'aisance*.

218 DANILO SARETTA VERISSIMO

das garantias de um "pensador universal" que asseguraria a unidade dos conteúdos da experiência (PhP, p.333, 340). O filósofo fala, pois, de uma "análise existencial" cuja principal virtude é ultrapassar as alternativas clássicas empiristas e intelectualistas. É nessa perspectiva que Merleau-Ponty nos convida a reconsiderar criticamente a função simbólica como ponto de unidade das perturbações encontradas nos quadros de afasia, agnosia e apraxia, e a recolocá-las em um "contexto existencial", em que o "ser do doente", sua "potência de existir", é que passa a ocupar um primeiro plano.[9] As perturbações visuais, motoras e intelectuais que encontramos nos pacientes, longe de revelarem a ruína de uma "função geral de representação", exprimem o "movimento da existência", que assegura a unidade dos conteúdos da experiência não sob uma consciência pensante, mas sob uma orientação concêntrica em direção ao mundo (PhP, p.155-6, 158, 160).

Para Saint Aubert (2005), se Merleau-Ponty em nenhum momento da *Fenomenologia da percepção* ocupa-se em precisar a noção de existência, sua aparição transversal ao longo da obra permite a constituição de uma rede de sinônimos envolvendo expressões como "ser corpo", "perceber", "mover-se" e "existir". Com efeito, observa o autor, pode-se identificar uma sinonímia ainda mais fundamental que une "existência" e "movimento". Não é ao acaso que Merleau-Ponty, ao iniciar sua própria "via fenomenológica", tenha forjado seu primeiro modelo de intencionalidade original na forma de uma intencionalidade motora, modelo que faz parte de uma série de tentativas "tão audaciosas quanto hesitantes" para firmar-se naquela via, diz Saint Aubert (2005, p.131). Mas, se, conforme o autor, a intencionalidade motora não passa de uma "expressão de transição" para Merleau--Ponty, é verdade que este unirá indefinidamente a vida intencional ao "registro do gesto", dado que o filósofo vê na intencionalidade a essência da nossa "animação".[10] Retornemos, então, ao tratamento

---

9 Tomando em consideração essa retomada existencial de fatos antes atribuídos à função simbólica, Bimbenet (2004, p.126-42) fala em "reavaliação existencial da atitude categorial".

10 Saint Aubert (2005, p.137) comenta: "A intencionalidade, em Merleau-Ponty, é tomada desde a origem segundo uma intenção filosófica pessoal que nela impri-

A PRIMAZIA DO CORPO PRÓPRIO **219**

dado por Merleau-Ponty à motricidade fora dos liames da função simbólica. Trata-se, pois, de acompanhá-lo na tentativa de caracterizar uma intencionalidade corporal calcada em um "saber global" (PhP, p.369) que possuímos do nosso corpo.

A motricidade: intencionalidade original

Algumas páginas atrás, fizemos referência ao modelo mecânico concebido por Bethe como tentativa explicativa do movimento de preensão. Vimos que Goldstein (1983) opôs à limitação de tal modelo a vivacidade do movimento das mãos, mencionando uma "intenção de uso" presente desde o início do ato motor. Precisemos, pois, com Merleau-Ponty o caráter dessa intenção. Veremos que, como todo ato intencional, é a um sentido que ela se dirige, mas que, conforme as palavras do filósofo, ela inaugura um "novo sentido da palavra 'sentido'" (PhP, p.172), distinto do que possa advir de uma "consciência constituinte universal".

As investigações acerca da motricidade têm seus resultados desencaminhados em virtude da noção de representação. Já vimos neste mesmo capítulo do presente trabalho as críticas de Merleau-Ponty à instabilidade das concepções teóricas de Gelb e Goldstein entre o ideário clássico da psicologia e suas abordagens concretas, assim como entre o empirismo e o intelectualismo. Críticas de teor bastante semelhante são endereçadas a Liepmann, pioneiro na caracterização nosológica e no estudo da apraxia. Liepmann fora capaz de situar a deficiência essencial do quadro apráxico entre os processos ideatórios da ação e a capacidade motora *per si*. A propósito de um dos seus pacientes, o médico comenta:

---

me uma deformação mais sutil que nomearemos um movimento de *torção*. Sob aparências de tecnicismo fenomenológico, sob fórmulas falsamente precisas que a *Fenomenologia da percepção* não articula jamais entre elas, Merleau-Ponty, em realidade, procura na intencionalidade a essência mesma da nossa vida, nossa *animação*". Ver também p.131 e 135.

220 DANILO SARETTA VERISSIMO

> Ele [o doente] conservou tudo o que é comunicável em uma ação, tudo o que ela apresenta de objetivo e de perceptível para um outro. O que lhe falta, a capacidade de conduzir sua mão direita conforme o plano traçado, é algo que não é exprimível e não pode ser objeto para uma consciência estranha, *é um poder, não um saber.* (Liepmann, 1905 apud PhP, p.630 – grifo nosso)

Mas, apesar de suas sagazes observações acerca da apraxia, seus instrumentos teóricos ainda se calcavam apenas sobre automatismos e sobre a preponderância hierárquica da ideia de representação, ou de fórmula do movimento. Mais uma vez, estamos perante a antinomia entre corpo e consciência e ante a impossível tarefa de compreender a ação mútua entre essas duas instâncias. Com efeito, a ideia de representação não dá conta de explicar a iniciação cinética; mais ainda, ela não dá conta de explicar a presença do espaço corporal em nós. Em condições naturais, o movimento de nossa mão em direção a um objeto não envolve nem a representação do nosso membro, nem a representação do movimento, nem a do objeto. Projetamo-nos ao objeto, frequentamo-lo antecipadamente de modo análogo ao conhecimento imediato que possuímos do nosso corpo e da sua potência de dirigir-se ao mundo. Nossas respostas diante das solicitações do ambiente prescindem de qualquer representação dos objetos ou do nosso corpo (PhP, p.160-1).

Ora, entra em jogo novamente a noção de esquema corporal e seu nexo com o caráter fenomenal da motricidade. Entra em jogo, também, outra personagem das neurociências cujo trabalho auxilia Merleau-Ponty a tramar conceitualmente a intencionalidade original vislumbrada no ato motor: trata-se de Grünbaum (1930), cujo artigo intitulado "Aphasie und Motorik" passa a ser citado ostensivamente. Nesse artigo, Grünbaum ocupa-se, principalmente, dos estudos acerca de um paciente afásico em particular e focaliza, prioritariamente, a discussão dos movimentos voluntários, sobretudo do ato de preensão, preocupado em contrapor-se aos termos do contraste estabelecido por Goldstein entre o ato de pegar e o de mostrar (Forest, 2003). Assim como um dos pacientes de Lhermitte e Trelles (1933), os relatos de Grünbaum revelavam que seu paciente era perfeitamente capaz de

A PRIMAZIA DO CORPO PRÓPRIO **221**

compreender o que ele deveria fazer a partir da solicitação do médico, além de possuir as condições sensório-motoras necessárias à realização das tarefas, que consistiam em levar a mão direita ao ouvido direito ou a tocar o nariz com a mão esquerda, por exemplo. No entanto, o paciente falhava em sua execução. Acima de tudo, o autor colocava em dúvida as explicações desse quadro sintomático devidas a Gelb e Goldstein, e pautadas na atitude categorial, na patologia da consciência simbólica. Para Grünbaum, as teses clássicas e as teses recentes da neurologia daquele tempo possuíam uma compatibilidade cruzada. Parecia-lhe correto, segundo as primeiras, enfatizar o caráter motor das disfunções afásicas, embora essas fossem consideradas de modo bastante estreito, segundo a perspectiva da articulação motora da palavra. Já as teses recentes teriam acertado ao enfatizarem a unidade das perturbações afásicas, mas errado ao negligenciarem as modificações motoras envolvidas nos quadros patológicos (Forest, 2003; PhP, p.227, nota 1). Seguindo os passos de Grünbaum, Merleau-Ponty faz referência às explicações de Head a propósito da desorientação de seus pacientes em exames envolvendo a imitação de gestos. O médico propunha aos doentes que repetissem com exatidão os seus movimentos quando situados de frente para ele. Nessa circunstância, se o médico levantasse sua mão esquerda e tocasse seu ouvido direito, era comum que os pacientes realizassem movimentos de simples coincidência, movendo, portanto, sua mão direita. Mas, se o médico se colocasse atrás do paciente, com ambos voltados para um espelho, os erros desapareciam. Head (1926 apud Cassirer, 1972, p.291-2) explica suas observações do seguinte modo:

[...] no primeiro caso as palavras "direita" ou "esquerda", "olho" ou "orelha" ou outros símbolos verbais de tipo semelhante deviam ser tacitamente interpostos entre a recepção e a execução do comando; mas, quando são refletidos no espelho, os movimentos são apenas casos de movimentos de pura imitação e uma verbalização não é necessária.

Head sustentava, portanto, que, na primeira situação, a ação deveria ser mediada por uma "palavra interior" ou "formulação simbólica"

222 DANILO SARETTA VERISSIMO

de caráter verbal, e que seria justamente a impossibilidade de gerar tal formulação a causa do insucesso dos pacientes. Cassirer (1972, p.291-3) corrobora essa interpretação, mas prefere enfatizar não "a transposição verbal do percebido sensível", mas uma "transposição em geral", ou seja, a capacidade, comprometida nos doentes, de organizar um elemento qualquer, no caso o movimento, segundo diferentes redes de relação ou diferentes sistemas de referência. Mas, se a ação adaptada fosse sustentada por essa capacidade simbólica geral, como compreender o fato, enfatizado por Grünbaum, de que, mesmo sendo capaz de representar e formular o movimento a ser realizado, o paciente falha na sua execução? É que os objetos, assim como as partes do nosso corpo, podem estar presentes a nossas intenções de conhecimento e adquirir, assim, um valor objetivo, mas podem estar isolados e sem acesso a "uma função muito mais originária e de caráter motor, a saber, a capacidade de diferenciação motora do esquema corporal dinâmico" (Grünbaum, 1930 apud PhP, p.166; p.196). A estrutura do corpo e o espaço no qual ele se move são correlativos e revelam uma relação de sentido que dispensa o ato representacional. Com efeito, a sinergia corporal interfere[11] no espaço, formando um só sistema sinérgico que se expressa na experiência motora do corpo próprio. É nesse sentido que Merleau-Ponty (PhP, p.165; p.196) afirma que o esquema corporal "não é apenas uma experiência de meu corpo, mas ainda uma experiência de meu corpo no mundo [...]". E nesse mundo encontramos unidade e identidade, não por meio de processos de síntese cognitiva, mas com base na unidade e na identidade "do corpo enquanto conjunto sinérgico" (PhP, p.366; p.424). Merleau-Ponty (PhP, p.363; p.422) é explícito ao afirmar que "a unidade pré-objetiva da coisa é o correlativo da unidade pré-objetiva do corpo". Em outra passagem, ao comentar a unidade do objeto percebido apesar do perspectivismo da percepção, o filósofo afirma ainda:

---

11 Aqui cabe bem o verbo francês *empiéter*, que Saint Aubert (2004, 2005, 2006) destaca como figura maior da ontologia a que se dirigia Merleau-Ponty.

A PRIMAZIA DO CORPO PRÓPRIO 223

A identidade da coisa através da experiência perceptiva é apenas um outro aspecto da identidade do corpo próprio no decorrer dos movimentos de exploração; ela é portanto do mesmo tipo que esta: assim como o esquema corporal, a chaminé [um objeto percebido qualquer] é um sistema de equivalências que não se funda no reconhecimento de alguma lei, mas na experiência de uma presença corporal. (PhP, p.216; p.252)

Quando Merleau-Ponty (PhP, p.239; p.278) diz que "A teoria do esquema corporal é implicitamente uma teoria da percepção", é ainda desse prolongamento do corpo ao mundo – e, consequentemente, do mundo ao corpo – que o filósofo está tratando, desse "diálogo" reversível entre o sujeito e o objeto e que o filósofo denomina "percepção fisionômica" (PhP, p.154). O sistema sinérgico que é nosso corpo refere-se a uma unidade confluente de funções que se encontra sempre "no movimento geral do ser no mundo" (PhP, p.270), ou seja, numa incessante referência às coisas, aos outros e a si mesmo. Se Merleau-Ponty cita uma passagem do texto de Head e Holmes (1911), em que os autores comparam o modo como temos consciência de nossas alterações posturais numa referência sempre pronta às posturas anteriores, assim como um taxímetro converte distâncias em valores a serem pagos,[12] ele o faz com o intuito de fundar esse "sistema de equivalências", que é o esquema corporal, aquém da alternativa entre soluções empiristas e intelectualistas, portanto, como "operação existencial". Os aspectos sensoriais do corpo próprio "são imediatamente simbólicos um do outro" (PhP, p.271), e não sustentados por uma atividade simbólica responsável de subsumi-los a uma significação ideal; e essa unidade corporal, como ser no mundo, é a chave para a unidade das coisas (PhP, p.163-5, 271-2). Em nosso comércio com o mundo, a compreensão primordial é o corpo que realiza; "para que possamos representar-nos o espaço é preciso primeiramente que tenhamos sido introduzidos nele por nosso corpo [...]", afirma Merleau-Ponty (PhP, p.166; p.197), entre citações de Grünbaum sobre o caráter originário da motricidade.

---

12 "Toda mudança reconhecível entra na consciência já carregada de suas relações a algo que ocorrera antes, assim como em um taxímetro a distância já nos é apresentada transformada em *schillings* e em *pence*" (Head; Holmes, 1911). Cf. PhP (p.162-3).

224 DANILO SARETTA VERISSIMO

A aquisição de hábitos motores volta a ser discutida na *Fenomenologia da percepção*. Alguns dos exemplos utilizados por Merleau-Ponty em seu segundo livro são os mesmos que os utilizados em *A estrutura do comportamento*: a aptidão de tocar um instrumento, mais especificamente, a de tocar um órgão, e a de datilografar, exemplos extraídos de um mesmo texto de Chevalier (1929 apud SC, PhP). Mas, dessa vez o intuito do filósofo é revelar a "motricidade como intencionalidade original", o que se faz, bem entendido, não sob o registro da função simbólica, mas sim do esquema corporal, e sob a égide existencial do ser no mundo. A aquisição de um novo hábito motor, o que inclui a utilização de instrumentos de modo geral, implica, então, "o poder que temos de dilatar nosso ser no mundo ou de mudar a existência [...]" (PhP, p.168; p.199), operação sustentada pela capacidade do corpo próprio de incluir – melhor seria dizer "incorporar" – seus anexos ao seu "caráter volumoso". Head e Holmes (1911, p.188), num trecho referido por Schilder (1968) e, depois, por Merleau-Ponty (PhP), afirmam o que segue:

> É à existência desses "esquemas" [posturais] que devemos o poder de prolongar nosso conhecimento da postura, do movimento e da localização além dos limites do nosso corpo até a extremidade de um instrumento que tenhamos à mão. Sem eles, não poderíamos sondar o solo com uma vara, nem poderíamos nos servir de uma colher a menos que tivéssemos os olhos fixos sobre o prato. Tudo aquilo que participa dos movimentos conscientes do nosso corpo é adicionado ao modelo que temos de nós mesmos e torna-se parte desses esquemas: o poder de localização de uma mulher pode estender-se até a pluma de seu chapéu.

Lhermitte (1998), ao abordar o uso de instrumentos, como o bisturi, por parte dos cirurgiões, ou a bengala, por parte dos cegos, fala, também, em expansão do "campo sensível" do sujeito, doravante estendido à extremidade do seu utensílio. É interessante notar que a espacialidade do instrumento no qual nos instalamos, ou que fazemos se instalar em nós, do mesmo modo que a espacialidade do corpo próprio, pode prescindir de referências objetivas. Podemos digitar um

A PRIMAZIA DO CORPO PRÓPRIO 225

texto sem sermos capazes de indicar corretamente, no teclado, onde se encontra cada letra utilizada. Da mesma forma, um músico pode lançar-se a improvisos no órgão sem ser capaz de indicar com exatidão as notas que pertencem a cada escala percorrida. Merleau-Ponty (PhP, p.168; p.199) comenta: "O sujeito sabe onde estão as letras no teclado, assim como sabemos onde está um de nossos membros, por um saber de familiaridade que não nos oferece uma posição no espaço objetivo".

Mais adiante, o filósofo diz ainda:

> Quando a datilógrafa executa os movimentos necessários no teclado, esses movimentos são dirigidos por uma intenção, mas essa intenção não põe as teclas do teclado como localizações objetivas. É verdade, literalmente, que o sujeito que aprende a datilografar integra o espaço do teclado ao seu espaço corporal. (PhP, p.169; p.201)

Ora, pode-se dizer, portanto, que o instrumento não é apenas um objeto em direção ao qual movemos as partes do nosso corpo capazes de se ocupar dele; o instrumento passa a ser algo parecido a uma região do corpo próprio destinada a certas ações, como escrever ou executar peças musicais. Se não são todos os objetos com os quais nos deparamos que podem ser considerados como anexos do corpo próprio e se outrem é aquele que reconhecemos a partir do nosso próprio esquema corporal,[13] mas que permanece a uma certa distância respeitosa de nós,[14] ou seja, se há limites na nossa incorporação do mundo, este é reconhecido por Merleau-Ponty (PhP, p.122) como o horizonte permanente da nossa experiência. Nesse contexto de familiaridade, fica mais fácil notar que o objeto que se nos apresenta desperta uma intenção motora que visa à coisa mesma, e não às partes do nosso corpo que devem ser mobilizadas

---

13 No capítulo da *Fenomenologia da percepção* intitulado *"Outrem e o mundo humano"*, Merleau-Ponty (PhP, p.406; p.474) afirma: "é justamente meu corpo que percebe o corpo de outrem, e ele encontra ali como que um prolongamento miraculoso de suas próprias intenções [...]". Servir-nos-emos dessa passagem no próximo capítulo do presente trabalho.

14 Pensamos aqui no que diz Minkowski (1995, p.375-81) acerca das alterações que se podem observar na "distância vivida" e que levam o doente a sentir, angustiadamente, o mundo e os outros, tocando-o quase direta e materialmente.

226 DANILO SARETTA VERISSIMO

para chegarem até ele e pegarem-no. Sobretudo, se se trata de um objeto que nos é conhecido, ou que possui ao menos algum aspecto da sua fisionomia que já nos "diga" algo, revela-se uma certa "simbiose, uma certa maneira que o exterior tem de nos invadir, uma certa maneira que nós temos de acolhê-lo [...]" (PhP, p.367; p.426).

*

Merleau-Ponty (PhP, p.165) refere-se ao esquema corporal, como sistema de equivalências acessível sem qualquer esforço cognitivo, como "invariante imediatamente dado". Vimos em outro momento do presente trabalho, que o filósofo, em *A estrutura do comportamento*, faz uso dessa mesma expressão para se referir ao corpo do animal. Contudo, nessa obra, a diferença entre o ser corpo animal e o ser corpo humano recaía sobre o exercício da função simbólica expresso no comportamento humano. Merleau-Ponty (SC, p.128; p.185) escrevera então:

> O que faz falta ao animal é exatamente o comportamento simbólico que lhe seria necessário para encontrar no objeto exterior, sob a diversidade de seus aspectos, um invariante comparável à *invariante imediatamente dada* do corpo, e para tratar reciprocamente seu próprio corpo como um objeto entre os objetos.

Contudo, vimos também que, na *Fenomenologia da percepção*, a autonomia antes concedida à função simbólica é julgada insatisfatória. De Head a Goldstein, nas neurociências, e a Cassirer, na filosofia, é uma propensão ao ideário intelectualista e a consequente manutenção da instabilidade das ciências e do pensamento filosófico entre as antinomias cartesianas que Merleau-Ponty identifica a partir do isolamento de uma função geral de ordem simbólica. O comportamento não é regido nem por fenômenos de ordem mecânica nem por fenômenos de ordem representacional. A intencionalidade motora que Merleau-Ponty realçou ao abordar a espacialidade do corpo próprio e a motricidade trata justamente de um "saber que se ignora" (Saint

A PRIMAZIA DO CORPO PRÓPRIO 227

Aubert, 2005, p.135), ou seja, que transita entre o "em si" e o "para si" e que desenha a noção de intencionalidade com valor realmente heurístico para o filósofo. Esse caminho intermediário, Merleau-Ponty esforça-se para demarcá-lo desde o início de sua primeira obra. Estendemos até *A estrutura do comportamento* a "audácia" e a "hesitação", a "ambição" e "ambiguidade" que Saint Aubert (2005) identifica nas tentativas de Merleau-Ponty, em seu segundo trabalho, para significar de modo original a ideia de intencionalidade. A adesão do filósofo, em sua primeira obra, ao ideário simbólico aparece-nos, portanto, como uma tentativa coerente, já o dissemos, com o posicionamento estrutural adotado por ele, mas insuficiente a partir da adoção da perspectiva da experiência que temos do corpo próprio. Nessa perspectiva, vê-se que o movimento já constitui uma "intencionalidade original", tal qual a revelada em nossa percepção do mundo, e que se distingue do conhecimento tal como concebido nas filosofias intelectualistas. A unidade e o caráter universal das coisas que encontramos não são produtos de uma atividade de síntese, mas sim da nossa unidade corporal e do modo como nos projetamos incessantemente a elas na qualidade de seres no mundo (PhP, p.444). Com efeito, o corpo é um "núcleo significativo *que se comporta como* uma função geral e que todavia existe e é acessível à doença" (PhP, p.172; p.204 – grifo nosso). Vejamos, a seguir, como o posicionamento crítico de Merleau-Ponty no tocante a essa função geral de representação mantém-se na abordagem da operação corporal cujo caráter expressivo é considerado o mais manifesto: a linguagem.

8
A CRÍTICA À FUNÇÃO SIMBÓLICA NA CONSIDERAÇÃO DA LINGUAGEM

Depois de rápidas considerações em *A estrutura do comportamento* (SC, p.182 et seq.), o capítulo da *Fenomenologia da percepção* intitulado "O corpo como expressão e a fala" é o primeiro grande exercício de reflexão, por parte de Merleau-Ponty, sobre a linguagem, tema que ocupará uma posição cativa nas suas produções a partir dos anos 1950. Assim, temos a retomada, por parte do filósofo, do problema da função simbólica em seu contexto de origem. Vimos, anteriormente, que, ultrapassado um regime de estudos sobre as afasias calcados em ideários empiristas, as pesquisas de Pierre Marie, Henry Head e, depois, as de Gelb e Goldstein relacionam as disfunções linguísticas de seus pacientes à impossibilidade do exercício de uma linguagem abstrata e desapegada dos aspectos concretos e imediatos da experiência. Segundo Gelb e Goldstein (1950), seus doentes estariam limitados a uma atitude concreta e, portanto, impedidos de efetuar as formas do comportamento simbólico ou da atitude categorial. Merleau-Ponty, coerente em relação à sua análise do problema da função simbólica no tocante à motricidade do corpo próprio, mantém-se crítico à inspiração intelectualista que perpassa a caracterização, na neuropsiquiatria, dos atos linguísticos segundo os moldes da atividade categorial. É ao "registro do gesto" que o filósofo vincula, então, a linguagem, enfatizando o seu caráter intencional e existencial.

230 DANILO SARETTA VERISSIMO

A restituição do sujeito falante

As concepções teóricas iniciais sobre as patologias da linguagem, tanto as de cunho localizacionista quanto as de cunho associacionista, são tradicionalmente ligadas à "tutela da psicologia sensualista" e à tentativa de conceber a significação da função linguística a partir da decomposição dessa significação em um "agregado de imagens sensíveis" (Cassirer, 1972, p.244). Por sua vez, Merleau-Ponty associará as concepções das afasias de cunho globalista à tutela da psicologia intelectualista, que faz a fala "repousar" sobre as atividades de pensamento. A impessoalidade das formulações empiristas a propósito da linguagem é patente. Quer se trate de atrelá-la a mecanismos nervosos que provocam a compreensão e a articulação motora da palavra, ou a associações representacionais capazes de gerar uma "imagem verbal" conveniente, são fenômenos em "terceira pessoa" que figuram no centro do ato linguístico. Nesse caso, "não há ninguém que fale", diz Merleau-Ponty (PhP, p.204; p.238). Do encontro fortuito de elementos sensíveis de significação, não é possível a emergência de nenhuma subjetividade. Os pesquisadores passaram, então, a pôr em causa as funções linguísticas "do ponto de vista do valor que lhes é atribuído pelo *sujeito falante*" (Goldstein, 1971a, p.299 – grifo nosso) e a destacar a animação do mundo implicada na integridade do ato linguístico. Goldstein (1971a, p.344) afirmava que "O doente [...] parece mover--se como um homem sem alma em um mundo sem alma", colocando, pois, em questão o "elo psíquico que nos une ao mundo e aos nossos semelhantes". Tratou-se, pois, de circunscrever uma "linguagem intencional", diz Merleau-Ponty (PhP, p.204). Poder-se-ia mesmo falar de uma "teoria existencial da afasia", caso os pesquisadores tivessem se atido a tratar "o pensamento e a linguagem objetiva como duas manifestações da atividade fundamental pela qual o homem se projeta para um 'mundo'" (PhP, p.222; p.259). O fato é que as teorias "modernas" da afasia, tais como a de Goldstein, colocam-nos entre a alternativa da "palavra como instrumento de ação e como meio de denominação desinteressada" (PhP, p.204; p.239). Goldstein

A PRIMAZIA DO CORPO PRÓPRIO 231

(1971a) destacou o caráter instrumental da linguagem ao considerar o desembaraço com que seus pacientes utilizavam-na em atividades determinadas por situações concretas, situações em que a linguagem mostrava-se subordinada "à ação e ao real". A linguagem do sujeito são também revela uma função instrumental, diz Goldstein (1971a, p.344), mas, nesse caso, seu valor de instrumento vincula-se à função representativa, ao fato de que a palavra encontra-se fundada numa "atitude conceitual" voltada à compreensão e à ordenação objetiva dos fatos, e que implica o domínio do "mundo do olhar". Mais uma vez, com Merleau-Ponty, somos levados a atinar com a instabilidade dos estudos em neurociências e em psicologia entre o corpo e a consciência, entre o mecanicismo e o intelectualismo, e ainda entre a ordem fenomenal do homem como ser no mundo. A instrumentalidade concreta da linguagem pressuporia processos mecânicos, enquanto o caráter contemplativo e ordenador da linguagem abstrata pressuporia fenômenos de entendimento. Assim, é na perturbação do pensamento que deveria ser procurada a origem de certos tipos de afasia. É disso que trata a fórmula que identifica no doente a impossibilidade de "subsumir os dados sensíveis sob uma categoria" (PhP, p.205), de encontrar, sob a variedade de manifestações de um objeto, um *eidos* que o represente. A exemplo do que vimos a propósito dos exames de nomeação de cores, uma paciente de Goldstein (1971c) mostrava-se incapaz de nomear adequadamente um objeto apresentado a ela, por exemplo, uma faca. Ela referia-se ao instrumento por meio de expressões como "cortador de maçã", "faca de pão" ou "descascador de batata", segundo as várias situações em que o objeto lhe fora apresentado. As palavras apenas possuíam um sentido dentro dessas associações circunstanciadas, não chegando a representar a classe abstrata sob a qual o objeto poderia ser classificado, afirma o autor.

O valor expressivo das palavras

Na *Fenomenologia da percepção*, Merleau-Ponty problematiza esse gênero de formulação acerca da linguagem calcado na delimitação de uma função simbólica sob duas perspectivas concêntricas. De um lado,

232 DANILO SARETTA VERISSIMO

o filósofo discute o valor expressivo das palavras, de outro, apresenta a atividade categorial não como uma forma de conhecimento, mas como uma forma de se endereçar ao mundo. Comecemos detendo-nos no problema da expressividade das palavras. Merleau-Ponty (PhP, p.205; p.240 – grifo do autor) afirma:

> [...] veremos mais uma vez que há um parentesco entre as psicologias empiristas ou mecanicistas e as psicologias intelectualistas, e não se resolve o problema da linguagem passando da tese à antítese. Há pouco a reprodução da palavra, a revivescência da imagem verbal era o essencial; agora ela é apenas o invólucro da verdadeira denominação e da fala autêntica, que é uma operação interior. E todavia as duas concepções coincidem em que tanto para uma como para outra a palavra não *tem* significação.

As concepções intelectualistas da linguagem que nos interessam aqui fariam a eficácia da palavra repousar sobre a atividade categorial, fenômeno "interior" que teria na palavra um instrumento de exteriorização. Poder-se-ia, mesmo, pensar a atividade categorial independentemente da linguagem. Assim, se, como dissemos, é difícil conceber uma subjetividade a partir da compreensão empirista da formulação linguística, no intelectualismo concebe-se de bom grado o sujeito, mas não o sujeito falante, do qual Goldstein entendia se tratar, mas o sujeito pensante (PhP, p.206). Trata-se, portanto, nessa perspectiva, de atrelar o pensamento a funções de representação e de estabelecer, entre o pensamento e a fala, relações meramente exteriores. A fala comunicaria um sentido, mas um sentido que ela não possui e que ela seria apenas encarregada de veicular. A atividade doadora de sentido ficaria mesmo a cargo de operações categoriais, ancoradas numa consciência portadora e geradora de significações e que apenas dependeria do manejo de signos linguísticos capazes de traduzi-las para o exterior. Mas por que tanto discurso se nada de novo fosse produzido na fala e se o pensamento representasse a "posse de si", a plena "coincidência consigo", pergunta Merleau-Ponty? O sentido de tudo que falamos,

A PRIMAZIA DO CORPO PRÓPRIO **233**

que escrevemos, e de tudo que produzimos em matéria de arte, seja na pintura, na música, na literatura ou no cinema, já é possuído por nós? Ora, diz o filósofo, a experiência que temos da linguagem atesta algo bastante distinto, atesta uma "perseverança" em direção à expressão, uma exigência de "vociferação", incompatíveis com a posse interior e indiferente de um sentido. A construção do significado se faz no próprio ato de expressão, diz o filósofo, e, portanto, não há outro meio de nos apropriarmos do significado senão por meio da expressão. Merleau-Ponty (PhP, p.207; p.242) escreve: "a fala não traduz, naquele que fala, um pensamento já feito, mas o consuma". Com efeito, não é possível que haja um pensamento que prescinda da linguagem. Um pensamento "puro" seria um pensamento "vazio" e, portanto, não existiria para si.[1] A vida mental já é uma vida cultural, o que nos remete à nossa experiência do mundo. A linguagem não é, por conseguinte, tradução do pensamento, mas a "tomada de posição do sujeito" no seu mundo, como qualquer outro ato que emane do nosso corpo. O importante, aqui, segundo Merleau-Ponty, é desfazer o equívoco segundo o qual a linguagem, como outro meio expressivo qualquer, seria precedida por uma atividade silenciosa de conhecimento, seja no tocante ao sujeito falante, seja no tocante àquele que escuta. No início, não há operações de representação expressa dos objetos, das relações entre eles etc., e que encontram nas palavras a sua transposição a um sistema de signos que poderá ser decodificado por outrem. O que há é uma "intenção significativa" do mesmo gênero da que anima nossa atividade motora, "uma certa carência que procura preencher-se" (PhP, p.214; p.250), e que não possui outro modo de ser conquistada, ainda que parcialmente, senão pela sua atualização expressiva. O sujeito falante permanecerá ignorando seus pensamentos enquanto não formulá-los, assim como os músicos, os pintores, os escritores, os escultores não conhecem sua obra enquanto não a realizam

---

1 "Um pensamento que se contentasse em existir para si, fora dos incômodos da fala e da comunicação, logo que aparecesse cairia na inconsciência, o que significa dizer que ele nem mesmo existiria para si" (PhP, p.206).

234 DANILO SARETTA VERISSIMO

(PhP, p.206, 210). A palavra é o próprio pensamento, ela carrega seu sentido, que não existe apartado dela. Merleau-Ponty (PhP, p.212; p.247) exprime-se da seguinte maneira:

> As palavras só podem ser as "fortalezas do pensamento" e o pensamento só pode procurar a expressão se as falas são por si mesmas um texto compreensível e se a fala possui uma potência de significação que lhe seja própria. É preciso que, de uma maneira ou de outra, a palavra e a fala deixem de ser uma maneira de designar o objeto ou o pensamento para se tornarem a presença desse pensamento no mundo sensível e, não sua vestimenta, mas seu emblema ou seu corpo.

O sentido do que diz Merleau-Ponty acerca da potência de significação da palavra pode ser aprofundado ao nos dedicarmos a desenvolver uma ligeira menção que o filósofo faz a Piaget. O filósofo comenta: "Como se disse frequentemente [Piaget, em nota], para a criança o objeto só é conhecido quando é nomeado, o nome é a essência do objeto e reside nele do mesmo modo que sua cor e que sua forma" (PhP, p.207; p.242). Na obra referida por Merleau-Ponty, Piaget (2003) dedicara-se, entre outras coisas, a examinar o que designara por "realismo nominal". O psicólogo propôs-se, por exemplo, a estudar o que representa o nome das coisas para crianças entre 5 e 12 anos. Para tanto, entrevistou-as, solicitando que respondessem a questões como: "O nome do Sol, como que ele começou?"; "Como se soube que o Sol se chamava assim?"; "Onde está o nome do Sol?"; "O Sol sabe seu nome?"; "Poderíamos ter chamado o Sol 'Lua' e a Lua 'Sol'?". Comecemos pela seguinte afirmação de Piaget (2003, p.54 – grifo nosso):

> Até em torno de 11 anos [...] pensar é falar – seja que se pensa com a boca, seja que o pensamento seja uma voz localizada na cabeça –, e falar consiste em agir sobre as próprias coisas por intermédio das palavras, as palavras participando de alguma maneira das coisas nomeadas tanto quanto que da voz que as pronuncia. Em tudo isso, não há, pois, nada mais que substâncias e ações materiais. Há realismo, e realismo devido a uma perpétua *confusão* entre o sujeito e o objeto, entre o interno e o externo.

A PRIMAZIA DO CORPO PRÓPRIO 235

Piaget (2003, p.77) entreviu, ao longo do desenvolvimento infantil, uma "distinção progressiva dos signos e das coisas". Até por volta dos 6-7 anos de idade, afirma ele, encontramos uma "primeira e grosseira" forma de confusão entre o signo e a coisa. Nesse estágio, as crianças consideram que os nomes emanam das coisas, que os nomes encontram-se nelas, e que basta olhá-las para descobrir como denominá-las. Tudo se passa, nesse período, como se o nome fizesse parte da essência das coisas, condicionando sua própria criação (ibidem, p.56). Segue, a título de exemplo, um pequeno trecho de entrevista com um menino de 7 anos de idade: "– Como eles [os primeiros homens] souberam que o Sol chama-se assim? – *Porque ele era brilhante.* – Mas de onde vem esse nome? – *Sozinho*" (ibidem, p.62).

Trata-se aqui, segundo Piaget, da forma mais pura do realismo nominal, em que a coisa compreende, a título intrínseco, o seu nome. Num estágio seguinte, pode-se vislumbrar uma primeira separação entre o nome e as coisas. Contudo, o dualismo entre o "interno" e o "externo" ainda não se encontra bem delimitado. Nesse caso, o nome ainda não é identificado com a atividade do sujeito pensante. O próprio pensamento é tido como algo que se encontra, ao mesmo tempo, em nós e no ambiente, no ar etc. Quanto ao nome, é então localizado pela criança por toda parte, especialmente por toda parte onde ele tenha sido pronunciado. Segue outro trecho de entrevista, dessa vez com um menino de 6 anos e 6 meses de idade:[2] "– E o seu nome, onde ele se encontra? – *Na casa.* – Em qual casa? – *Em todas as casas que o conhecem.* – Ele está nesta casa? – *Sim.* – Por quê? – *Porque ele é falado*" (ibidem, p.68).

Segundo Piaget, o terceiro estágio caracteriza-se, então, pela "descoberta" de que os nomes estão em nós, que emanam de um "interior". Grande parte das crianças, nesse período, diz que os nomes encontram-se "na cabeça"; em casos intermediários, os nomes são localizados na

---

2 A classificação concebida por Piaget que correlaciona certas faixas etárias a certos estágios da diminuição progressiva do realismo nominal não é rígida. Crianças com 5 ou 6 anos de idade podem apresentar um discurso que denote uma avanço maior nesse processo que crianças um pouco mais velhas.

236 DANILO SARETTA VERISSIMO

boca ou na voz. Um menino de 10 anos de idade responde da seguinte forma às perguntas do pesquisador: "– Onde estão os nomes? O nome do Sol, por exemplo? – *Na cabeça*. – Em qual? – *Na nossa*. *Em todas, menos naquelas que não sabem*" (ibidem, p.70).

Vale acrescentar que Piaget opera a distinção entre um realismo ontológico, ligado ao problema da existência, do lugar e da origem dos nomes, e um realismo lógico, que se refere ao caráter de signo dos nomes. No âmbito do realismo lógico, o problema é a instabilidade entre a consideração dos nomes como signos quaisquer ou a atribuição a eles de um valor lógico intrínseco. O autor admite a íntima dependência entre os problemas ontológicos e o problema lógico, mas afirma a persistência prolongada do segundo em relação aos primeiros. Mesmo crianças que já reconhecem o caráter "interior" do ato de nomear continuam a crer que o nome implique não mais a própria coisa, mas a ideia da coisa. Vejamos mais um extrato de entrevista, dessa vez com um menino de 9 anos e seis meses de idade:

– Poderíamos mudar os nomes, dar outros nomes? Você, seu nome é Louis, poderíamos ter chamado você Charles? – *Sim*. – Poderíamos ter chamado esta cadeira "Stuhl"? – *Sim, porque é uma palavra alemã*. [...] Poderíamos ter chamado o Sol "a Lua" e a Lua "Sol"? – *Não*. – Por quê? – *Porque o Sol brilha mais que a Lua*. (ibidem, p.72).

Até os 10 anos de idade, afirma Piaget, as crianças admitem que os nomes contenham a ideia da coisa, o que o autor denomina "instinto etimológico". Entre 10 e 11 anos, para a criança há simplesmente acordo entre o nome e a coisa. Elas dizem, a propósito de um objeto qualquer: "seu nome vai bem". É apenas após os 11-12 anos, diz Piaget (2003, p.74), que os nomes adquirem o *status* de "puro signo". Trata-se de um processo cujo apogeu coincide com o estabelecimento da distinção entre o pensamento e o mundo externo. A criança adquire consciência da sua subjetividade e vê-se, pois, desprendida do realismo inicial, marca da "confusão de contribuições externas e de contribuições internas" (ibidem, p.141).

A PRIMAZIA DO CORPO PRÓPRIO   237

Merleau-Ponty, já na *Fenomenologia da percepção*, anuncia sua oposição ao cartesianismo de Piaget. Recorramos às próprias palavras do filósofo:

Por volta dos doze anos, diz Piaget, a criança efetua o *cogito* e encontra as verdades do racionalismo. Ela se descobriria ao mesmo tempo como consciência sensível e como consciência intelectual, como ponto de vista sobre o mundo e como chamada a ultrapassar este ponto de vista, a construir uma objetividade no nível do juízo. Piaget conduz a criança até a idade da razão como se os pensamentos do adulto se bastassem e suprimissem todas as contradições. Mas, na realidade, é preciso que de alguma maneira as crianças tenham razão contra os adultos ou contra Piaget, e que os pensamentos bárbaros da primeira idade permaneçam sob os pensamentos da idade adulta como um saber adquirido indispensável, se é que deve haver para o adulto um mundo único e intersubjetivo. (PhP, p.408; p.476).

Todo o esforço pela obtenção de afirmações objetivas, apegadas a uma multiplicidade virtual de pontos de vista, não seria suficiente para "dominar a subjetividade", diz Merleau-Ponty, caso não contássemos com uma "certeza primordial" de que vemos e tocamos "o próprio ser" e de que nos encontramos permanentemente situados em relação a uma intersubjetividade. Essa certeza primordial prescinde de atos de representação, como já ficara estabelecido na discussão de Merleau-Ponty acerca da "percepção incipiente", em *A estrutura do comportamento*. As críticas do filósofo à psicologia genética piagetiana tornam-se mais manifestas em seus cursos na Sorbonne. Merleau-Ponty (2001, p.509 – grifo nosso) dirá, então, que Piaget investigara o desenvolvimento infantil sempre a partir "do estado de espírito do *físico* adulto". Não se tratava, portanto, nem mesmo de considerar as ambiguidades da vida adulta, mas tão somente sua capacidade expressiva objetiva e lógica, tal como exercitada no âmbito das ciências. Dessa perspectiva, nascera uma concepção geral da infância que "a vislumbra unicamente sob o seu

238 DANILO SARETTA VERISSIMO

aspecto provisório, portanto negativo" (ibidem, p.50).[3] Merleau-Ponty voltaria a dedicar-se ao estudo dos trabalhos de Piaget a partir de 1959. Segundo Saint Aubert (2006), manuscritos inéditos do filósofo mostram uma referência massiva a Piaget no momento em que era preparada a redação de *O visível e o invisível*. Novamente, Merleau-Ponty censura o psicólogo por não ter se atido ao "sentido positivo das primeiras estruturas infantis" (ibidem, p.241). Piaget teria tido acesso a um "tesouro" ao qual não dera o valor adequado, tendo reduzido a percepção infantil a um "pensamento mutilado".[4] É interessante notar a semelhança entre esse cenário piagetiano e o cenário cartesiano, ao qual se endereça Merleau-Ponty ao longo da sua obra e ao qual já fizemos referência no presente estudo.[5] Seguem dois trechos de notas de trabalho do filósofo inéditas, a primeira referente a Descartes, a segunda, a Piaget:

A interferência [*l'empiétement*], que é para mim a filosofia, não é para Descartes senão confusão.[6]

A passagem do sincretismo ou ser bruto ao pensamento articulado, descentrado: é preciso compreendê-la como diferenciação do polimorfo e não (Piaget) como construção. [...] Conclusão: promiscuidade do Ser [...] é assim que compreendemos o que Piaget chama a "confusão", o "sincretismo", e que ele caracteriza negativamente em relação às noções puras.[7]

---

3 Piaget (2003, p.56 – grifo nosso) faz o seguinte comentário a propósito das questões que eram aplicadas às crianças: "Essas questões talvez pareçam sutis. Mas elas são todas *resolvidas corretamente* em torno de 11-12 anos. É, pois, legítimo procurar por que elas não o são de modo algum antes disso".

4 Manuscrito inédito intitulado *Être et monde*, trecho elaborado em 1960 (apud Saint Aubert, 2006, p.242).

5 Cf. a seção intitulada "O 'cenário cartesiano' dos primeiros trabalhos de Merleau-Ponty" no Capítulo 1 do presente trabalho.

6 Notas de leitura e notas de trabalho inéditas dedicadas a Descartes (apud Saint Aubert, 2006, p.243).

7 Manuscrito inédito intitulado *Être et monde*, trecho elaborado em 1959 (apud Saint Aubert, 2006, p.243-4).

A PRIMAZIA DO CORPO PRÓPRIO 239

Se Merleau-Ponty (PhP, p.206) admite a aderência entre o nome e a coisa em nossa experiência, a ponto de que um objeto que nos seja familiar possa carregar um quê de indeterminação enquanto não saibamos o seu nome, é porque a idade adulta e a infância não são concebidas por ele em oposição. O estado bruto que o passado infantil representa não é ultrapassado; ele passa por um processo contínuo de diferenciação. Conforme Bimbenet (2004, p.285), para Merleau-Ponty "o adulto é aquele que, contrariamente a um intelectualismo muito confiante, não terá jamais rompido com a infância".[8]

A discussão que Merleau-Ponty elabora acerca do pretenso caráter fortuito dos signos verbais ocorre sob o plano de fundo da oposição do filósofo ao intelectualismo representado por autores como Piaget. A imanência do sentido dos gestos é mais facilmente identificada, pondera Merleau-Ponty, do que a imanência do sentido da fala. A expressão das emoções implica as próprias emoções. O filósofo comenta: "o sorriso, o rosto distendido, a alegria dos gestos contêm realmente o ritmo de ação, o modo de ser no mundo que são o próprio júbilo" (PhP, p.217; p.254). Comumente, os gestos são tidos como "signos naturais", enquanto as palavras como "signos convencionais". Isso porque, a exemplo do que considera Piaget, as palavras são tomadas em seu sentido conceitual e, portanto, como "signos puros". Mas, como nota Merleau-Ponty (PhP, p.218; p.254), as convenções, com seu caráter arbitrário, são "um modo tardio de relação entre os homens [...]" e pressupõem uma comunicação primordial na qual a linguagem precisa ser reinserida. As palavras, tal como aprendemos com as crianças, exprimem a "essência emocional" das coisas. Voltemos ao que escreve Merleau-Ponty (PhP, p.218; p.254-5):

Se pudéssemos retirar de um vocabulário aquilo que é devido às leis mecânicas da fonética, às contaminações das línguas estrangeiras, à racionalização dos gramáticos, à imitação da língua por si mesma, desco-

---

8 O entrelaçamento recíproco entre a infância e a idade adulta é abordado por Bimbenet (2004) no capítulo intitulado "Un archaïsme fondateur". Ver ainda Bimbenet (2002).

240 DANILO SARETTA VERISSIMO

briríamos sem dúvida, na origem de cada língua, um sistema de expressão muito reduzido, mas tal, por exemplo, que não seria arbitrário chamar de luz a luz se chamamos de noite a noite. A predominância das vogais em uma língua, das consoantes em outra, os sistemas de construção e de sintaxe não representariam tantas convenções arbitrárias para exprimir o mesmo pensamento, mas várias maneiras, para o corpo humano, de celebrar o mundo e finalmente de vivê-lo.

Não há, portanto, para o filósofo, um conjunto de signos arbitrariamente concebidos para representar um pensamento puro. Tampouco trata-se de reduzir a linguagem a simples expressão de emoções. Como assinala Merleau-Ponty (PhP, p.220; p.256), "não há signo natural no homem". O mesmo alargamento espaçotemporal presente no modo como acolhemos as situações que vivemos expressa-se na mímica emocional do gesto e na linguagem, doravante tida como gesto linguístico. O que comporta diferenças acentuadas nas diversas culturas humanas é o modo como usamos o corpo no comércio com o mundo e com outrem.[9] O estabelecimento desse uso, que pressupõe que nos situemos desde o princípio num mundo que é também social, implica o estabelecimento do gestual privilegiado na relação do homem com o mundo sensível.

É impossível sobrepor, no homem, uma primeira camada de comportamentos que chamaríamos de "naturais" e um mundo cultural ou espiritual fabricado. No homem, tudo é natural e tudo é fabricado, como se quiser, no sentido em que não há uma só palavra, uma só conduta que não deva algo ao ser simplesmente biológico – e que ao mesmo tempo não se furte à simplicidade da vida animal, não desvie as condutas vitais de sua direção, por uma espécie de *escapamento*[10] e por um gênio do equívoco que poderiam servir para definir o homem. (PhP, p.220-1; p.257 –grifo do autor)

---

9 "O japonês encolerizado sorri, o ocidental enrubesce e bate o pé, ou então empalidece e fala com uma voz sibilante" (PhP, p.220; p.256).

10 Na edição brasileira da *Fenomenologia da percepção*, a palavra francesa *échappement* vem traduzida como "regulagem". Preferimos, aqui, uma tradução mais literal, condizente com a nossa compreensão da expressão utilizada por Merleau-Ponty.

A PRIMAZIA DO CORPO PRÓPRIO **241**

O fato é que o que chamamos de ideia liga-se necessariamente a atos de expressão e que, principalmente, no tocante à linguagem, tudo se passa como se o ato expressivo fosse dissimulado em favor de uma pretensa autonomia do pensamento ou da ideia. A "coincidência consigo" do *cogito* cartesiano é, pois, uma "ilusão", diz Merleau--Ponty (PhP, p.447; p.521), e depende da objetivação acarretada, sobretudo, pela linguagem, que, paradoxalmente, "eterniza", em nós, e por meio de significações já disponíveis, intenções marcadas sempre pelo "excesso do significado sobre o significante". De onde viria o privilégio da linguagem na construção da ilusão do pensamento? Da sua capacidade de se sedimentar e de instituir uma "aquisição intersubjetiva", diz Merleau-Ponty. O autor comenta ainda:

[...] a fala instala em nós a ideia de verdade como limite presuntivo de seu esforço. Ela se esquece de si mesma enquanto fato contingente, ela repousa sobre si mesma, e é isso, nós o vimos, que nos dá o ideal de um pensamento sem fala, enquanto a ideia de uma música sem sons é absurda. (PhP, p.221-2; p.258)

Diferentemente dos sons na música e das cores na pintura, as palavras parecem poder prescindir de seus "instrumentos materiais" (PhP, p.448). Além disso, diz Merleau-Ponty (PhP, p.222), podemos falar sobre a própria fala, mas não pintar sobre a pintura. Ora, é possível, sim, abordar a representação gráfica na própria pintura. É o que faz Velásquez no quadro *As meninas*. Foucault (1966) mostra como o pintor lograra retratar a ambiguidade de um espaço aberto, ou de uma "falta essencial", que pode ser ocupado pelo modelo, pelo pintor ou pelo espectador. O autor comenta, então: "essa falta não é uma lacuna, salvo para o discurso que laboriosamente decompõe o quadro [...]" (ibidem, p.319). Portanto, se podemos dizer que tanto a pintura de Velásquez quanto o discurso que trata dela tematizam o ato de representação, de fato eles o fazem de modo diferente. É o que afirma Merleau-Ponty (PhP, p.448; p.523) na seguinte passagem do seu texto:

242 DANILO SARETTA VERISSIMO

[...] a fala [usualmente] se aplica a uma natureza, enquanto a música e a pintura, assim como a poesia, criam seu próprio objeto, e, a partir do momento em que são conscientes de si o bastante, encerram-se deliberadamente no mundo cultural. A fala prosaica e, em particular, a fala científica são seres culturais que têm a pretensão de traduzir uma verdade da natureza em si.

É justamente essa pretensão à verdade que encobre o pensamento como fenômeno de expressão e faz das palavras meros instrumentos da razão.

O caráter intencional da atividade categorial

Até aqui, ocupamo-nos com o esforço de Merleau-Ponty (PhP, p.222; p.258) para restituir à fala o seu valor expressivo e, consequentemente, para "recolocar o pensamento entre os fenômenos de expressão". Esse movimento equivale, na *Fenomenologia da percepção*, e particularmente no capítulo em que o filósofo aborda *o corpo como expressão e a fala*, a contestar a ideia de que uma função simbólica sustente o valor expressivo das palavras. Ocupemo-nos, doravante, de modo mais circunstanciado, da caracterização intencional ou existencial da atividade categorial tal como operada pelo filósofo no tocante à linguagem.

Merleau-Ponty vislumbra, nos estudos da neuropsiquiatria, mostras da desarticulação das incontáveis "modulações da existência" implicadas na relação do homem com o mundo sensível. A expressividade do comportamento é correlativa aos significados com os quais investimos nosso ambiente. A distensão do "arco intencional" na patologia implica, pois, a alteração da vitalidade expressiva do corpo. É por isso que, com maior ou menor intensidade, as patologias que tocam o modo propriamente humano de configurar a experiência refletem-se na linguagem dos doentes. O diagnóstico de afasia, em detrimento do diagnóstico de agnosia ou de apraxia, apenas espelha a exuberância da alteração de um núcleo expressivo em particular: o da linguagem. Os dois pacientes apráxicos investigados por Lhermitte et al. (1925) apresentavam claros sintomas afásicos.

A PRIMAZIA DO CORPO PRÓPRIO 243

Um deles exibia, à primeira vista, uma fala normal. Mas, desde que mais bem avaliado, o paciente revelava seu embaraço para falar. Ele reproduzia com dificuldade palavras compridas, não compreendia ordens que apresentassem um nível moderado de complexidade e não "encontrava" o nome de objetos que não lhe fossem usuais, tais como "mata-borrão". Os autores comentam: "Poder-se-ia, pois, a rigor, sustentar que há, nesse homem, um resquício de afasia" (ibidem, p.592). O outro doente apresentava uma "impotência motora" menos acentuada que o primeiro, enquanto sua fala mostrava-se mais claramente comprometida. Já de princípio, ela era entrecortada, em *staccato*, e assentada em frases curtas. Os autores admitem, portanto, as semelhanças entre os quadros de apraxia e de afasia, malgrado suas especificidades. Os pacientes acabaram sendo classificados como um "grande apráxico" e "afásico problemático", no primeiro caso, e "afásico típico" e "apráxico moderado", no segundo caso. Schneider, o paciente de Gelb e Goldstein, também pode servir-nos novamente como exemplo. Os sintomas mais exuberantes do seu quadro geral referiam-se a alterações da percepção visual. Em diversas ocasiões, sua experiência visual mostrava-se tão desorganizada quanto a de um sujeito são diante de um quadro confuso, uma espécie de quebra-cabeça, que esconde em meio a traços desconexos uma figura qualquer. Nesse caso, a diversidade de caminhos e de traçados desvia o olhar e impede a apreensão de uma impressão visual compacta e organizada. Para Schneider, boa parte das situações que escapavam ao seu contexto de atividades diárias era análoga a essa "situação de desvio"[11] (cf. Gelb; Goldstein, 1950). O paciente era incapaz de apreender o caráter figural daquilo a que era exposto. Daí, o caráter concreto do seu comportamento. Goldstein e Scheerer (1971, p.372) comentam: "A maneira mais concreta de lidar com situações ou coisas é reagir exclusivamente a um aspecto delas [...]". É dessa forma que rabiscos desenhados sobre as palavras que Schneider deveria ler faziam com que o doente, seguindo-os, perdesse o traçado da palavra e, consequentemente, a possibilidade de compreendê-la. Já vimos

---

11 Em inglês, *derailment situation*.

244 DANILO SARETTA VERISSIMO

que Schneider apresentava uma expressão verbal aparentemente intacta. Seu vocabulário era rico e nenhuma categoria de palavras parecia lhe faltar. Contudo, já o dissemos também, sua fala não era espontânea. Ela carecia da "produtividade" que a linguagem do homem são manifesta e que lhe garante uma "relação viva consigo e com seus semelhantes [...]" (Goldstein, 1971a, p.344). Indagado por Gelb (1933, p.417 – grifo do autor) sobre a origem das ondas do mar, dá-se o seguinte diálogo entre o paciente e o médico:

> O doente: ... O vento sussurra... o vento... do vento.
> O autor: O que é que você diz: "O vento sussurra"?
> O doente: As ondas... As ondas murmuram, o vento sussurra... – com ar completamente ausente.
> O autor: Mas o que é isso, pois?
> O doente: Isso deve ser uma poesia. *Eu mesmo não sei como apareceu.* Como explicar isso? O que eu devia dizer? As ondas? De onde vêm as ondas? Então apareceu: "as ondas murmuram, o vento sussurra". Portanto, é o vento.

A respeito desse diálogo, Gelb (1933, p.418 – grifo do autor) afirma: "esse tipo de linguagem é um *'manejo imediato' de palavras e de frases*", e com isso o autor deseja assegurar que o doente perdera a função representativa da linguagem. Ou seja, as palavras teriam deixado de simbolizar o mundo e a experiência, posto que estariam desvinculadas da atividade categorial, função primordial perturbada em Schneider, segundo o pesquisador. Ora, a interrogação de cunho intencional que Merleau-Ponty endereça a Head, a Goldstein, a Gelb, a Cassirer, estabelece um nivelamento entre o comportamento categorial e a linguagem significativa. O filósofo afirma: "a atividade categorial, antes de ser um pensamento ou um conhecimento, é uma certa maneira de relacionar-se ao mundo e, correlativamente, um estilo ou uma configuração da experiência" (PhP, p.222; p.259). É em termos semelhantes que Merleau-Ponty (PhP, p.225; p.262) refere-se ao ato linguístico:

A PRIMAZIA DO CORPO PRÓPRIO 245

O gesto fonético realiza, para o sujeito falante e para aqueles que o escutam, uma certa estrutura da experiência, uma certa modulação da existência, exatamente como um comportamento de meu corpo investe os objetos que me circundam, para mim e para o outro, de uma certa significação.

No contexto já deveras mencionado no presente trabalho e que se refere à inconstância dessa neuropsiquiatria entre a circunscrição de um campo fenomenal e análises de cunho ora empirista, ora intelectualista, Merleau-Ponty apresenta-nos formulações devidas, sobretudo, a Gelb e Goldstein, e que ratificam o próprio posicionamento do filósofo a respeito do pensamento e da linguagem. Segue um exemplo: "O comportamento categorial e a posse da linguagem significativa exprimem um único e mesmo comportamento fundamental. Nenhum dos dois poderia ser causa ou efeito" (Gelb; Goldstein, 1925 apud PhP, p.224; p.261). Outra passagem significativa utilizada por Merleau-Ponty é devida a Cassirer, e assim nosso filósofo põe em prática a intenção, declarada em outro momento do seu texto, de se servir das "análises fenomenológicas e mesmo existenciais" (PhP, p.149) contidas no terceiro tomo de *A filosofia das formas simbólicas*. Cassirer (1972, p.251 – grifo do autor) afirma:

> Cada percepção particular é uma percepção *orientada*: além de seu simples conteúdo, ela possui um "vetor" que dá a ele um alcance e um "sentido" preciso. [...] Podemos, para nos mantermos fiéis à nossa imagem, ver nos casos patológicos como que uma dispersão desses "turbilhões", dessas unidades dinâmicas de movimento pelas quais se realiza a percepção normal. Essa dispersão não significa nunca uma dissolução completa, que colocaria fim à própria vida da consciência sensível.

Merleau-Ponty retoma o texto de Cassirer a partir daí. O filósofo cita então:

> No doente "[...] essa vida se encerra em limites mais estreitos e, comparada ao mundo percebido do normal, move-se em círculos menores e encolhidos. Um movimento que nasce na periferia do turbilhão não se propaga mais no mesmo instante até o seu centro, ele permanece, por

246 DANILO SARETTA VERISSIMO

assim dizer, no interior da zona excitada, ou ainda só se transmite à sua circunvizinhança imediata. No interior do mundo percebido não se podem mais construir unidades de sentido compreensivas [...]. Aqui cada impressão sensível ainda é afetada por um 'vetor de sentido', mas esses vetores não têm mais direção comum, não se orientam mais em direção a centros principais determinados, eles divergem muito mais que no normal". (PhP, p.223-4; p.260)

Conforme o posicionamento de Merleau-Ponty, formulações como essa que faz Cassirer deveriam bastar para que os autores dirigissem sua atenção não mais a pretensas perturbações da ordem do julgamento que estariam sob as manifestações patológicas, mas para o "meio de experiência" dos doentes, bem como para a sua possibilidade de endereçar a ele uma intenção qualquer. A propósito do teste de visão de cores de Holmgreen, Gelb (1933) interpretava a inaptidão dos pacientes para agrupar as fitas de lã coloridas segundo um determinado princípio de classificação como expressão da impossibilidade de subsumir os exemplares isolados como representantes de uma certa categoria de cores. Ao contrário, o sujeito normal, capaz de ser bem-sucedido no teste, contaria, então, com a possibilidade de adotar uma atitude mais abstrata, conceitual e refletida. Em última instância, a visualização das fitas coloridas sob um aspecto qualquer seria, pois, condicionada, segundo Gelb (1933), à fixação de um princípio de classificação, a um processo decisório de ordem cognitiva. Ora, nossa experiência perceptiva, bem como as descrições da experiência patológica, mostra uma conjuntura bastante distinta disso. Ainda que orientados por algum tipo de solicitação, como a que o pesquisador formula no teste de Holmgreen, o fato é que nos "emprestamos" à situação, nos unimos a ela por "um tipo de reconhecimento cego que precede a definição e a elaboração intelectual do sentido" (PhP, p.216; p.252). O procedimento que denota um esforço conceitual e reflexivo é, justamente, o do doente, conforme a discussão entabulada no capítulo anterior do presente trabalho. Diferentemente do sujeito são, o paciente não vê "de um único golpe de olho" (PhP, p.205) as fitas que devem ser unidas; ele comporta-se lenta e minuciosamente de modo a ser capaz de elaborar

A PRIMAZIA DO CORPO PRÓPRIO 247

os subterfúgios que o auxiliarão na consecução parcial da tarefa. A ação diligente do doente visa, sobretudo, estabelecer pontos de identificação que possam orientá-lo na situação, compensando sua desorganização perceptiva em termos de estrutura figura e fundo (Goldstein; Scheerer, 1971, p.380). É assim que detalhes irrelevantes da situação podem adquirir o *status* de figura e desviar o paciente dos caminhos profícuos na execução do exame. Portanto, tomar os desajustes dos doentes como sinal da perturbação de mediações lógicas subjacentes à percepção, à ação e à linguagem implica deixar de lado a "operação primordial" pela qual apreendemos, antes de qualquer ato de juízo, "um sentido imanente ao sensível" (PhP, p.44). Todo ato expressivo deixa entrever não a constituição de objetos, mas "nossa inerência às coisas" (PhP, p.403). No que se refere à linguagem, Merleau-Ponty (PhP, p.227-8) reafirma o fato de que "toda operação linguística supõe a apreensão de um sentido [...]". É fato, também, diz o filósofo, que podemos admitir algo como a existência de diferentes "camadas de significação" no ato linguístico que envolvem os aspectos visual, auditivo, motor e conceitual da palavra. Mas tais fatos apenas poderão ser compreendidos, diz ele, caso os estudos sobre a linguagem deixem de oscilar entre noções antinômicas tais como a de "motricidade" e a de "inteligência", e admitam uma "terceira noção", presente em todas aquelas camadas, "que opere tanto nas preparações escondidas da fala como nos fenômenos articulares, que sustente todo o edifício da linguagem [...]" (PhP, p.228; p.265). Voltamos, portanto, à noção de ser no mundo e ao nosso movimento incessante em direção a tudo que nos cerca, seja nosso ambiente espacial imediato, nosso ambiente cultural, nosso ambiente social etc. Em todos os seus níveis, a linguagem desenha, tanto para quem fala ou escreve, como para aquele que escuta ou lê, um objeto intencional e um "estilo de ser" (PhP, p.214). Falar e escrever implica uma "estruturação da experiência", bem como escutar e ler implica uma estruturação sincrônica da experiência por parte do ouvinte ou do leitor. E é essa possibilidade fundamental que se encontra alterada nos pacientes. É por isso que se pode dizer, com Merleau-Ponty (PhP, p.228), que, no sujeito doente, "a 'vida' da linguagem encontra-se alterada". Se, como vimos, "o sentido habita

248 DANILO SARETTA VERISSIMO

a palavra" (PhP, p.225), para o sujeito doente a palavra se esvazia, e ele busca, então, preenchê-la com todos os significados esparsos que lhe estejam ainda disponíveis.

Linguagem e corpo

A dimensão intencional da linguagem torna-se mais evidente quando ela é associada ao "registro do gesto". Merleau-Ponty (PhP, p.211) refere-se ao corpo como "um poder natural de expressão". É nesse contexto que a linguagem, para o autor, do mesmo modo que a percepção, a memória ou o movimento, constitui uma forma de lançarmo-nos no mundo que vivemos. Ao longo do nosso desenvolvimento, adquirimos intimidade com as palavras de modo análogo à maneira como aprendemos a ocupar o espaço. Ocupamo-nos delas com a mesma naturalidade com que nos ocupamos das nossas coisas. As palavras tornam-se "modulações" possíveis do nosso corpo. Reportamo-nos a elas como levamos a mão a uma parte do corpo que coça (PhP, p.210). E, ao mesmo tempo, elas possuem algo de um instrumento, um anexo, privilegiado, é bem verdade, do nosso esquema corporal. Falar é um "poder natural" que possuímos. Temos todo o equipamento fonador necessário ao gesto verbal. Mas, salvo no caso dos primeiros homens que falaram, o "milagre" da expressão verbal faz uso, também, de "significações já adquiridas", de um sistema de vocabulário e de sintaxe instituído, aquilo que Merleau-Ponty chama de "fala falada". Utilizamos esses meios de expressão sedimentados para transcender em direção a uma "fala autêntica", a um pensamento novo que nos abra uma nova dimensão de experiência,[12] assim como um instrumento que aprendemos a usar amplia nosso poder corporal. Precisamos dessa fala instituída também para transcendermos em

---

12 "A operação de expressão, quando é bem-sucedida, não deixa apenas um sumário para o leitor ou para o próprio escritor, ela faz a significação existir como uma coisa no próprio coração do texto, ela a faz viver em um organismo de palavras, ela a instala no escritor e no leitor como um novo órgão dos sentidos, abre para a nossa experiência um novo campo ou uma nova dimensão" (PhP, p.212-3; p.248).

A PRIMAZIA DO CORPO PRÓPRIO **249**

direção a outrem. Essa transcendência não seria possível caso a fala, assim como qualquer outro gesto, não carregasse seu próprio sentido, mas dependesse de uma atividade doadora de significação da parte de outrem. Se fosse assim, viveríamos, de fato, um "solipsismo a vários" (PhP, p.412). Não viveríamos senão a nossa própria subjetividade como que fortificada e, também, empobrecida. Mas o fato é que, por meio do comportamento, dos gestos, da fala, acessamos outrem, somos capazes de pensar segundo o outro e de, assim, enriquecer nossos próprios pensamentos (PhP, p.208). A compreensão de um gesto qualquer – Merleau-Ponty utiliza o exemplo de gestos de cólera e de ameaça – não nos leva a um exame dos sentimentos que experimentamos quando executamos aquela mesma mímica. Tampouco experimentamos a situação como se a cólera, ou a alegria, fosse um fato psíquico que, misteriosamente, sustentasse os gestos. Merleau-Ponty (PhP, p.215; p.251 – grifo do autor) comenta: "leio a cólera no gesto, o gesto não me *faz pensar* na cólera, ele é a própria cólera". No entanto, uma diferenciação é aqui necessária, e o filósofo a opera oportunamente. Ele diz:

> Todavia, o sentido do gesto não é percebido do mesmo modo que, por exemplo, a cor do tapete. Se ele me fosse dado como uma coisa, não se vê por que minha compreensão dos gestos se limitaria, na maior parte das vezes, aos gestos humanos. (PhP, p.215; p.251)

De fato, muitos comportamentos animais devem ser decifrados por nós, diferentemente da forma como *compreendemos* o sentido do gesto de alguém. Trata-se, neste último caso, de um ato que não deve ser confundido com operações de tipo reflexivo. Ligamo-nos cegamente aos gestos e às palavras de outrem que esboçam uma "estrutura do mundo" que somos, na maior parte das vezes, capazes de assumir. Voltemos às palavras de Merleau-Ponty (PhP, p.215-6; p.251-2):

> Obtém-se a comunicação ou a compreensão dos gestos pela reciprocidade entre minhas intenções e os gestos do outro, entre meus gestos e intenções legíveis na conduta do outro. Tudo se passa como se a intenção

do outro habitasse meu corpo ou como se minhas intenções habitassem o seu. O gesto que testemunho desenha em pontilhado um objeto intencional. Esse objeto torna-se atual e é plenamente compreendido quando os poderes de meu corpo se ajustam a ele e o recobrem. O gesto está diante de mim como uma questão, ele me indica certos pontos sensíveis do mundo, convida-me a encontrá-lo ali. A comunicação realiza-se quando minha conduta encontra neste caminho o seu próprio caminho.

Podemos ler nessas palavras de Merleau-Ponty a perfeita integração do outro no sistema corpo próprio – mundo. O corpo nos abre à experiência temporal em que passado, presente e futuro apresentam-se conjuntamente num presente "espesso", e essa experiência temporal possui sua ancoragem carnal na sinergia corporal, na unidade que as partes do corpo denotam ao convergirem para um único movimento, para uma percepção unificada e estável das coisas. O outro, com seus vários gestos falantes, encontra um sentido coerente a partir da coerência do meu próprio corpo, da simbolização imediata que os diversos aspectos sensoriais do corpo efetuam uns em relação aos outros e que prescinde de atos de pensamento. Merleau-Ponty (PhP, p.271-2; p.315), numa passagem em que retoma a noção de esquema corporal, comenta:

> Com a noção de esquema corporal, não é apenas a unidade do corpo que é descrita de uma maneira nova, é também, através dela, a unidade dos sentidos e a unidade do objeto. Meu corpo é o lugar, ou antes a própria atualidade do fenômeno de expressão (*Ausdruck*), nele a experiência visual e a experiência auditiva, por exemplo, são pregnantes uma da outra, e seu valor expressivo funda a unidade antepredicativa do mundo percebido e, através dela, a expressão verbal (*Darstellug*) e a significação intelectual (*Bedeutung*). Meu corpo é a textura comum de todos os objetos e é, pelo menos em relação ao mundo percebido, o instrumento geral de minha "compreensão".

Mais adiante em seu texto, Merleau-Ponty (PhP, p.406; p.474) estende essa compreensão à relação com outrem e afirma:

A PRIMAZIA DO CORPO PRÓPRIO **251**

[...] é justamente meu corpo que percebe o corpo de outrem, e ele encontra ali como que um prolongamento miraculoso de suas próprias intenções, uma maneira familiar de tratar o mundo; doravante, como as partes de meu corpo em conjunto formam um sistema, o corpo de outrem e o meu são um único todo, o verso e o reverso de um único fenômeno, e a existência anônima da qual meu corpo é a cada momento o rastro habita doravante estes dois corpos ao mesmo tempo.[13]

Husserl (2001b, p.182 et seq.) já havia caracterizado o encontro do ego e do *alter ego* como um fenômeno de acoplamento (*accouplement*), em que, por uma espécie de "transgressão intencional", visto o caráter mútuo dos atos intencionais, funda-se uma "unidade de semelhança" baseada numa identificação corporal, orgânica.[14] É nessa direção que Merleau-Ponty caminha. O autor admite que o encontro entre mim e o outro conta com um "objeto cultural" essencial: a linguagem (PhP, p.407). Da mesma forma que o gesto refere-se mais diretamente ao mundo sensível, os sujeitos falantes encontram a comunhão em um mundo linguístico cujas significações disponíveis não deixam de configurar diversas maneiras de investir a experiência vivida. Mas, quer tratemos de movimentos, de gestos ou da fala, Merleau-Ponty nos faz ver que os atos intencionais não devem nada ao sujeito pensante da filosofia ou ao sujeito cognitivo da psicologia; eles fundam-se, sim, "na unidade e na identidade do corpo enquanto conjunto sinérgico" (PhP, p.366; p.424), no "saber latente que meu corpo tem de si mesmo" (PhP, p.269; p.312). Vemos, portanto, que o único processo de simbolização que Merleau-Ponty mostra-se disposto a admitir é o presente na expressão imediata e recíproca das diversas partes do corpo entre si e entre elas e o mundo. O filósofo escreve: "o corpo, enquanto tem 'condutas', é este estranho objeto que utiliza suas próprias partes como simbólica geral do

---

13 Em nota, Merleau-Ponty (PhP, p.406; p.650) acrescenta: "É por isso que se podem descobrir distúrbios do esquema corporal em um paciente pedindo-lhe que indique, no corpo do médico, o ponto de seu próprio corpo que é tocado".

14 Merleau-Ponty (1997, p.178; 2001, p.38-41, 311) discute a abordagem de Husserl ao problema da percepção de outrem em seus cursos da Sorbonne.

252 DANILO SARETTA VERISSIMO

mundo, e através do qual, por conseguinte, podemos 'frequentar' este mundo, 'compreendê-lo' e encontrar uma significação para ele" (PhP, p.274; p.317).[15]

---

15 Merleau-Ponty, nas notas de trabalho de *O visível e o invisível*, admite as insuficiências de suas formulações acerca da linguagem contidas na *Fenomenologia da percepção*. O autor refere-se à principal questão que se coloca a partir delas: "Resta o problema da passagem do sentido percebido ao sentido linguageiro, do comportamento à tematização" (Merleau-Ponty, 2006b, p.227). Isso é o mesmo que afirmar, como o faz Barbaras (1998, p.190), que a "originalidade da expressão linguística passa despercebida". O comentador continua: "porque o corpo é abordado como corpo vivo, sua vida não pode ser tida como vida da significação". Além disso, no quadro de um dualismo ainda ativo na *Fenomenologia da percepção* – Merleau-Ponty (2006b, p.250) diz: "Os problemas colocados na PhP são insolúveis porque ali eu parto da distinção 'consciência'-'objeto'" – a origem da linguagem é buscada por meio da recorrência à consciência, mas num sentido coerente com a experiência da encarnação. Merleau-Ponty fala, então, em "*cogito* tácito". É um fato, reconhece ele, que temos contato com nossa própria vida e com nosso próprio pensamento, mas esse contato não encontra seu limite no *cogito* falado e reflexivo de Descartes, mas em um *cogito* tácito (PhP, p.462-463), em uma consciência para sempre vivida e não formulada (cf. Capítulo 6 do presente trabalho, mais precisamente a seção intitulada "Sobre a noção de consciência na *Fenomenologia da percepção*"). Merleau-Ponty (PhP, p.342-3; p.397-8) afirma: "Na consciência, o aparecer não é ser, mas fenômeno. Este novo *cogito*, porque está aquém da verdade e do erro desvelados, torna ambos possíveis". Contudo, já nas notas para *O visível e o invisível*, Merleau--Ponty declara a impossibilidade de, trabalhando com a ideia de consciência, desvinculá-la da linguagem. O filósofo diz, então: "Aquilo que chamo de *cogito* tácito é impossível. Para ter a ideia de 'pensar' (no sentido do 'pensamento de ver e de sentir'), para fazer a 'redução', para retornar à imanência e à consciência de... é necessário haver palavras" (Merleau-Ponty, 2006b, p.222). Assim, uma reflexão radical deve situar-se "aquém do *cogito*" (Barbaras, 1998, p.191), pois não há consciência que prescinda da expressão.

CONSIDERAÇÕES FINAIS

Se na perspectiva do "espectador estrangeiro" o comportamento humano fora caracterizado como comportamento simbólico, na perspectiva do sujeito perceptivo ele corresponde à noção de ser no mundo, que liga, indissociavelmente, corpo fenomenal e mundo. Por isso, no tocante ao problema do símbolo na *Fenomenologia da percepção*, Bimbenet (2004) fala em "reavaliação existencial da atitude categorial". Em seu primeiro trabalho, Merleau-Ponty, apropriando-se da semântica do símbolo advinda da neuropsiquiatria, caracterizara o nível de organização da corporalidade humana a partir da sua capacidade de ultrapassar o caráter imediato das situações vividas. A atitude categorial aparecia, então, como uma nova significação do comportamento, tendo em vista as formas sincrética e amovível do comportamento encontradas na escala zoológica. A atividade humana investiria o meio de virtualidade e, assim, redimensionaria a existência concreta que se denota no comportamento animal. Nos capítulos da *Fenomenologia da percepção* em que Merleau-Ponty trata da espacialidade, da motricidade e da expressividade, inclusive linguageira, do corpo próprio, do mesmo modo que o autor prescinde das explicações causais dos fenômenos patológicos utilizados à guisa de material de discussão, ele prescinde das explicações calcadas na função simbólica, doravante associadas a análises de cunho intelectualista. O filósofo combate, tanto na neuropsiquiatria representada especialmente por Gelb e Goldstein quanto na filosofia de Cassirer, o que considera representar uma autonomia crescente da ideação simbólica na dinâmica entre conteúdo e forma. Ao mesmo tempo, Merleau-Ponty também nos faz ver que, mesmo nessa neuropsiquiatria e nessa filosofia simbólica, é possível apreender análises fenomenológicas acerca da expressividade motora, gesticular e linguageira do corpo próprio. Tais análises revelam, nele, uma forma de saber que não se reduz nem à ordem do "em si" nem à ordem do "para si", delineando, portanto, a noção de intencionalidade que interessa ao filósofo desenvolver, fundada na unidade sinérgica do corpo próprio. Daí a importância que um outro dispositivo teórico-antropológico adquire ao longo da *Fenomenologia da percepção*: a noção de esquema corporal.

Dado o tratamento que a função simbólica recebe em *A estrutura do comportamento*, Masuda (1993, p.236) pergunta: "Não se tem o direito de esperar no livro seguinte um *homo percipiens* que seja, ao mesmo tempo, um *animal symbolicum?*". Conforme o autor, observamos uma conversão no tocante ao valor do símbolo, e essa "mutação axiológica" não encontra explicação sob a pluma de Merleau-Ponty. Masuda (1993, p.241) prossegue: "esse silêncio sem dúvida não é estranho às interrogações constantemente suscitadas a propósito da continuidade entre as duas obras". Merleau-Ponty concebera seus dois primeiros livros com o objetivo de abordar o problema fundamental da percepção aquém das antinomias tradicionais. O filósofo afirma: "Nossos dois primeiros trabalhos procuravam restituir o mundo da percepção" (Merleau-Ponty, 2000, p.37). Afirma ainda: "tratava-se de saber como o mundo e o homem são acessíveis a duas espécies de investigações, umas explicativas, outras reflexivas" (PhP, p.490; p.574). Isso não impede que o autor estivesse sujeito às instabilidades próprias à construção do pensamento e que foram tantas vezes sinalizadas por ele em relação à filosofia de Husserl, à neuropsiquiatria de Gelb e Goldstein e à psicologia da escola de Berlim.

Para nós, em *A estrutura do comportamento*, a atividade simbólica emerge sobre o plano de fundo da preocupação de Merleau-Ponty com o refinamento da inteligibilidade da noção de forma. Nesse contexto,

A PRIMAZIA DO CORPO PRÓPRIO 255

a utilização da noção de atitude categorial parece coerente com o posicionamento estruturalista adotado, então, pelo filósofo. Trata-se, pois, de um instrumento teórico, fruto de descrições concretas e de análises de tipo ideal, e que ganhara importância na crítica ao pensamento atomista e causal no estudo do comportamento. O fato é que, já nessa primeira obra, a semântica da atitude categorial interferia na noção de consciência que começava a ser delineada por Merleau-Ponty e que ainda carecia de um estatuto filosófico estável. Na perspectiva "descendente" assumida na *Fenomenologia da percepção* e que visava à encarnação da ideia de consciência na medida em que se asseverava o primado do corpo como sujeito da percepção, a ideia de que uma função simbólica pudesse sustentar o caráter objetivante da percepção tombava como uma abstração, fruto de prejuízos intelectualistas.

Por fim, interessa-nos ressaltar os desdobramentos teóricos que poderão se seguir a partir do presente trabalho. Acompanhamos a utilização da função simbólica seguida de sua crítica por parte de Merleau-Ponty em suas duas primeiras obras. Contudo, o filósofo não abandona completamente as discussões em torno dessa noção. Ao menos em dois outros momentos, quando trabalhava problemas relativos à linguagem, o filósofo volta a mencionar a função simbólica. Em seus cursos na Sorbonne, em aulas dedicadas à *consciência e à aquisição da linguagem*, Merleau-Ponty (2001) retoma o conceito de linguagem categorial de Goldstein e menciona, a título de aperfeiçoamento desse conceito, o trabalho publicado pelo neuropsiquiatra em 1948 e intitulado *Language and language disturbances*. Merleau-Ponty interessa-se, especialmente, pela dependência que Goldstein (1948) estabelece entre a atitude categorial e o conceito de "instrumentalidade da fala", que se refere aos seus aspectos concretos, como os sons, as palavras e a sequência de palavras nas sentenças. O neuropsiquiatra mostra que a perturbação dessas "instrumentalidades" afeta o processo de significação e até mesmo algumas *performances* não verbais dos pacientes. A respeito dessa elaboração teórica, Merleau-Ponty (2001, p.63) comenta: "O interesse da análise é não resultar na bipartição clássica entre o corporal e o espiritual. É a mesma perturbação que se constata no nível da atitude categorial e no nível dos instrumentos

256 DANILO SARETTA VERISSIMO

linguísticos". No ano letivo entre 1953 e 1954, já no Collège de France, Merleau-Ponty (1968, p.37-9) volta a mencionar a releitura operada por Goldstein acerca da atitude categorial, doravante unida a seus instrumentos linguísticos.

Filosofia e ciências caminham juntas no pensamento de Merleau--Ponty. Não da maneira tradicional em filosofia e que trata de arbitrar os conflitos entre o empírico e o transcendental nas ciências. Em Merleau-Ponty, observamos reciprocidade no trato daquelas duas instâncias do saber, assim como o fazem filósofos tais quais Bergson e Cassirer, para mencionar alguns dos mais eminentes. O autor se apega a conceitos nascidos, por exemplo, na evolução espontânea da psicologia, como a noção de forma, e se aplica a segui-los e radicalizá-los na medida em que vislumbra neles importantes instrumentos de reflexão filosófica. Vimos que a função simbólica não resistira à radicalização da crítica merleau-pontiana. Isso não se aplica à noção de forma. Também não se aplica à noção de esquema corporal, que, ao longo da *Fenomenologia da percepção*, ganhara envergadura. No contexto desse interesse de Merleau-Ponty por dispositivos teórico-antropológicos, pensamos que o trabalho que ora apresentamos reflete a posição e o declínio da função simbólica, e o início do desenvolvimento da noção de esquema corporal no interior da obra de Merleau-Ponty. Com efeito, em textos elaborados pelo filósofo no momento de sua candidatura ao Collège de France, os comentários dedicados à sua *Fenomenologia da percepção* dão destaque ao "corpo como esquema corporal" (Merleau--Ponty, 2000, p.18, 39). O filósofo trabalhará com essa noção até suas produções mais tardias. Ela faz-se presente em seus cursos na Sorbonne (Merleau-Ponty, 2001, p.35, 59, 311, 313) e reaparece maciçamente nos cursos do Collége de France dedicados ao conceito de *natureza* (Merleau-Ponty, 1994, p.272, 279, 281, 287-8, 346, 380). Ela está presente, também, em *O visível e o invisível* (Merleau-Ponty, 2006b, p. 240-1, 243, 303). Saint Aubert (2005, p.247 – grifo do autor), ao destacar o fato de que o "estatuto integral" que Merleau-Ponty concede inicialmente à percepção impede o filósofo de abordar a inteligência e suas raízes sensório-motoras com discernimento, comenta: "é fundamental, aqui, restituir a influência considerável, sobre Merleau-Ponty,

A PRIMAZIA DO CORPO PRÓPRIO 257

da teoria do *esquema corporal* de Henry Head e Paul Schilder". A noção de esquema corporal também surge atrelada ao problema da percepção de outrem. Merleau-Ponty (1994, p.281) afirma: "Meu esquema corporal é um meio normal de conhecer os outros corpos e de estes conhecerem o meu corpo". Para falarmos conforme Saint Aubert (2005, p.135), a saída do solipsismo dá-se, então, não por "interferência (*empiétement*) intencional", mas por "interferência (*empiétement*) de esquemas corporais". A esse respeito, será oportuno debruçarmo--nos ainda outra vez sobre as ciências, mais especificamente, sobre as neurociências, e, dessa vez fazendo ecoar a filosofia de Merleau-Ponty sobre descobertas atuais, discutir, por exemplo, as implicações teóricas dos "neurônios espelho".[1] Os neurônios assim denominados foram identificados em 1996 por uma equipe de pesquisadores italianos. Trata-se de um conjunto de células localizadas principalmente no córtex pré-motor de macacos e que, segundo fortes evidências, pode também fazer parte do sistema cortical humano. Os neurônios espelho possuem propriedades perceptivas, bem como propriedades motoras. Na linguagem dos neurocientistas, esses neurônios codificam tanto as ações dos próprios animais monitorados nas pesquisas quanto as ações que esses animais veem outros macacos realizar, sobretudo quando se trata de atos de apreensão. Assim, desde sua descoberta, os neurônios espelho vêm atraindo a atenção de filósofos e cientistas no tocante a suas possíveis implicações em teorias da intersubjetividade (Ratcliffe, 2009; Bimbenet, 2008; Forest, 2003, 2005).

---

1 Em inglês, *mirror neurons*.

REFERÊNCIAS BIBLIOGRÁFICAS

BARBARAS, R. *Le tournant de l'expérience*: recherches sur la philosophie de Merleau-Ponty. Paris: Vrin, 1998.

_____. *De l'être du phénomène*: sur l'ontologie de Merleau-Ponty. Grenoble: Jérôme Millon, 2001.

_____. *Introduction à une phénoménologie de la vie*. Paris: Vrin, 2008.

BERGSON, H. Matière et mémoire: essai sur la relation du corps a l'esprit. In: _____. *Oeuvres*. Paris: PUF, 1970a. p.159-379.

_____. L'énergie spirituelle. In: _____. *Oeuvres*. Paris: PUF, 1970b. p.811-977.

BERNET, R. La conscience dans la perspective d'un transcendantalisme structuraliste. *Alter*, Paris, v.16, p.27-47, 2008.

BIMBENET, É. *Merleau-Ponty, la structure du comportement*. Paris: Ellipses, 2000. chap. III.

_____. Les pensées barbares du premier âge: Merleau-Ponty et la psychologie de l'enfant. *Chiasmi International*, Paris, v.4, p.65-86, 2002.

_____. *Nature et humanité*: le problème anthropologique dans l'ouvre de Merleau-Ponty. Paris: Vrin, 2004.

_____. Un motif d'étonnement majeur: le perspectivisme. *Alter*, Paris, v.16, p.87-108, 2008.

BINSWANGER, L. De la psychothérapie. In: _____. *Introduction a l'analyse existentielle*. Trad. Jacqueline Verdeaux, Roland Kuhn. Paris: Les Éditions de Minuit, 1971.

BOUFLET, J. *Edith Stein*: philosophe crucifiée. Paris: Presses de la Renaissance, 1998.

260 DANILO SARETTA VERISSIMO

BUYTENDIJK, F. *Psychologie des animaux*. Trad. H. R. Bredo. Paris: Payot, 1928.

————. Les différences essentielles des fonctions psychiques de l'homme et des animaux. *Cahiers de Philosophie de la Nature*, Paris, Vrin, v.4, 1930.

————. *Traité de psychologie animale*. Trad. A. Frank-Duquesne. Paris: PUF, 1952.

CABANIS, P. Rapports du physique et du moral de l'homme. In: LEHEC, C.; CAZENEUVE, J. (Coord.) *Oeuvres philosophiques de Cabanis*. Paris: PUF, 1956.

CASSIRER, E. *La philosophie des formes symboliques*. Trad. Claude Fronty. Paris: Les Éditions de Minuit: 1972. v.3.

————. Two letters to Kurt Goldstein. *Science in Context*, v.12, n.4, p.661-7, 1999.

CLAPARÈDE, E. Préface. In: BUYTENDIJK, F. *Psychologie des animaux*. Trad. H. R. Bredo. Paris: Payot, 1928. p.7-13.

DESCARTES, R. Méditations. In: ————. *Oeuvres et lettres*. Paris: Gallimard, 1953a. p.253-334.

————. Lettres choisies. In: ————. *Oeuvres et lettres*. Paris: Gallimard, 1953b. p.903-1347.

————. La dioptrique. In: ————. *Oeuvres et lettres*. Paris: Gallimard, 1953c. p.180-229.

————. Meditações. In: ————. *Textos selecionados*. Trad. J. Guinsberg, Bento Prado Júnior. São Paulo: Nova Cultural, 1996. (Os Pensadores).

EMBREE, L. Merleau-Ponty's examination of *Gestalt* Psychology. In: TOADVINE, T. (Coord.) *Merleau-Ponty*. New York: Routledge, 2006. v.4, p.182-212.

FISETTE, D.; FRÉCHETTE, G. (Coord.) *A l'école de Brentano*: de Würzbourg à Vienne. Paris: Vrin, 2007.

FOREST, D. L'intentionnalité motrice: Grünbaum et Merleau-Ponty. In: CARIOU, M.; BARBARAS, R.; BIMBENET, É. (Coord.) *Merleau-Ponty aux frontières de l'invisible*. Paris: Mimesis, 2003. p.27-42.

————. *Histoire des aphasies*. Paris: PUF, 2005.

FOUCAULT, M. *Les mots et les choses*: une archéologie des sciences humaines. Paris: Gallimard, 1966. (Collection Tel).

FURLAN, R. Freud, Politzer, Merleau-Ponty. *Psicologia USP*, São Paulo, v.10, n.2, p.117-38, 1999.

————. Objetivismo, intelectualismo e experiência do corpo próprio. *Natureza Humana*, São Paulo, v.3, n.2, p.289-314, 2001a.

————. A noção de consciência n'*A estrutura do comportamento* (Merleau-Ponty). *Psicologia USP*, São Paulo, v.12, n.1, p.11-31, 2001b.

FURLAN, R; ROZESTRATEN, A. A arte em Merleau-Ponty. *Natureza humana*, São Paulo, v.7, n.1, p.59-93, 2005.

GELB, A. Remarques générales sur l'utilisation des donnés pathologiques pour la psychologie et la philosophie du langage. *Journal de Psychologie Normale et Pathologique*, Paris, v.30, p.403-29, 1933.

GELB, A.; GOLDSTEIN, K. Analysis of a case of figural blindness. In: ELLIS, W. (Coord.) *A source book of gestalt psychology*. London: Routledge & Kegan Paul, 1950. p.315-25.

GERAETS, T. *Vers une nouvelle philosophie transcendantale*: la genèse de la philosophie de Maurice Merleau-Ponty jusqu'à la *Phénoménologie de la perception*. La Haye: Martinus Nijhoff, 1971.

GOLDSTEIN, K. *Language and language disturbances*: aphasic symptom complexes and their significance for medicine and theory of language. New York: Grune & Stratton, 1948.

_____. L'analyse de l'aphasie et l'étude de l'essence du langage. In: GURWITSCH, A. et al. *Kurt Goldstein*: selected papers/ausgewählte Schreften. Netherlands: Martinus Nijhoff, The Hague, 1971a. p.282-344.

_____. The problem of the meaning of words based upon observation of aphasic patients. In: GURWITSCH, A. et al. *Kurt Goldstein*: selected papers/ausgewählte Schreften. Netherlands: Martinus Nijhoff, The Hague, 1971b. p.345-59.

_____. Signifiance of speech disturbances for normal psychology. In: GURWITSCH, A. et al. *Kurt Goldstein*: selected papers/ausgewählte Schreften. Netherlands: Martinus Nijhoff, The Hague, 1971c. p.360-4.

_____. La structure de l'organisme. Trad. E. Burckdardt, Jean Kuntz. Paris: Gallimard, 1983.

GOLDSTEIN, K.; SCHEERER, M. Abstract and concrete behavior. In: GURWITSCH, A. et al. *Kurt Goldstein*: selected papers/ausgewählte Schreften. Netherlands: Martinus Nijhoff, The Hague, 1971. p.365-99.

GRÜNBAUM, A. Aphasie und Motorik: Zeitschrift für die ges. *Neurologie und Psychiatrie*, p.385-412, 1930.

GUILLAUME, P. *La psychologie de la forme*. Paris: Flammarion, 1937.

GURWITSCH, A. *Studies in phenomenology and psychology*. Evanston: Northwestern University Press, 1966.

_____. Quelques aspects et quelques développements de la psychologie de la forme. In: _____. *Esquisse de la phénoménologie constitutive*. Paris: Vrin, 2002. p.257-312.

HEAD, H. On disturbances of sensation with special reference to the pain of visceral disease. *Brain*, Oxford, v.16, p.1-130, 1893.

262 DANILO SARETTA VERISSIMO

HEAD, H.; HOLMES, G. Sensory disturbances from cerebral lesions. *Brain*, Oxford, v.34, p.102-254, 1911.

HUSSERL, E. *Recherches logiques*: éléments d'une élucidation phénoménologique de la connaissance. Paris: PUF, 1963. v.3.

————. *La crise des sciences européennes et la phénoménologie transcendantale*. Trad. Gérard Granel. Paris: Gallimard, 1976.

————. *Philosophie de l'arithmétique*: recherches psychologiques et logiques. Trad. Jacques English. Paris: PUF, 1992.

HUSSERL, E. *Idées directrices pour une phénoménologie*. Trad. Paul Ricoeur. Paris: Gallimard, 2001a.

————. *Méditations cartésiennes*: introduction à la phénoménologie. Trad. Gabrille Peiffer, Emmanuel Lévinas. Paris: Vrin, 2001b.

KARSENTI, B. *L'homme total*: sociologie, anthropologie et philosophie chez Marcel Mauss. Paris: PUF, 1997.

KOFFKA, K. *Princípios de psicologia da* Gestalt. Trad. Álvaro Cabral. São Paulo: Cultrix, 1975.

————. *Growth of the mind*: an introduction to child psychology. London: Transaction Books, 1980.

KÖHLER, W. *L'intelligence des singes supérieurs*. Trad. Paul Guillaume. Paris: Félix Alcan, 1927.

————. Physical Gestalten. In: ELLIS, W. (Coord.) *A source book of* Gestalt *psychology*. London: Routledge & Kegan Paul, 1950. p.17-54.

————. *Psicologia da* Gestalt. Trad. David Jardim. Belo Horizonte: Itatiaia, 1980.

KRISTENSEN, C. et al. Desenvolvimento histórico e fundamentos metodológicos da neuropsicologia cognitiva. *Psicologia: Reflexão e Crítica*, v.14, n.2, p.259-74, 2001.

KUHN, T. *A estrutura das revoluções científicas*. Trad. Beatriz Vianna Boeira, Nelson Boeira. 9.ed. São Paulo: Perspectiva, 2005.

LECOURS, A.; LHERMITTE, F. De Franz Gall à Pierre Marie. In: ————. *L'aphasie*. Paris: Flammarion; Québec: Les Presses de l'Université de Montréal, 1979.

LHERMITTE, J. *L'image de notre corps*. Paris: L'Harmattan, 1998.

LHERMITTE, J.; TRELLES, J. Sur l'apraxie pure constructive: les troubles de la pensée spatiale et de la somatognosie dans l'apraxie. *L'encéphale*, Paris, v.28, n.6, p.413-44, 1933.

LHERMITTE, J. et al. Les perturbations de la pensée spatiale chez les apraxiques: à propos de deux cas cliniques d'apraxie. *Revue neurologique*, Paris, v.32, n.2, p.586-600, 1925.

A PRIMAZIA DO CORPO PRÓPRIO **263**

MASUDA, K. La dette symbolique de la *Phénoménologie de la perception*. In: HEIDSIECK, F. (Coord.) *Maurice Merleau-Ponty: le philosophe et son langage*. Paris: Vrin, 1993. p.225-43.

MERLEAU-PONTY, M. *Phénoménologie de la perception*. Paris: Gallimard, 1945.

————. *L'oeil et l'esprit*. Paris: Gallimard, 1964.

————. *La structure du comportement*. 6.ed. Paris: PUF, 1967.

————. *Résumés de cours*: Collège de France, 1952-1960. Paris: Gallimard, 1968.

————. *La nature*: cours du Collège de France: notes, suivi des résumés de cours correspondants. Paris: Éditions du Seuil, 1994.

————. *Notes des cours au Collège de France*: 1958-1959 et 1960-1961. Paris: Gallimard, 1996a.

————. *Sens et non-sens*. Paris: Gallimard, 1996b.

————. *Parcours*: 1935-1951. Lagrasse: Verdier, 1997.

————. *Le primat de la perception et ses conséquences philosophiques*. Lagrasse: Verier, 1998.

————. *Fenomenologia da percepção*. Trad. Carlos Alberto Ribeiro de Moura. 2.ed. São Paulo: Martins Fontes, 1999.

————. *Parcours deux*: 1951-1961. Lagrasse: Verdier, 2000.

————. *Psychologie et pédagogie de l'enfant*: cours de Sorbonne 1949-1952. Lagrasse: Verdier, 2001.

————. *L'union de l'âme et du corps chez Malebranche, Biran et Bergson*. Paris: Vrin, 2002a.

————. *Causeries*: 1948. Paris: Éditions du Seuil, 2002b.

————. *Signes*. Paris: Gallimard, 2003.

————. *A estrutura do comportamento*. Trad. Márcia Valéria Martinez de Aguiar. São Paulo: Martins Fontes, 2006a.

————. *Le visible et l'invisible*. Paris: Gallimard, 2006b. (Collection Tel).

MÉTRAUX, A. Philosophy, neurology, and the pathology of symbolic consciousness: on two unpublished letters from Ernst Cassirer to Kurt Goldstein. *Science in Context*, v.12, n.4, p.645-60, 1999.

MINKOWSKI, E. *Le temps vécu*: études phénoménologiques et psychopathologiques. Paris: Quadrige, PUF, 1995.

MOURA, C. Husserl: intencionalidade e fenomenologia. *Mente, Cérebro & Filosofia*, São Paulo, v.5, p.84-91, 2007.

PAULUS, J. *La fonction symbolique et le langage*. Bruxelles: Charles Dessart, 1969.

PESSOTTI, I. Movimento muscular e comportamento: notas históricas. In: PRADO JÚNIOR, B. (Coord.) *Filosofia e comportamento*. São Paulo: Brasiliense, 1982. p.11-31.

264 DANILO SARETTA VERISSIMO

PIAGET, J. *La formation du symbole chez l'enfant.* Lausanne: Delachaux & Niestlé, 1994.

————. *La représentation du monde chez l'enfant.* Paris: Quadrige, PUF, 2003.

PINTOS, M. Gurwitsch, Goldstein, Merleau-Ponty: analyse d'une étroite relation. *Chiasmi International,* Paris, v.6, p.147-71, 2005.

POLITZER, G. *Critique des fondements de la psychologie*: la psychologie et la psychanalyse. Paris: Quadrige, PUF, 2003.

RATCLIFFE, M. Phenomenology, neuroscience and intersubjectivity. In: DREYFUS, H.; WRATHALL, M. (Coord.) *A companion to phenomenology and existentialism.* Oxford: Wiley-Blackwell, 2009. p.329-45.

RUYER, R. *L'animal, l'homme, la fonction symbolique.* Paris: Gallimard, 1964.

SAINT AUBERT, E. *Du lien des êtres aux éléments de l'être*: Merleau-Ponty au tournant des années 1945-1951. Paris: Vrin, 2004.

————. *Le scénario cartésian*: recherches sur la formation et la cohérence de l'intention philosophique de Merleau-Ponty. Paris: Vrin, 2005.

————. *Vers une ontologie indirect*: sources et enjeux critiques de l'appel à l'ontologie chez Merleau-Ponty. Paris: Vrin, 2006.

SCHILDER, P. *L'image du corps*: étude des forces constructives de la psyché. Trad. François Gantheret, Paule Truffert. Paris: Gallimard, 1968.

STRAUS, E. *Du sens des sens*: contribution à l'étude des fondements de la psychologie. Trad. G. Thines, J. P. Legrand. Grenoble: Jerome Millon, 2000.

VERISSIMO, D; FURLAN, R. Merleau-Ponty e a evolução espontânea da psicologia. *Temas em Psicologia,* v.14, n.2, p.143-52, 2006.

————. As críticas de Henri Bergson e de Maurice Merleau-Ponty aos enfoques materialistas do problema corpo-mente. *Psicologia USP,* v.20, n.2, p.193-208, 2009.

WOERKOM, W. Sur la notion de l'espace (le sens géométrique), sur la notion du temps et du nombre: une démonstration de l'influence du trouble de l'acte psychique d'évocation sur la vie intellectuelle. *Revue Neurologique,* Paris, v.26, p.113-9, 1919.

SOBRE O LIVRO

Formato: 14 x 21 cm
Mancha: 23,7 x 42,5 paicas
Tipologia: Horley Old Style 10,5/14
Papel: Offset 75 g/m² (miolo)
Cartão Supremo 250 g/m² (capa)
1ª edição: 2012

EQUIPE DE REALIZAÇÃO

Coordenação Geral
Marcos Keith Takahashi

Foto de capa
Mariana Leal de Barros

Impressão e Acabamento:

psi 7

Printing Solutions & Internet 7 S.A